全球化与国际传播研究丛书

新闻传播能力构建研究
——基于全球化的视野

xinwen chuanbo nengli goujianyanjiu

jiyu quanqiuhua de shiye

郭光华 著

人民出版社

责任编辑:贺　畅

图书在版编目(CIP)数据

新闻传播能力构建研究:基于全球化的视野/郭光华 著.
　-北京:人民出版社,2013.2
(全球化与国际传播研究丛书)
ISBN 978－7－01－011004－2

Ⅰ.①新…　Ⅱ.①郭…　Ⅲ.①新闻学-传播学-研究　Ⅳ.①G210

中国版本图书馆 CIP 数据核字(2012)第 141503 号

新闻传播能力构建研究
XINWEN CHUANBO NENGLI GOUJIAN YANJIU
——基于全球化的视野

郭光华　著

人 民 出 版 社 出版发行
(100706　北京市东城区隆福寺街99号)

北京市文林印务有限公司印刷　新华书店经销

2013 年 2 月第 1 版　2013 年 2 月北京第 1 次印刷
开本:710 毫米×1000 毫米 1/16　印张:18.75
字数:270 千字

ISBN 978－7－01－011004－2　定价:48.00 元

邮购地址 100706　北京市东城区隆福寺街 99 号
人民东方图书销售中心　电话 (010)65250042　65289539

目 录

CONTENTS

中篇　传播能力构建：平台与方法

下篇　传播能力构建：品质与视野

导　论

　　新闻传播能力的构建,是新闻理论与新闻实践中一个恒新的话题。之所以恒新,就在于传播的环境、传播的理念、传播的技术、传播的对象等都在不断发生变化。正是因为这些方方面面的变化,总是吸引着我们的研究兴趣,推动和刷新着这方面的研究成果。

　　在当下的中国,新闻传播能力构建的研究,似乎比以往任何时候都更为迫切。最近读了马丁·雅克写的《当中国统治世界:中国的崛起和西方世界的衰落》(中信出版社 2010 年版),对此尤其有感触。马丁·雅克是一个中国问题专家。他在这本书中说,到了 2050 年,中国将主宰世界、统治世界。那个时候人民币将代替美元成为全球货币,上海将替代纽约成为全世界的金融中心,汉语将像英语一样风靡全世界,孔子的著作就像柏拉图经典一样为全世界重视。他认为,过去英国是海上霸主,美国是空中和经济霸主,到了 2050 年中国将成为文化霸主,中国将以文明统治全世界。事实是否会像他所预言的那样我们姑且不论,马丁·雅克的观点至少代表了部分西方学者对中国发展的判断。而我国有不少学者却在发问:作为世界强国,中国准备好了吗?

　　中国需要准备的,不仅是硬实力方面的条件,更是软实力方面的条件。照这位学者的观点,中国将"以文明统治世界",那么,我们的底气何在? 具体的路线图是什么? 这就让我联想到我国的新闻传播能力。对外而言,我国的新闻传播事业是否有足够的能力准确而有效地"向世界说明中国"? 对内而言,我们的新闻传播的公信力还须大大加强,揭示真相的力度还不能满足受众的需要。如此等等,不一而足。

李良荣先生认为,"要提高新闻传播能力,必须将之放在两个维度上考察。即改革开放三十年的社会背景和已经被卷入到了全球化进程中的中国。"①此说颇给人启发。本书对新闻传播能力构建的研究,从宏观层面来说,就是基于全球化这一背景之下的。结合这一背景,探讨新闻传播能力的构建中的新课题新内容。从中观和微观层次来说,本书还从新传播观念、新媒体技术等层面,联系我国新闻传播业三十余年的实践,从传播能力构建这一理论高度来认识和加以总结。的确,正如李良荣所言,"反观当今中国的新闻传播,在三十年的历练中,最大的成就莫过于传播能力的整体提高。"这三十年中国新闻传播事业的发展,其成效是有目共睹的。

可以说,上述两个维度是考察这一问题的背景与前提。而从操作层面讲,我认为新闻传播能力的构建,还是应当从传播过程构成的几个元素方面综合考虑。

从传播者身份来说,"谁在传播"意味着新闻媒体的公信力对传播能力的构建之至关重要。研究表明,传播者自身的条件,对于传播效果的产生影响极大。中国有句古话,叫"人贵言重,人微言轻"。美国耶鲁学派的霍夫兰等人研究发现,一个对某问题享有盛誉的人总比无声誉的人能引起更多人的态度改变。媒体公信力与媒体的专业品质、品牌效应十分相关。它得依靠媒体在运行过程中不断开展的自律与他律双重规束与打造。如果展开来说,我们可以看到这方面的任务并不轻松。本书设专章论及专业规范与品质打造,其针对性即是于此。

从传播内容来说,"内容为王"已成为新闻传播界的共识。从传播能力构建这一点来看,我认为"说什么"与"怎样说"同样重要。"说什么"在很大程度上是个新闻观与传播理念问题。我国新闻传播界以往有不少关于"说什么"的行业纪律。比方说于国人,过去有过"以正面宣传为主"的规定,"说什么"就成了"报喜不报忧";比方说于国际传播,过去常说"内外

---

① 李良荣、郑亚楠:《关于提高新闻传播能力的几点思考》,《北京印刷学院学报》2009年第1期。

有别",具体到"说什么",就是"家丑不可外扬"。这种陈规,在全球化背景下的今天,信息流通如此发达,怎能自恃得了?从传播能力的角度考察,"怎么说"也非常值得重视。这关系到方法的问题。"王婆卖瓜,自卖自夸"是一种传播方式;哑巴卖刀,一言不发,以刀削铁,是"用事实说话"的方式;伯乐为良马做广告,"环而视之,去而顾之",销量大增,[①]又是一种言说方式。三者比较,哪个高明,自不待言。我国三十余年的新闻改革实践,在这两方面作了不少卓有成效的探索,对我国新闻传播能力的建设,贡献不可低估。但是,囿于新闻观与传播理念,我们在"说什么"与"怎么说"两方面都还有很大的探索空间。新闻传播能力的构建,在这方面还须作较大的突破。

　　从传播渠道说,三十多年的时间里,是传播史上迄今为止传播技术发展最快的时段。从电视的普及到网络的普及,一波又一波地冲击着传统媒体。学界曾惊呼"传统媒体都将化为泡沫"。令人欣慰的是,新媒体的出现,形成的是一种多媒体竞争共处、优劣互补的生态。对整体提升新闻的传播能力产生了不可低估的意义。按麦克卢汉的观点,媒介即讯息。新媒体的出现,会对新闻传播的形式与内容产生巨大影响。事实上,我们从这些年的实践中同样可以发现,新媒体对新闻传播而言,不只是传播渠道的增加,它们已经深深地影响到传播观念、传播手段、传播内容、传播形式等方面。比方说网络的出现,使得新闻传播无国界、无盲点、无时差。我国发生的某一事件,完全可能同步在世界范围里传播开去,而且一不小心就成了世界性的新闻事件。过去所说的"无闻"(即不报道)、"旧闻"(先捂着后报道,也叫"后发制人")就行不通了。我认为,网络的出现,逼着我们去反思旧的新闻观念、旧的传播理念。毫不夸张地说,一方面,网络媒体给我国新闻媒体的传播能力带来了全方位的挑战,另一方面,传统媒体又在这挑战中凤凰涅槃般地获得了新能量、新生机。如果总结我国改革开放三十余年新闻传播能力的构建经历,这一点当是最为辉煌的一笔。

---

　　① 见《战国策·燕策二》:有卖骏马者……见伯乐,曰:"臣有骏马,欲卖之。比三旦立于市,人莫与言。愿子环而视之,去而顾之,臣请献一朝之贾。"伯乐乃环而视之,去而顾之,一旦而马价十倍。

2008 年 12 月 20 日，主管宣传工作的中共中央政治局常委李长春，在纪念中国电视事业诞生暨中央电视台建台 50 周年大会上发表讲话，提到加强我国新闻传播能力建设的问题。他说：当今时代，谁的传播手段先进、传播能力强大，谁的思想文化和价值观念就能更广泛地流传，谁就能更有力地影响世界。此言精辟。不仅说到了新闻传播能力构建的因素，也说到了新闻传播能力构建对于一个国家的意义。这一领域的研究意义非凡，任务繁重，当会有更多的高质量成果问世。

上 篇

国际传播能力构建

第一章　国际传播创新探索

　　国际传播能力体现的是一个国家的"软实力"。全球化背景下新闻传播能力的构建,国际传播当推为首义。随着我国在世界范围里的迅速崛起,我国与世界的交往日益密切。向世界说明中国,在世界范围内广泛而全方位地传播中国,构建好中国的国家形象,已成当下最为关注的热门话题。

　　我国的国际传播工作一直处于探索之中。如何更新理念、改变方法、改善话语,这些方面的探索任务还十分艰巨。近年来我国在这方面作出了不少的创新探索,值得好好从理论高度去认识之,从实践过程去完善之。

一、互文性在国际传播中的特殊意义

　　在国际传播特别是对外报道中,常常发生"误读"(Misunderstand)现象。这是由于一种文化在解读另一种文化时出现错误理解和评估。[①]"误读"现象的出现,很大原因是由于接受者在阅读新闻作品时产生的"伪互文性"作用所致。因此,国际传播中如何利用"互文性"的积极作用,避免产生"伪互文性",是本书所要讨论的内容。

(一)"互文性"与"伪互文性"

　　"互文性"(intertexuality)也有人译作"文本间性",是法国后结构主

---

　　① 张威:《比较新闻学方法与考证》,南方日报出版社 2003 年版,第 99 页。

义批评家克莉思蒂娃提出的。简单地说,它揭示的是文本间各种信息的相互渗透、交互指涉。这种渗透与指涉既发生在文本内部,也发生在不同文本之间;既发生在文本写作时,也发生在文本阅读接受中。

互文性理论在文学创作与鉴赏研究领域已不陌生。较多的论述主要是从宏观的角度研究文本之间的互文性。对于文学创作而言,在极端的意义上来说,任何文本的创作都是过去的引文的重新组织。著名的叙事学家杰拉尔德·普林斯(Gerald Prince)在其《叙事学词典》中就说过:"一个确定的文本与它所引用、改写、吸收、扩展或在总体上加以改造的其他文本之间的关系,并且依据这种关系才可能理解这个文本。"①在一个文本中,不同程度地以各种能够辨认的形式存在着其他的文本,诸如先前的文本和周围文化的文本。我国学者在理解这一观点时,情不自禁想到"天下文章一大抄"这一俗语。在这里,不妨将"先前的文本和周围文化的文本"统称为"前文本",将这个"确定的文本"称为"当前文本"。那么,所谓文本之间的"互文性",就是这两个文本之间的相互渗透、交互指涉。

从微观的角度研究,一些学者注意到了文本内部各信息之间的相互渗透、交互指涉现象。我国古代修辞学理论对此早有关注,并释为"参互成文,合而见义"。即上下文义互相阐发,互相补足。"秦时明月汉时关"常被作为典型之例。德国学者沃尔夫冈·伊瑟尔(Wolfgang Iser)将文本内部的互文构建分为三个层次:"第一,关于在文本之内选择文本外的传统、价值、引喻、引语等进行联系的过程;第二,在文本内组织具体语义内容过程,或者说通过联系纳入文本的外部事物而产生文本内部参照系的过程;第三,词的互相关系或语言的特殊运用过程,包括打破词意限制,占有语义内容,重新安排规则和改变规则。"②

前面已经提到,互文性不仅存在于文本的组织构建中,也存在于文本的解读中。从文本之间的互文性来看,不仅作者在写作时会不断地有意

---

①　转引自台湾《文化研究》"互文性"一文,http://intermargins. net/intermargins/TCultural-Workshop/culturestudy/index. htm.

②　王逢振:《今日西方文学批评理论》,漓江出版社 1988 年版,第 86 页。

无意将大量的"前文本"内容"引用、改写、吸收、扩展或在总体上加以改造"进入"当前文本",同样,阅读者在解读"当前文本"时,也会受到"前文本"的影响。这一点,法国学者德里达说得很明确:接受者在接受某一文本时,作为阅读对象的特定文本是在场的,但它的意义不能由自身的指涉获得,而只能在与不在场的其他文本的联系中赋予。① 特别要提到的是,大多数研究者都注意到,"前文本"实际上是一个包含相当广阔的概念。美国学者乔纳森·卡勒在《符号的追寻》中说:互文性与其说是指一部作品与特定前文本的关系,不如说是指一部作品在一种文化的话语空间之中的参与,一个文本与各种语言或一种文化的表意实践之间的关系,以及这个文本与为它表达出那种文化的种种可能性的那些文本之间的关系。②

从文本内部的互文性来看,读者从文本中获取到的某一信息,总是在与文本中的其他信息相互联系中去理解的。举个简单的例子:我国古代《木兰诗》中有言:"东市买骏马,西市买鞍鞯,南市买辔头,北市买长鞭。"在这里,"东市""西市""南市""北市"就构成了互文。读者获得的信息是,跑遍了许多集市,购齐了出征所需之物;而不是理解为在某一个集市上只买某一样东西。

互文性现象对于文学的创作与接受来说,是具有积极意义的。但对新闻传播来说,情况就比较复杂。比方说,在文学鉴赏中,由于互文性而造成的"诗无达诂"的现象非常正常,但对于新闻传播来说,传播者所传播的信息如果出现"一千个读者有一千个哈姆莱特"的接受现象,那无疑是失败的传播。新闻信息与文学信息不同,前者其义是单一的、明晰的,不容多义与含蓄。

但"互文性"现象绝不只是发生在文学作品的阅读理解中。按互文性

---

① 〔法〕巴里·斯密里斯等:《德里达的学位,一个荣誉的问题》,《一种疯狂守护着思想:德里达访谈录》,何佩群译,上海人民出版社1997年版,第76页。

② 转引自台湾《文化研究》"互文性"一文,http://intermargins.net/intermargins/TCultural-Workshop/culturestudy/index.htm.

理论所阐述的,一篇新闻报道在接受理解过程中,同样存在这一现象。新闻传播中的互文解读,不只是产生积极意义,也会产生消极意义。我认为,其消极意义更应当高度重视。如国际传播、跨文化传播中的"误读"现象,就是"互文性"的消极作用造成的。我在此将这一现象称为"伪互文性"。

"伪互文性"(Pseudo-intertexuality)描述的是这样一种情况:由于作者与读者之间的文化背景存在沟壑,他们使用的"当前文本"是同一的,但他们使用"前文本"却是不同的;写作者的"当前文本"与"前文本 A"构成互文,但阅读者解读"当前文本"时,与之构成互文的却是"前文本 B"。这种"互文",实际上是"伪互文"。

举例来说,我国媒体曾转发过美联社的一条消息,报道美国总统里根之子小里根失业的事实。其导语为:就在罗纳德·里根总统对全国说"美国正在走向经济复苏"之前几小时,他的儿子普雷斯科特·里根却在这里同失业者领救济金。这条消息用小里根失业这一事实来与里根宣扬的美国"走向经济复苏"的"政绩"构成对比性互文,说明美国经济绝不像总统说的那么好。但是我国读者在接受这条消息时,就与当时国内某些腐败现象联系,产生了这样的"互文":美国总统的儿子都可以失业,你看人家并不因为老子的原因找好工作发大财。这显然不是传播者所欲传播的信息。再如,2009 年 8 月 14 日,俄罗斯总统梅德韦杰夫和总理普京在总统官邸共度周末。我国有媒体对此报道,称"俄总统总理共度周末,梅氏为普京当司机"①。"当司机"这一信息,很容易让中国读者与自身所处的文化背景关联作互文,其含义就发生了变化。实际上,梅氏为普京当司机,只是尽东道主之谊。

由上所见,"伪互文性"虽然也能对文本作出解读,但它解读出的意义,与传播者所要传播的意义产生了较大的差异,甚至是相反的意义。如此,对于传播者来说,他的传播就是失控或者说是失败的。

---

① 《广州日报》2009 年 8 月 15 日。

新闻传播中互文现象既不可避免,那么,如何用好互文性,力避"伪互文性",我认为这是国际传播中一个重要的命题。

(二)"前文本"互文策略

如前所述,互文性既发生在文本内,也发生在文本之间。此处先从文本之间的相互指涉与渗透来考察国际传播中互文性问题。我将其称为"前文本"互文策略,分两方面讨论:

首先,传播者要熟悉接受者的"前文本"。我们知道,接受者会以什么样的"前文本"去与"当前文本"构成互文,对于信息的理解至关重要。因此,新闻传播者一定要预先估计新闻接受者可能援用的前文本,努力使所传播的内容与前文本形成有效互文。

法国学者德里达发明了"延异"这一概念来描述"当前文本"与"前文本"的联系。"延异"之延,是从历时态来描述的;"延异"之异,则是从共时态方面来考虑的。从共时态方面来考虑,"前文本"指的是接受者当下所处的社会语境。当某一信息被接受时,接受者所处的社会语境总是会不知不觉地与之构成互文。信息传播者如果能充分熟悉接受者所处的社会语境,并估计到将会构成什么样的互文,就会注意到他的信息应当怎样传播。举例说,1999 年 4 月朱镕基访问美国,此时美国国内正有人指责中国幕后指使为克林顿提供政治献金。而一些香港报纸报道朱镕基到美国是送"大礼"来了。朱镕基认为这种提法很不正确,他特别嘱咐香港记者:"我请香港的记者朋友注意,你们以后不要再讲送'大礼'了,送'大礼'就等于政治捐献,这对于克林顿总统是非常不利的。"[①]朱镕基非常熟悉美国的舆情,此番提醒表明,如果香港媒体说"送一个大礼",即使是另有所意,但也会让美国受众将美国媒体之前报道的"中国为克林顿提供政治献金"成为互文,彼此印证,造成误读。

从历时态方面来考虑,"前文本"指的是接受者所长期浸润的一种文化的话语空间。接受者对某一文本的解读,也会与他的文化背景构成互

---

① 《朱镕基答记者问》,人民出版社 2009 年版,第 131 页。

文,从而完成对信息的接受。这方面的例子太多,不作赘述。

　　不管是从共时态还是从历时态方面考虑与"前文本"构建互文,从策略上来说,都可以采取两种策略:简单地说,就是用提示法和暗示法。

　　提示策略。即在报道中直接点出互文路径。举常见的例子:如在我们的对外报道中,提到孔子,除了要说明他生于公元前 551 年外,还要特别提示这比希腊哲学家苏格拉底和柏拉图分别早 81 年和 124 年;提到我国明代伟大的戏剧家汤显祖,就要提及他与英国戏剧家莎士比亚大约生活在同一个时代;提到郑和 1405 至 1435 年之间七次下西洋,就要与西方家喻户晓的哥伦布发现新大陆联系起来,并说比哥伦布发现新大陆还要早半个世纪,等等。这些都是在有意联系接受者所处文化背景,提示与所传信息构成互文。

　　暗示策略。即"当前文本"暗合接受者的"前文本"。接受者在解读"当前文本"时,会不自觉地与他所处的社会语境、文化话语形成互文。这一互文效果,往往能产生良好的传播效果。2007 年 12 月由日本侨报社出版的《35 号投手温家宝》,报道温总理访日期间与日本立命馆大学棒球队的大学生之间棒球交流的感人一幕。国家领导人出访,是重要的外交活动,往往会受到媒体和民众集中的关注。在海外媒体和民众面前展现国家领导人形象,符合国际传播通常的做法。不仅如此,《35 号投手温家宝》抓住温家宝访日期间在公园晨跑、棒球交流等活动,展现了他充满朝气、和蔼可亲的新形象,暗合了国外受众心目中"平民领袖"的标准。文章对中国其他领导人也是如此定位:"在中国历任国家领导人中,毛泽东的游泳很有名;邓小平擅长扑克,尤其是桥牌;江泽民钢琴弹得很好;朱镕基则在很多场合展示他的优美的胡琴。"①《35 号投手温家宝》的成功,就在于其策划者或是在日的中国人,或是著名旅日华人媒体人士。他们深谙日本等国外受众的接受取向,巧妙地利用了暗示策略。

　　第二,对某些信息作"去前文本化"处理。这里所说的"前文本",主要

---

　　①　赵新利:《从〈35 号投手温家宝〉看对外传播新渠道》,《青年记者》2008 年第 6 期。

是指传播者所处的历时性文本。如前所述,由于文化背景等差异,接受者所处的互文背景,不一定与传播者所处的互文背景一致。特别是那些历时性很强的前文本内容,难以在接受者那里形成互文。这就要敢于削去其历时态的互文含义。举例来说,江泽民访问美国,在与美国总统一起的外交场中弹钢琴,这本来正好契合了国外的接受者心目中领袖人物的正面形象。但中国的接受者中,有人将这一新闻,与中国古代战国渑池会上,秦王羞辱赵王为其弹瑟的典故形成互文解读。这就明显地误读了事实的内涵。其实,时代不同了,中国的传播者完全没有必要再顾忌有些"前文本"意义了。再如对北京奥运会开幕式上"击缶"的表演,也有记者提出过这样的批评:"大家都学过的课文《廉颇蔺相如列传》,战国渑池会上,秦王强迫赵王为其弹瑟,并命史官记录下来侮辱赵王,蔺相如遂以血溅五步逼秦王击缶以相娱乐,相应地使秦王的身份更降一级,以回击赵王鼓瑟之辱。可见这个'击缶'并不是很有脸面的事情。张导是不懂'缶'还是不懂文化?在这种场合击缶,令人费解。个人认为,击鼓比击缶要更适合这种场合。鼓,可以说是深入人心,世人皆知,同样是打击乐器。我认为击鼓不仅仅能让世界人民很简单地记住中国文化符号,也能带出战场杀伐或者喜庆欢乐的气氛。虽然说击鼓与'武'的关系更紧密些,但总比缶还是要好一些。"①显然,批评者没有注意到,国外的接受者是很难将"击缶"中国这一古老的典故的含义,与开幕式的表演形成互文的。在这种情况下,倒是传播者应当大胆作"去前文本化"处理。

(三)内部文本的互文策略

既然互文性也可以产生在"当前文本"内部,就有必要在"当前文本"的内部构建上下功夫。也可以从两个方面来把握:

首先,要掌握互文限定策略,努力限定语义,或对语义作出新的规定。关于互文限定策略,罗兰·巴特重点对图、文二者之间的互文限定做了研

---

① 张利刚:《奥运开幕式的文化解读》,http://www.chinavalue.net/NewsDig/NewsDig.aspx? DigId=19726.

究。他认为,不仅词语之间、图像之间存在互文性,词语与图像之间同样存在互文现象。他用"锚地"这一概念说明这一点:语言要素可以用来固定或限制一个图像的解读,反过来,一个图像的说明性用法可以固定对于模糊的词语文本的理解。[①] 这一概念也可以借用到新闻文本分析中来。我认为,有些新闻背景材料,就是为了与新闻事实构成互文而被组织进文本的。这就是背景材料与新闻事实的互文限定。

对于新闻报道中背景材料意义的认识,人们还没有从互文性这一角度去认识。在国际传播中,新闻报道中的背景材料一般要比国内报道使用得多,其中有不少背景材料就是以互文方式来规定新闻事实的意义的。如《中国总理与艾滋病人握手》一文,在写出温家宝总理与艾滋病患者握手这一主要事实后,紧接一段背景材料:

> 一些学者指出,在中国及其他很多的亚洲国家,由于文化、社会等因素的影响,容易对艾滋病人产生歧视,这造成患者和病毒携带者生活艰难,也使很多人不愿深入了解有关艾滋病的知识。
>
> 最近一项调查显示,约 20% 的中国人从未听说过艾滋病,只有 66% 的被调查者知道艾滋病不会通过共餐传播。多达 77.2% 的被调查者表示不能接受让感染艾滋病病毒的同事继续工作。

背景材料主要交代中国等亚洲国家民众对艾滋病的不了解,对艾滋病患者存在偏见,不敢接触艾滋病患者。这与"中国总理与艾滋病患者握手"形成互文,锚定了事实的意义。而在国内新闻报道中,这部分背景材料完全可以省去,因为接受者完全熟知这一互文背景。

第二,对可能产生多义的信息作简化处理,努力使之简单明了。对既难以把握接受者会以何种"前文本"参与互文,又不方便在"当前文本"内

---

① Barthes,Roland:Image—Music—Text,Collins:Fontana,1977,p.37.

构成互文解读的信息,可以考虑删除,尽量化繁为简,化含蓄为明朗。举例说,2008 年 10 月 31 日中央电视台《新闻联播》报道胡锦涛总书记视察陕西榆林农村一户农家,电视画面中有一空镜头,特写树上喜鹊在跳跃,还出现喜鹊喳喳叫的同期声。这个画面与同期声的信息含义比较含蓄,解说词中没有提及的,但具有中国传统文化背景的观众都能明白,喜鹊欢叫寓意吉祥喜庆。在这里,"喜鹊欢叫"这一信息,与另一个不在场的信息(寓意吉祥喜庆)构成了互文。但我们注意到,在 CCTV4 的新闻报道中,就删除了"喜鹊欢叫"这一信息。这恐怕主要是考虑到境外受众的文化背景,难以对这一信息产生与国内接收者同样的"互文",故不如删去,让信息变得简明。

总之,用好互文性作用,避免"伪互文性"作用,是国际传播中应当特别注意的问题。国际传播和对外报道中讲"内外有别",应当包含"互文策略"有别这一观念。

二、国家传播与区域传播的创新

改革开放以来,广东依托珠三角与港澳地区的区位优势,在经济建设和对外开放领域取得了举世瞩目的成就,其经济影响力已具有世界性的意义。硬实力的增强,对广东的外宣工作也提出了更高的要求。广东作为中国的一个区域,其对外传播,既服从于国家形象传播的共同要求,遵循国家传播的一般规律,也有区域传播的特殊性,要求体现区域形象的个性特征。

广东外宣工作的发展有其自身的特殊背景。具体表现为:第一,作为我国改革开放的前沿与经济建设的排头兵,在许多方面都在做"先行先试"的探索,中央领导强调广东不仅是广东的广东,还是全国的广东,要做全国的排头兵;第二,广东自身又有"敢为天下先"之勇气;第三,相对于内地来说,广东有更为自由开放的媒介环境;第四,境外电视台在珠三角合法落地,与广东本地媒体展开白热化的竞争,竞争激活广东的对外传播思路。

因此，总结广东外宣工作的成就，无论是对于我国的国家传播还是区域传播，都具有启示意义。

(一)凸显区域传播特点，讲求有效传播策略

有记者采访广东省外宣办主任李守进，请他谈谈从事外宣这么多年来最难忘、感触最大的事。李守进说了两件事：他们曾在日本举办活动，日本 NHK 有好多电视人对广东的基本情况都不够了解，有人提出"广东在哪"这样的问题。还有他去英国 BBC 访问，BBC 的高层工作人员听了关于广东经济社会发展状况的介绍后，对广东的发展速度很是赞叹，对广东这片热土产生了很大的兴趣，但人家却问："上海在广东吗？"这些都促使他进一步认识到离真正让世界了解广东还很远。[①] 的确，虽然广东是我国经济最为发达的地区之一，在国内知名度高，但在国外连媒体同行都知之甚少，遑论一般百姓了。由此也可见，比起国家形象传播，区域对外传播难度更大。人们记住中国远比记住中国的一个地区要容易得多。因此，区域对外传播除了注意"内外有别"外，还要注意"国家传播与区域传播有别"。

区域传播既然有自身的特点，就应讲求有效传播策略。总结广东的做法，主要体现在三个方面：

第一，有效的覆盖区域。区域传播与国家传播在传播范围上是应该有所区别的。国家传播是着眼于国家整体利益的，而区域传播既要着眼于国家利益，但主要是着眼于区域利益，所以，它的传播覆盖范围也有区别。广东省的外宣工作，其覆盖区域主要是由港澳台，再向东南亚，再向欧美等地，这是一个以广东珠三角为圆心的向外波延的三层次覆盖圈。广东最初的外宣面向，主要是港澳台等地区。21 世纪以来，在面向世界主要国家传播的同时，重点加强了对东南亚的覆盖。如广东台 2005 年在

---

① 刘东阳：《外宣的力量——广东省委宣传部副部长、外宣办主任李守进谈对外传播》，《对外大传播》2006 年第 11 期。本文采用的资料，多处来自此文，在此一并注明。

马来西亚组建的"家娱频道",由主要是面向东南亚的华人,发展到进入马来西亚、印度尼西亚、菲律宾、越南、老挝等国家的一些有线电视网,并且还进入了马来西亚的手机电视网。2009年,广东电视台又开设了全新的越南语频道,成功登陆越南胡志明市HTV有线电视网。与此同时,对西方国家采取有重点的、多方式的传播。如近年来,相继在美国、澳大利亚、日本、加拿大、巴西、南非、瑞典、哈萨克斯坦、印度等国举办"今日广东"图片展;在英国、美国举办"今日广东"电视展播;在法国、西班牙、突尼斯等国举办盛大的"广东文化周"。

　　第二,有效的传播对象。广东外宣的传播对象,主要由两部分人组成:一是境外的华人华侨,二是广东境内的外国人。从地理优势上说,广东毗邻港澳地区,与这些地区有着文化与经济等多层次的联系,同时,广东是我国的主要侨乡所在地,不少华人华侨对广东的情况甚为关心。广东外宣长期以这些华人华侨为传播对象,无疑是因近水楼台之便。而对境内的外国人传播,是21世纪以来逐步确立的。随着广东的开放程度增加,进入广东境内的外国机构与人员日趋增多。目前,常驻广东的外国人有5万多人,临时来粤的外国人每年有86万人次,每天至少有50名境外记者持旅游签证入境,19个国家在广州设立了总领事馆,近20家境外、港澳媒体在广州设有记者站;每年的入境旅游人数达8700多万人次,其中外国人457万人次;在粤的境外专家约15万人。他们对于广东的了解是主动型的,帮助他们了解广东、认识广东,有助于提高广东的国际影响力。广东省外宣部门要求广州、深圳四星级以上的酒店、宾馆要播放中央电视台一、四、九频道节目,广州、深圳的五星级宾馆和广州白云国际机场摆放中央外宣办提供的《今日中国》、《人民画报》、《北京周报》等外宣刊物,供境外人士取阅。英文《深圳日报》、《广州英文早报》及广东电视台英语新闻《广东报道》、《南粤大地》、省电台《广东英语新闻》、南方英文网等媒体以生动活泼的形式、丰富的内容,为来粤境外人士提供新闻资讯服务。在省外宣办举办的新闻发布会上,主动邀请港澳新闻媒体、国外驻粤媒体采访报道,主动邀请外国驻穗领事馆人员出席新闻发布会,向他们通报相关情况。

第三,有效的传播内容。长期的实践证明,在对外宣传中,文化内容的传播最为有效。文化传播看上去似乎难以及时反映我国经济建设的新成就,但作为软实力传播,其意义绝不可小觑。相反,如果只是简单地宣传经济建设中取得的新成就,或者不能令人接受,或者让人有炫耀之感,给自己弄成个"暴发户"形象。广东外宣工作非常重视加大外宣媒体、外宣产品的文化内涵,在对外传播中营造富有文化韵味的品牌和氛围,淡化政治色彩,去除"火药味"。以《今日广东》为例。这是广东电视台的老牌外宣专栏节目,长期以来致力于介绍岭南特色文化。岭南文化成了广东对外传播常规性的主打内容。在 2009 年 10 月底召开的中国与东盟各国电视业界交流会上,广东省广播电视局的领导仍在强调:要以文化接近性为切入点来做好对外传播。"居住在东盟各国的华人华侨中,有相当一部分人祖籍都在广东,文化的同源和语言的相通,也为双方的广播电视交流形成了契机。例如,东盟国家与广东有不少共同的传统节日,比如海龟放生节、七夕乞巧节等,双方媒体可以充分报道当地的节日盛况,并通过对方平台播出。此外,岭南文化有着悠久的历史和丰富的内涵,粤剧、粤曲、岭南书法、岭南画派、岭南饮食文化,潮州歌曲、客家山歌、粤东渔歌等民间曲艺,陈家祠、开平碉楼、广州骑楼、四大名园等岭南建筑,佛山剪纸、木版年画、高州木刻、郁南手指画等民间工艺,都反映出岭南文化独具一格的地方特色,这些都是我们可以充分挖掘的不竭源泉,并通过双方的合作加大对岭南文化的推广力度。"①当然,依托文化与传统的传播,并不排斥经济传播。随着广东经济的发展、转型,世界大财团、世界 500 强企业相继进入广东,广东外宣工作者认识到要进一步瞄准西方主流社会,瞄准国际上的大财团、企业,加强对他们的外宣攻势。

(二)主动出击"走出去",大胆开放"请进来"

改革开放以来,我国外宣工作提出"走出去"的新思路。以电视媒体

---

① 陈一珠:《广东电视与东盟国家合作现状未来》,央视网 2009 年 10 月 27 日。

为例,"走出去"主要有两种模式:一是自建渠道,即通过中国电视频道在海外的落地或影视节目自办发行,直接掌控平台和收益。二是"借船出海",或通过和国外、境外媒体的合作,积极向海外主流媒体供片,让我国的影视节目逐渐进入海外市场,或是与境外媒体合办公司和频道,进行本土化传播。

自建渠道这方面,广东电视台发挥了主流媒体的作用,积极做好广东卫视、广东珠江频道在香港、澳门乃至美洲、欧洲、澳洲、东南亚等地的落地工作。2004 年 7 月 26 日,广东电视台珠江频道 6 小时粤语节目在美洲、欧洲、澳洲、南非、菲律宾等地试播成功;通过美国亚特兰大直播卫星公司,上星覆盖了北美、南美、中美洲和欧洲及南非等地区全天 14 小时滚动播出。同年 7 月,南方卫视(粤语卫星频道)落地港澳。此后珠江频道正式进入香港、澳门有线电视网开播,广东电视台的《今日广东》成功进入美国夏威夷州 669 频道播出,至今已在 10 多家海外媒体开辟了《今日广东》新闻专版和电视专栏。

近年来,广东省又积极利用互联网,以不出门的形式"走出去"。广东是全国互联网用户和网站最为集中的地区,位居全国第一。广东外宣部门很能因势利导,利用丰富的网络资源做好对外宣传工作。其重点对外网络媒体有南方新闻网、金羊网、大洋网和深圳新闻网、21CN、广州视窗、奥一网、腾讯网等 8 家新闻网站。南方新闻网作为广东省的重点新闻网站,五年来访问量增长 65 倍,日均新闻更新量 3000 条,日均点击量 5000 万次以上,其中来自境外点击量就占三分之一以上。同时,还开设英文网站,使外宣工作直接进入西方主流社会。现已开设了南方英文网和大洋英文网两个英文网站。南方英文网已成为华南最权威的英文宣传品牌,每日页面浏览量超过 5.4 万,且在海外有很高的点击量。

"借船出海"方面,广东电视台主动与海外投资机构和资本合作开办境外电视台,组建海外兵团,探索广东乃至中国电视产业与境外资源优化和整合的联合发展、互利双赢的新的发展模式。至今,广东台已经组建了两个境外电视频道:马来西亚"家娱频道"和香港"点心卫视"。前者是与马来西亚主流电视制作机构 Cosmos Discovery 合办,后者是广东电视台支持、配合香港爱国爱港资本机构新开办一家粤语电视媒体。

"请进来"是我们长期探索的对外传播策略。早在延安时期,"请进来"的外国记者向西方世界有效传播了"红星照耀下的中国";"文革"时期,意大利著名电影导演安东尼奥尼受邀来华拍摄的纪录片《中国》,却遭到了当时激烈的"文革"式的批判,国门一度关闭。1987 年,广东省主动邀请哈佛大学著名社会学教授、素有"中国先生"之称的中国问题专家傅高义(Ezra F. Vogel)来广东研究改革开放的实践。在广东省政府的帮助下,傅高义花了八个月走访了广东三分之二的县市,采访了数百人,于1990 年写成《先行一步:改革中的广东》一书在美国出版,很好地向西方世界传播了广东的经验,提升了广东作为改革开放试验区的国际形象。

近些年来,广东外宣在"请进来"这方面进一步探索,取得了不少好的经验。如以活动为平台,对外全面传播广东形象。近年来广东省大型对外经贸和文化活动频繁,如中小企业博览会、国际旅游文化节、经济发展国际咨询会、亚洲艺术节、粤港经济技术贸易交流会、国际文化产业博览会等大型活动,等等,还有如广东省委书记汪洋接受海外 14 家媒体集体采访,省领导会见多名洋顾问,等等。这些活动,吸引了港澳地区、东南亚以至欧美国家新闻媒体的目光,成了广东对外传播的重要平台。2010 年在广州召开的亚运会,更是一次大型的"请进来"活动,吸引世界媒体对广东的关注,全面提升了广东的国际形象。

(三)以开放的心态面对挑战,以进取的姿态取人之长

考察广东外宣工作,我们可以清晰地感受到其开放进取的心态。正是这种心态,使得他们敢于与境外媒体打交道,善于与境外媒体打交道。李守进说,要敢于和外国媒体接触,经验告诉我们,越怕接触越出事,越接触越成事。通过多年和外国媒体打交道发现,外国那些"不友好"的媒体主要是对中国不了解,一旦他和我们接触,反映都很好。

这种开放的心态,还体现在广东广电如何应对境外电视落地带来的挑战上。境外电视进入广东最早是从毗邻港澳的珠三角地区居民自发接

收香港电视开始的。在经历了 20 多年后,至 2004 年 8 月,香港凤凰卫视、星空卫视、翡翠台、明珠台等共 8 个境外电视频道合法落户广东。广东广电被推上了"与狼共舞"的火线。

香港电视落地广东,给广东电视媒体带来了全方位的挑战:观众的分流、广告市场的分割、西方文化价值观的影响,等等。然而,这种竞争与挑战又激活了广东媒体的回应能力,他们从中学到了"节目本土化"的策略。香港电视注重制作和播出适合广东和内地观众口味和习惯的节目,为此他们不惜网罗内地电视人才,到内地制作节目,甚至在内地建立节目制作基地。这一点给广东外宣工作启示很大。广东电台、电视台等单位聘用多语种外国人和在国外生长或留学的"海归"担当配音、主持人,《今日广东》还根据外宣媒体和外宣品实际运作需要,聘请对象国或其他熟悉业务、有知名度的专家学者担当顾问,充分发挥这些人才独到的优势和作用。同时,注重运用对象国的共同话语交流,拉近传播者与受众的距离。由精通外语的人才为外宣媒体和外宣品配好对象国通用的语言文字,并适当援引其常用的谚语成语、名言警句,选用受众熟悉喜爱的所在国名曲作为必要的配乐,力求地道准确,可以增强亲切感,消除交流障碍和心理隔阂。

这类例子不胜枚举。如广东电视媒体制作的展现岭南文化特色的节目,提供给东盟国家,再请东盟国家的电视媒体依据当地人的思维方式、表达方式和收视习惯来进行节目包装,通过当地媒体平台播出。又如深圳广电集团和珠江电影制片公司投资拍摄的电影《夜明》,有不少主创人员都来自马来西亚;深圳广电集团和新加坡新传媒共同投资拍摄了电视剧《少林僧兵》,剧中云集了新加坡、马来西亚、香港地区、台湾地区的优秀制作团队。该片由新加坡新传媒负责海外地区的推广销售,并在东南亚地区十个国家热播。由深圳广电集团发起成立的"全球华文广播娱乐联盟",包括马来西亚 988 电台、印度尼西亚美都电视台、泗水电台和新加坡十多家电台、电视台。依托这一平台,深圳广电集团多次与东盟伙伴合作,共同策划制作了"地震无情 大马有爱"募捐晚会、"明月万里中国心"

中秋晚会等大型晚会,在东南亚华人地区获得较大反响。

(四)几点思考

广东外宣工作虽然取得了巨大的成就,但还有值得进一步总结提高之处。探讨这些问题的解决,既对广东外宣具有相当的针对性,也对我国对外传播具有普遍性意义。

1.如何使传播范围进一步扩大,让传播对象主流化。我国对外传播的目标受众可分为三大群体:外国人、海外华人、港澳台地区受众。如前所述,广东外宣的主要对象还是集中在海外华人(华侨、华裔)与港澳台同胞圈内。据不完全统计,这个受众群约为 6500 万,但传播的实际到达率要低于这个数字。并且,这些华人主要只是深受中国文化影响的第一代移民,对于那些已经融入所在国社会的华裔后代(人称"黄皮白心的香蕉仔"),他们既不会说中文,也不了解中国文化,这些传播对他们的影响就小了。近年来,广东外宣致力于向主流社会渗透,作了一些有益的尝试。据主管广东外宣工作的李守进说,广东外宣有一个经验,举办"文化周"、"图片展"等活动,要和友好省、州结合好,邀请对方的省长、州长等主要官员参加。这样当地的主流媒体就会不请自来,不然永远在华人社会中打转,无法进入主流社会。如 2004 年举办的"法国文化周",集演出队、图片展于一体,紧紧和友好省、州相结合,邀请当地政要参加,取得了很好的效果。

要让传播对象主流化,最主要的还是要让传播内容成为国际主流话题、前沿话题。我们与西方社会虽然存在意识形态的隔阂,但也不必回避西方主流社会关注的话题,如人权,环境保护之类。相反,要积极挖掘新闻事实中这些方面的内涵。举一个例子,2009 年广州市番禺区建不建垃圾焚烧场的事件,如果处理得当,完全可以作为进入西方主流社会的话题来报道。这一事件有两个重要元素是很为西方主流社会接受的:建立垃圾焚烧场,与环保有关;充分尊重民意,体现的是民主精神。通过这件事,西方民众既可以看到中国经济的发展,也可以看到中国民主的发展。

2.如何做好外宣领域的"三贴近",让我们的外宣为西方受众喜闻乐

21

见。"贴近国外受众的思维习惯,贴近国外受众对中国信息的需求,贴近中国发展的实际",作为外宣工作方法的基本规范,其中的内涵是值得我们深入研究并应当转化为行动的。从新闻价值观上说,西方受众长期形成的新闻接受习惯就是"狗咬人不是新闻,人咬狗才是新闻","坏消息就是好新闻,好消息就是没消息"等。这与我国提倡的"以正面报道为主"的理念大相径庭。举 2009 年我国新华社与美国《时代》周刊评选的十大国际新闻为例。新华社的十大国际新闻依次为:国际社会联手打击海盗/奥巴马入主白宫施外交新政/朝核六方论坛遭遇挫折/美俄卫星相撞引发太空安全担忧/中美关系增添新内涵/甲流肆虐/日民主党击败自民党执政/世界经济从危机开始走向复苏/《里斯本条约》生效开启欧盟新时代/哥本哈根会议艰难达成协议;而《时代》周刊的十大国际新闻依次为:美国经济危机:影响将持续/阿富汗:美国是否能避免泥潭?/伊朗混乱的总统选举及其后继/产生分歧的医保制度/胡德堡枪击案/迈克尔•杰克逊之死/处于崩溃边缘的巴基斯坦/墨西哥血腥的毒品战争/甲型 H1N1 流感病毒/斯里兰卡内战结束。从中可以看出,新华社所选的,一是正面的题材要多于负面题材,二是积极意义大于消极意义;而《时代》周刊所选则恰恰相反,特别是将国内的负面新闻列为国际新闻,更是与我们的传播观念大异。基于此,我认为在对外报道中应当转变"以正面报道为主"的思路,努力贴近西方受众的思维习惯和对信息的需求习惯,大胆接触灾难性新闻之类的内容,发挥"将坏事变为好事"的主观能动性,研究如何让负面内容的报道产生积极效果。2008 年 5 月 12 日的四川大地震,我国对外报道基本上突破"以正面报道为主"的限制,既充分展示了灾难,也充分展示了战胜灾难的士气。信息高度透明,反而赢得了世人的好评。美国《华尔街日报》、《纽约时报》、《华盛顿时报》等媒体在报道中指出,新华社对此次地震的报道,达到了国际水准。《纽约时报》在长篇新闻分析中援引媒体学者的话也指出:"中国媒体第一次达到国际水准。"①广东外宣工作在这方

---

① 参见侯迎忠、郭光华:《对外报道策略与技巧》一书第五章第二节中"以正面报道为主不应作为对外报道的选题原则"的论述。

面已经作了不少成功的尝试,能否作更进一步的突破? 先行先试的广东外宣应当有所担当。

3. 如何让对外传播独立于官方的立场,树立媒体客观公正的形象,从而增强其公信力。长期以来,我国的新闻媒体习惯于"耳目喉舌"功能,处处要求与官方保持一致。但西方媒体观视之,这样的媒体是不具客观立场,从而也是缺乏公信力的。本人曾经对我国《经济日报》、香港的《文汇报》、美国的《纽约时报》三家媒体关于中国GDP的报道作过比较,发现三家媒体中,《经济日报》的声音来源只有一处,即新闻发言人李晓超的话。香港《文汇报》共引用9处声音,分别来自不同的经济学家、政府官员、国际金融机构、中国国家机构。《纽约时报》的声音来源共13处,除了采集中央官员、政府公告等官方声音以外,更是将触角伸向了包括东莞工人、广交会商家、渣打银行调查报告、香港工业总会主席发言等多个信息渠道,观点来源最广。《经济日报》单纯地倚重官方观点,对其他社会观点只字不提,容易让受众产生媒体是政府声音"扩音器"之感,媒体在受众心中的独立形象会打折扣。[①]

谈到对外报道中媒体的独立立场问题,不禁想到西方媒体"小骂大帮忙"的策略。美国的中国问题专家龙安志(Laurence Brahm)曾对中国记者说,"中国媒体,塑造形象,应该学外国媒体,30%小骂,70%大帮忙。"加拿大《环球邮报》记者杰弗里·布鲁克也认为,"中国媒体需要提供一个平衡的、包含正负两方面的报道。"我国一些学者也提出过在对外报道中应当学习和运用这种策略。他们认为,《大公报》很早就采用了这种策略,美国之音更是把"小骂大帮忙"这个策略运用到极致,它不是赤裸裸地为美国政府摇旗呐喊,而是经常组织一些专家在一些并非要害的问题上批评美国政府的施政以及社会上的不合理现象,俨然变成"持独立政见的中立者",从而淡化受众心中美国之音是美国政府喉舌的印象,使它的立场容易为人接受。从《大公报》和美国之音的成功实践中,我们不难看出,"小

---

① 参见郭光华、贾茜:《中外媒体对中国GDP下降的不同解读》,《新闻爱好者》2009年第1期。

骂大帮忙"确实是一种行之有效的方法。① 其实,在一个日益开放的国度里,"小骂"体现的是包容。地方媒体的对外传播,完全可以在这一点上作些尝试,即使有点过失,也无伤国家之大雅。

三、从境外媒体报道看广州亚运会对外传播效果

2010 年的广州亚运会是中国继 2008 年北京奥运会以及 2010 年上海世博会后,又一次在国际舞台的华丽亮相。这一大型赛事照例吸引着世界的目光。广州亚运会举行时间为 2010 年 11 月 12 日至 27 日。境外媒体报道数量较为集中在 11 月 12 日、11 月 27 日亚运开、闭幕式前后,形成两个高峰。为了充分分析广州亚运会国际舆情,我们根据实际情况将样本统计时段定在 2010 年 11 月 1 日至 12 月 5 日之内。

本书选取了日本、韩国主要媒体和境外英语媒体对亚运会非体育赛事的报道为分析研究对象。发现国际舆论对这一盛会的报道与解读,与对北京奥运会、上海世博会的情况有所不同。广州亚运会在国际传播方面的意义,对于我们今后举办类似大型国际性活动,是很具启示的。

(一)报道总量:亚洲媒体多于西方媒体

这一点可以从两个方面观之:

我们先以日、韩和境外英语媒体的身份作为一个观察点。日、韩两国都是主流媒体强势参与报道。日本的报道集中在主流媒体五大报纸四大通讯社。日本五大报纸:《读卖新闻》发行量为约 1000 万份,被英国吉尼斯认定为世界最大发行量的报纸;《朝日新闻》,发行量为早报约 796 万份,晚报约 312 万份,仅次于《读卖新闻》;《每日新闻》发行量为 324 万份;《产经新闻》发行量约 167 万份;《日本经济新闻》读者为高端人群,发行量130 余万份。以上五家报纸被称为日本"五大报纸",均为全国发行的日

---

① 参见孙旭培、陈明《对外报道的新观念新艺术》,《青年记者》2004 年第 1 期;沈良华《有感于外国记者的"30％小骂,70％大帮忙"》,中国宁波网,http://www.cnnb.com.cn,2007 年 12 月 28 日。

报,均每天分别发行早报和晚报。日本四大通讯社:共同通讯社,简称共同社,主要向日本国内报社、NHK、民间广播局提供国内外新闻;时事通讯社,在日本国内有 82 家子公司,国外有 29 家,主要向民间企业发布经济相关的新闻;NHK 即"日本放送协会",从职员人数到预算规模来说是日本最大的广播电视局;Searchina,日本最大的中国情报网站。韩国的主流媒体三大报纸两大通讯社也是尽情投入报道。韩国三大报纸《朝鲜日报》、《东亚日报》、《中央日报》,其市场占有率高达 70% 以上;两大通讯社即韩国联合通讯社(http://www.yonhapnews.co.kr/)和纽西斯通讯社(http://www.newsis.com/)。境外英语媒体来源较广泛,包括来自亚洲 13 个国家和地区的 20 多家英语媒体、美国媒体 6 家、英国媒体 4 家、澳大利亚媒体 2 家、新西兰媒体 1 家、法国媒体 1 家、德国媒体 1 家。

再看报道数量。日本主流媒体五大报纸四大通讯社对亚运会非体育赛事的报道总数共 183 篇。韩国主流媒体三大报纸两大通讯社关于亚运会非体育赛事的报道总数共 122 篇。海外英语媒体对广州亚运的非赛事报道总数 151 篇。其中亚洲地区的媒体报道 86 篇,主要包括香港地区媒体 20 篇,新加坡媒体 15 篇,印度媒体 12 篇、泰国媒体 10 篇,还有少量的报道来自菲律宾、马来西亚、巴基斯坦等国家的英语媒体。亚洲以外,来自美国的媒体报道 28 篇,英国媒体 15 篇,法国媒体 8 篇、新西兰和澳大利亚媒体各 4 篇。

为什么西方媒体对广州亚运会的关注会少于亚洲媒体?

从新闻价值来看,亚运会在中国举行已是第二次。任何事物第二次的新闻价值总是不如首次具有的价值大,更何况有 2008 年北京奥运会、2010 年刚刚闭幕的上海世博会在先,无论从规模上还是从涉及面上,都远比亚运会在世界范围内的瞩目度要高得多。外媒说亚运会是亚洲 party。由此看来,广州亚运会对西方媒体的吸引力有限就不难理解了。

一些人认为,广州亚运会受到亚洲国家媒体的追捧,主要因为它是本洲的体育盛会。这固然不错。但深层次看,广州亚运会国际化运作策略于此功不可没。这些策略包括:和相关国际组织密切合作,吸纳外籍优秀人才到组委会。亚组委宣传部执行顾问陆杰夫(Jeff Ruffolo)被称为"中国之声:一个宣传亚运的美国人"。通过他的美国人身份在外媒上传达的信息可信度更高。还有亚奥理事会官员们更是从自身的立场对广州亚运会由衷地称赞。其次,本次亚运会开、闭幕式演出的国际化元素,邀请国外明星参加演出,也吸引了外媒的报道,如印度、韩国的媒体都对本国的明星参与亚运演出作了多篇报道。让拥有很多粉丝的外国明星加入演出也可以为盛会吸引更多外国电视观众。从而间接地正面宣传了亚运会和广州。据纽西斯通讯社 11 月 13 日的报道《备受瞩目的广州亚运会开幕式》说,12 日韩国两大电台 MBC 和 KBS 2 转播的亚运会开幕式收视率分别达到了 8.8%、7.7%。"托亚运会之福,韩国 MBC 新闻档收视率大增"。再次,本次亚运会还为 14 项非奥项目的亚洲本土运动提供了比赛平台,使其更具本土化、接近性、趣味性等品质,因为更为亚洲国家所关注。正如英国《泰晤士报》(11 月 22 日)的报道《亚运会吸收亚洲特色项目 比奥运会更贴近大众》所说,广州亚运的项目设置充分展示了亚洲的多元文化和活力。藤球、卡巴迪、武术等亚洲运动项目在亚洲源远流长,蕴涵着独特的亚洲文化。

关于这一点,西方媒体也有解释。美国《基督教科学箴言报》11 月 29 日刊发过《亚运在华万众瞩目 为何西方缺少关注》(Asian Games in China were a big deal. Why Westerners didn't hear much about them?)一文,文章拿广州亚运会与前不久在印度召开的英联邦国家运动会作比较,认为前者还不如后者受西方国家媒体关注,主要原因在于:广州亚运会参与国中以英语为母语的国家很少,而英联邦运动会参与国则有许多是英语国家,其中不乏像澳大利亚、加拿大这样的大国;国际社会对印度是否能如期顺利举办赛事存疑,印度面临更多恐怖活动威胁,但对广州的举办能力没有任何质疑;印度媒体自由,中国媒体受严格管制,因此国际媒体更易同印度媒体合作,等等。此说不一定为我们全部接受,但至少是可供参考的。

(二)广州形象:从外貌到性格的良性传播

毫无疑问,广州亚运会让广州在国际上名声大振。随着广州亚运会的成功举办,"广州"和"广州亚运会"高频率地出现在外媒报道的新闻标题、发稿地和导语中,甚至有以她命名的栏目如 Hello from Guangzhou。广州城市景观和亚运开幕式的图片也频繁出现在外媒的报道中。如日本《每日新闻》设立"微博@广州"栏目,逐日刊登记者在广州的见闻和感受。如 11 月 9 日至 17 日,分别介绍了人气很旺的"小蛮腰";越秀公园的五羊雕塑及关于五羊的传说;广州公园中老年人聚集跳交谊舞;广州人习惯喝热水,象征志愿者们"热情地接待四方来客";广州现代化的街景;等等。该报还谈到广州地铁先免费后收费的变更,称"市政府冒着被骂'朝令夕改'的危险,充分考虑市民的意见,不顾及自己的面子,是令人称快的决定"。无怪乎新加坡《经济时报》11 月 12 日文章《聚焦广州,亚运会开幕;广州不遗余力确保成功举办 16 天的亚运会》感叹,广州也许没有上海和北京那样的魅力,但通过成功举办亚运会而有望深烙在世界地图上。韩国媒体则引用韩国驻广州总领事的话说,通过举办亚运会,广州将使韩国人进一步熟悉它。

这次亚运会外媒报道对于广州形象,可以说是从"外貌"到"性格"两方面作了全面的描写,极有利于广州形象的国际传播。

从城市外貌来说,最具代表性的说法如《南华早报》称广州堪比新加坡。巴基斯坦《每日时报》则称赞"广州一直都是中国最重要的城市之一,处处凸显亚运氛围。街道两旁鲜花点缀,高楼林立,基础设施完善",这类赞美之词几乎为所有媒体共识。

从城市性格来说,广州开放开明、包容大度、低调务实的品质得到多数媒体的认同。如日本媒体称赞广州"用务实的风格来办亚运",没有花费巨资来建很多新场馆,而是充分利用已有的设施。西方媒体对此更是赞颂有加。《泰晤士报》11 月 22 日的报道《亚运会吸收亚洲特色项目 比奥运会更贴近大众》称,广州亚运再次显示了中国的绝对霸主地位。但在奥运和世博以后,广州亚运会已经没有那么强的意识形态痕迹了。南方大众更加实际,更加敢于表达对大型活动影响生活的意见,更有批评意识。

我们注意到,与对上海世博会横加指责相比,西方媒体对广州亚运会的批评要温和得多,甚至可以说不乏理解与宽容。比方说关于城市征地拆迁的报道,上海世博会就有很多拆迁纠纷的负面报道。而高度关注此类新闻的香港《南华早报》提到广州亚运会拆迁户时则说,"他们已和政府达成补偿协议"。又如有人批评广州亚运会比赛场馆过于分散,15个场馆分布在广州的12个区。但这一点也得到了多数媒体的理解,认为这样可避免北京鸟巢等体育馆利用率极低的状况,分散的场馆虽然给比赛带来交通上的不便,但亚运会后,这些场馆都将开放为当地百姓所用。

境外媒体为何对广州形象较有好感?我们分析,至少有两个方面的原因。

首先,与广州地区宽松的舆论环境有关。按常规,举办国际盛会的准备时期长,涉及面广,很多超常规的城市治理行动势必会影响民生。老百姓有怨气在所难免。如何让这些负面情绪得到及时宣泄非常重要。上海世博会外媒负面报道中引用最多的消息来源是普通市民。而亚运会前,广州的亚运工程扰民现象已在本地媒体上充分曝光,如广州媒体对广州 BRT 工程、"穿衣戴帽"工程、地铁质量问题、地铁免费政策的反复等工作中的问题,都有过严厉的批评,政府官员也多次公开道歉。这就为政府和市民的沟通提供了有效渠道。等亚运开幕时民意已基本得到安抚。《悉尼先驱晨报》11 月 20 日的报道《航海表演让邻国不安》证实了这一点:广州亚运与北京奥运和上海世博的一个显著不同在于,不喜欢亚运的人可以不用假装喜欢。报道援引法学专家贺卫方的观点说,"与上海的压抑不同,广州的媒体与民众更加敢于批评政府,广州政府也更加开放。《南方周末》更指出亚运对于广州的意义不是在于展示实力的强盛,而是展示了广州是一个公民积极参与政务,政府积极回应和互动的公民社会典范。"

其次,与广州亚运会淡化意识形态,淡化体育盛会的政治色彩有关。因为这一点,爱屋及乌地对广州也充满好感。这一点,我们可以中新社2010年11月14日发表的题为《亚运点评:"盛会情结"淡化,亚运显出平常心》和新加坡《联合早报》2010年11月11日题为《广州人以平常心看待亚运》的两篇报道为佐证。这两篇报道不约而同地都认同广州是以"平常心迎亚运"。中新社的报道说:这是一届带有"广州性格"的亚运会,它说明,中国正在"换个姿态办盛会"。而新加坡的《联合早报》说得更明确:与1990年北京亚运会的"举国关注"相比,20年后广州举办亚运,人们的态度体现出理性的回归。展示实力、提升荣誉感也许只是副产品,对于普通市民来说,更多还是在这场体育盛事之后,他们的城市生活将会有多大的转变。应当说,正是这种"平常心"为广州亚运会和广州形象赢得了境外媒体的好感。"换个姿态办盛会"真值得我们好好去体味。

(三)负面报道:正常批评与偏见成见兼之

国外媒体对于广州亚运会的负面报道主要内容有:指责安保措施烦琐扰民,指出组织服务的不足和细节的错误,批评中国人的文明素质,攻击中国的民主问题,等等。

这些批评中,有些虽言辞偏激,但值得引起我们的重视。外媒批评较多提到安保扰民。"开幕式迫使当地居民临时搬迁"最为他们诟病。其他指责包括:一些新公布的禁令影响居民生活,如"广州下令在药店买药要出示身份证",有市民表示可以理解亚运期间实名制买刀的临时措施,但不能忍受实名买药的限制;"戒备森严"的广州安检几乎随处可见,运动员村、媒体村都被多层的铁丝网围住,穿制服的警卫在入口处昼夜值班,"像军事建筑物",影响了激情亚运的气氛;等等。应当说,随着世界范围恐怖活动的加剧,安保问题已经成了世界各国举办大型国际活动不得不面对的重大问题,为此而投入的人力、物力、财力大大增加了活动的运行成本。但如何做到保民而不扰民,却是一个值得进一步探讨的命题。即使是不得已的扰民,也应当从保护人民生命财产的角度多作解释,获得理解。如新加坡《海峡时报》11月14日《严格的安保令人烦,但让我心安》

一文说,"安保是任何大型赛事不容忽视的真正的大问题,虽带来不便,但让很多人心安。俗话说,安全第一。安全正是我(记者)在广州的感受。"

还有关于中国人文明素质欠佳的报道。日、韩媒体报道了观众在比赛现场不够文明,"在演奏日本国歌时,中国球迷一片嘘声",还有观众因为座位问题与警察发生冲突。大街上行人不遵守交通规则,等等。这些批评报道,即使听起来比较逆耳,但应当引起我们的重视。如果能将这些意见反馈在国内媒体上,应当能为中国百姓理性接受的。

批评意见中,有些是因意识形态方面的差异而带来的偏见,是一种习惯性的指责。在上海世博会期间,上海政府劝阻市民不要穿睡衣上街。这也被境外媒体与人权问题挂钩。看来,由于意识形态的隔阂,中国要完全消除西方的偏见还任重道远,仅靠举办几次大型国际赛事还远远不够。

还有些批评几近无理取闹。如有日本记者把自己在街头被人撞到却没得到道歉的经历写成报道,以"不道歉的中国"为标题。这些报道也许是为了迎合他本国读者的民族主义情绪,也不排除记者本人也是强烈的民族主义者,潜意识深处是对中国的崛起的惧怕与警惕。

(四)意义解读:积极评价与牵强附会并存

体育盛会的意义不止于体育。新闻媒体总是会千方百计对其意义进行解读。那么,对于广州亚运会,境外媒体是如何解读其意义的?

仍然有不少媒体认为这是中国实力的又一次展示。美联社 11 月 6 日的报道《中国在亚运会上展示其不断上升的影响力》称:继 2008 年北京奥运会和 10 月份结束的上海世博会之后,广州亚运会给中国又一个机会展示其不断上升的全球影响力。中国举办大型活动资金雄厚,组织有序,与最近在邻国印度举行的英联邦运动会形成鲜明的对比。

值得注意的是,以往在谈到"中国实力展示"时,西方媒体往往爱用"炫耀"一词贬损其意义,但在广州亚运会上这样的声音就很少听到。有报道还对此表示充分的理解。如新加坡《海峡时报》11 月 12 日《大型盛会和一个民族的发展:中国主办大型活动是新兴大国必经的仪式》说:批评家们对中国主办一系列大型活动有很多指责,如日常生活受干扰,社会工程浩大、花费巨额,一些外国人认为这些都暴露出中国缺乏品位和含蓄的炫富心态或暴发户形象。其实,从历史的角度看主办大型活动有更重大的政治意义,已成为一个国家跻身世界大国行列的必要标志。如美国、日本在崛起为大国后都曾举办过世博会、奥运会。现在中国只是在步其他大国之后尘,正在经历一个大国崛起的成长期。到以后某个阶段,中国会不再渴望通过举办大型活动制造吸引力,而选择其他更安静的方式展示其实力和地位。

当然,也有一些牵强附会的解读。如开幕式上的航海表演引起了一些海外媒体的关注与解读。澳大利亚、美国等国的有些媒体将开幕式上水上飞艇表演赋予了政治外交意义,澳大利亚《年代报》11月20日在《护船表演的政治意义》一文中说:"亚运开幕式水手护卫下与风浪搏击的中国渔船象征着最近日本扣押中国渔船事件。曼彻斯特大学国际政治教授认为亚运开幕式让人联想到亚洲各国去天朝朝拜的帝国时代,中国通过这种方式显示中国海军可以保护亚洲邻国。"美国《新闻周刊》12月6日则认为这是中国在"暗示中日渔船纷争事件",是中国"强硬外交态度"的非外交显示,透露出中国"民族主义震慑力"和"海域扩张的暗示"。

关于国际传播,我们探索出了"走出去""请进来"两条途径并举的策略。通过举办大型的国际性活动,特别是像世界性的运动会、博览会这类不太涉及意识形态方面的国际性活动,吸引世界媒体的关注,就是很好的"请进来"的方式。就传播者身份而言,"走出去"是"我说","请进来"是"他说"。从传播控制来说,"我说"当然便于控制;但从传播效果来说,"他说"就更能为人接受,其说服力远胜于"我说"。从以上的分析中我们可以看到,关于广州亚运会的"他说"中,虽然不乏负面的报道与歪曲的解读,但总体来看,其积极意义要远远大于消极影响。广州亚运会的成功有其独特之处,它让我们看到:中国正在和平崛起的国际形象,及中国中心城市的活力,正逐渐为外媒所认同,它们所产生的国际传播意义,是值得我们好好总结的。

四、广州亚运会开幕式中的城市形象传播

2010 年的广州亚运会是中国继 2008 年北京奥运会以及 2010 年上海世博会后，又一次在国际舞台的华丽亮相。境外英语媒体是如何看待、报道广州亚运会的？中国近些年来的对外传播的努力是否改变了境外媒体以往对华报道的偏见？本书选取广州亚运会开幕前后各一天（即 2010 年 11 月 11 日到 13 日）境外英语媒体所有涉及广州亚运会开幕式的报道，对其报道总量与报道篇幅、标题类型与报道内容展开分析。各大境外英语媒体对的广州亚运会开幕式的报道各有特色，同时也体现了不同的报道立场和传播理念。

（一）报道总量与篇幅

1.报道总量

本次研究共获得样本 11 份，都是直接关于广州亚运会开幕式的报道。这表明境外媒体对于广州亚运会都有一定程度的重视，但关注度不高，报道总量偏少。11 篇新闻共涉及 9 家新闻媒体，其中来自美联社（The Associated Press）的报道为 3 篇，分别为 *Asian Games ceremony will displace local residents*，*Asian Games crowds told to act "harmonious"*，*Asian Games open amid fireworks，water show*。此外还有美国有线电视新闻网（CNN）—*2010 Asian Games launched with spectacular ceremony in China*、美国之音（VOA）—*Asian Games Open in Guangzhou，China*、《纽约时报》（The New York Times）—*Asian Games-Guangzhou Smoothes Out Last Details of Asian Games*、《华盛顿邮报》（The Washington Post）—*Best view in the house？Not at the Asian Games*、路透社（Reuters）—*For Asian Games，Chinese Host City Using "Iron Fist" to Clean the Air*、法新社（AFP）—*China set for Asian Games extravaganza*、《菲律宾星报》（The Philippine Star）—*Glitzy rites focus on Guangzhou rich history* 以及《中国邮报》（The China Post）—*Mega shows are* *merely small steps in China's great evolution。*① 详见表 1-1。

表 1-1

媒体	报道数量	国家与地区	比重
美联社	3	美国	63.6％
美国有线电视新闻网	1		
美国之音	1		
《纽约时报》	1		
《华盛顿邮报》	1		
法新社	1	法国	9.1％
路透社	1	英国	9.1％
《菲律宾星报》	1	菲律宾	9.1％
《中国邮报》	1	中国台湾	9.1％

　　从上表中,我们可以发现美国媒体对广州亚运会开幕式的报道量整体明显高于其他国家媒体,美联社、美国有线电视新闻网、美国之音、《纽约时报》、《华盛顿邮报》5 家媒体对广州亚运会开幕式进行的报道占全部报道的约 64％。而英法国家主流媒体的报道加起来都不到总量的 1/5。这表明在西方国家中美国媒体相比更为重视广州亚运会的召开。

　　然而与亚洲国家对亚运会开幕式的报道量比较,境外英语媒体对广州亚运会报道总量是明显偏少的。我们也作过统计,日本媒体在 11 月

① 　以上 11 篇报道分别见以下网站:
http://news.yahoo.com/s/ap/20101111/ap_on_sp_ot/asian_games_opening_ceremony.
http://news.yahoo.com/s/ap/20101109/ap_on_sp_ot/asian_games_taming_the_crowds.
http://news.yahoo.com/s/ap/20101112/ap_on_sp_ot/asian_games_opening_ceremony.
http://edition.cnn.com/2010/SPORT/11/12/athletics.asian.games.china/index.html.
http://www.voanews.com/english/news/asia/Asian-Games-Open-in-Guangzhou-China-107482049.html.
http://www.nytimes.com/2010/10/12/sports/12iht-ASIAGAMES.html.
http://www.washingtonpost.com/wp-dyn/content/article/2010/11/11/AR2010111103178_1.html.
http://www.reuters.com/article/idUS384489247920101112.
http://www.google.com/hostednews/afp/article/ALeqM5h5HDaorw4z2klYUM_x1s6lNCIBOQ?docId=CNG.09187423602a826efe8f7bf05a70dfec.3d.
　http://www.philstar.com/Article.aspx?articleId=629648&publicationSubCategoryId=69.
http://www.chinapost.com.tw/commentary/the-china-post/special-to-the-china-post/2010/11/13/279687/p1/Mega-shows.htm.

11日—13日两天里,有50篇报道涉及亚运会开幕及相关信息。韩国两大电台MBC和KBS 2更是在12日直接转播的亚运会开幕式,其收视率分别达到了8.8％、7.7％。这种反差原因何在？美国《基督教科学箴言报》的解释有一定的参考价值。该报说:广州亚运并未像印度举行英联邦运动会一样得到西方媒体很多关注,原因在于:广州亚运参与国中以英语为母语的国家很少;国际社会对印度是否能如期顺利举办赛事存疑,对广州的能力没有任何质疑;中国媒体受严格管制,国际媒体更易同自由的印度媒体合作。

2. 报道篇幅

如果说报道总量是从宏观层面的考量,那么从报道篇幅的角度的考量则是属微观层面的了。按实操惯例,我们将报道篇幅分为长篇(700字以上)、中篇(400到700字)、短篇(400字以下)。据此再对上述报道作一统计分析。见表1-2。

表 1-2

媒体	标题	字数	篇幅
美联社	亚运会开幕将迁移当地居民	811	长篇
美联社	亚运会观众被要求"和谐"观赛	399	短篇
美联社	亚运会在烟花与水上节目中开幕	641	中篇
美国有线电视新闻网	2010年亚运会在中国盛大开幕	306	短篇
美国之音	亚运会在中国广州开幕	336	短篇
《纽约时报》	亚运会——广州解决亚运会工作的最后细节问题	698	中篇
《华盛顿邮报》	家是最佳观看场所？亚运会例外	772	长篇
法新社	中国准备亚运会盛典	603	中篇
路透社	中国的亚运会主办城市采取"强制手段"净化空气	618	中篇
《菲律宾星报》	开幕盛典聚焦广州的悠久历史	279	短篇
《中国邮报》	大型表演仅仅是中国的巨大发展中的一小步	747	长篇

表 1-3

篇幅	短篇	中篇	长篇
数量	4	4	3
比重	36.4％	36.4％	27.2％

从表 1-2 与表 1-3 中我们不难发现,中篇和短篇在总报道量中各为 4 篇,同样占 36.4％,长篇为 3 篇,占 27.2％。综合地看,中长篇报道占到所有报道的 2/3 以上,说明从报道篇幅上讲,各家媒体对广州亚运会的报道是重视的。其中,美联社的 3 篇报道为短篇、中篇与长篇,说明报道有主有次,有重点与次要之分。另外,所有短篇报道均以报道广州亚运会开幕本身为主,中长篇报道大多为对于背景的报道与深度分析。

我们认为,报道篇目总量与报道篇幅大小都体现着报道规格。而报道规格反映的是报道对象需要受到的重视程度。报道对象需要受到的重视程度越高,它的报道规格就越高,因而需要投入的报道规模也就越大。二者的关系就像商品的价值与价格的关系一样。价值越高,价格就应随之增高。报道者在确定对某一新闻事件进行报道时,首先就要考虑用什么样的报道规格来报道,才能让受众感受到报道对象的价值和意义。而要体现报道者的态度,实现一定的报道规格,必然要求报道者采取相应的报道规模。报道规模最终都要物化为一定的报道规格。陈力丹说,"就大众媒介而言,影响公众的前提是能够及时提供他们需要的讯息。如果通过这种提供达到某种说服目的,要有'量'的考虑。"他引用符号学家达比舍尔的话:"意义就是关于接收者响应给定的信息量的经验总和。"给定的信息量不够多,那么就影响到接受者对讯息内含"意义"的理解,新的信念和经验无法依据已获得的不多的讯息确立,这时的媒介引导效果也许比没有效果还糟糕。[①] 从这方面来审视,亚运会的开幕式尽管规模宏大,内容新颖,但毕竟亚运会本身对西方国家的吸引力远不如奥运会,所以西方媒体的报道所产生的影响就十分有限了。

---

① 陈力丹:《试论说明性信息的接受特征与引导舆论》,《现代传播》1998 年第 4 期。

(二)内容分析

1.报道标题

我们将标题分为客观、主观和不确定三个类别。客观标题指只陈述事件本身,不带有任何评论。主观标题指标题带有一定评论感情色彩。

表 1-4

媒体	标题原文	标题译文
美联社	Asian Games ceremony will displace local residents	亚运会开幕将迁移当地居民
美联社	Asian Games crowds told to act "harmonious"	亚运会观众被要求"和谐"观赛
美联社	Asian Games open amid fireworks, water show	亚运会在烟花与水上节目中开幕
美国有线电视新闻网	2010 Asian Games launched with spectacular ceremony in China	2010 年亚运会在中国盛大开幕
美国之音	Asian Games Open in Guangzhou, China	亚运会在中国广州开幕
《纽约时报》	Asian Games-Guangzhou Smoothes Out Last Details of Asian Games	亚运会——广州解决亚运会工作的最后细节问题
《华盛顿邮报》	Best view in the house? Not at the Asian Games	家是最佳观看场所? 亚运会例外
法新社	China set for Asian Games extravaganza	中国准备亚运会盛典
路透社	For Asian Games, Chinese Host City Using "Iron Fist" to Clean the Air	中国的亚运会主办城市采取"强制手段"净化空气
《菲律宾星报》	Glitzy rites focus on Guangzhou rich history	开幕盛典聚焦广州的悠久历史
《中国邮报》	Mega shows are merely small steps in China's great evolution	大型表演仅仅是中国的巨大发展中的一小步

从表 1-4 中,我们发现,在关于广州亚运会开幕式的 11 篇报道中,7 篇为客观性标题,占全部标题的 63.6%,4 篇报道的标题为主观性标题,占全部标题的 36.4%。在客观标题中,美联社的《亚运会在烟花与水上节目中开幕》、美国有线电视新闻网的《2010 年亚运会在中国盛大开幕》、

美国之音的《亚运会在中国广州开幕》、《菲律宾星报》的《开幕盛典聚焦广州的悠久历史》这 4 篇均为对广州亚运会开幕式本身的客观陈述式报道标题;《纽约时报》的《亚运会——广州解决亚运会工作的最后细节问题》和法新社的《中国准备亚运会盛典》以及美联社的《亚运会开幕将迁移当地居民》3 篇则是对广州亚运会开幕式前各方面准备工作的客观报道。在主观性标题中,美联社的《亚运会观众被要求"和谐"观赛》、《华盛顿邮报》的《家是最佳观看场所? 亚运会例外》和路透社的《中国的亚运会主办城市采取"强制手段"净化空气》3 篇均为负面的主观性标题,主要以贬低广州亚运会和中国形象为主;另一篇来自中国台湾地区《中国邮报》的《大型表演仅仅是中国的巨大发展中的一小步》从标题上可以明显地感觉其积极的眼光。

总体来说,各家关于广州亚运会的新闻报道的标题中,客观性标题比主观性标题多,主观性标题中,容易引起读者负面联想的标题占标题总数的 27.3％,多于引起读者正面联想的标题。

2.报道内容

在选取的 11 篇样本中,共出现以下内容:(1)亚运会开幕式报道;(2)亚运会开幕前广州市政府在建设、交通、环境方面的工作;(3)广州市政府在亚运会开幕前的安保工作,主要指迁移当地居民;(4)广州亚运会的影响与意义。下面我们具体分析各个内容的报道。

(1)关于亚运会开幕式的报道

以此为主要内容的报道有四篇,分别是美联社的《亚运会在烟花与水上节目中开幕》、美国有线电视新闻网的《2010 年亚运会在中国盛大开幕》、美国之音的《亚运会在中国广州开幕》以及《菲律宾星报》的《开幕盛典聚焦广州的悠久历史》。

这几篇报道的内容与结构都大同小异,报道中无一例外地都提到了开幕式上精彩的水上表演与烟花表演,如美联社"灯光、烟花、珠江的水上表演掀开了 16 届亚运会"(Light beams, fireworks and water jets exploded from the banks of the Pearl River as China marked the opening of the 16th Asian Games in southern city Guangzhou，two years after daz-zling the world with a gala opener to the Beijing Olympics)。美国有线电视新闻网"广州亚运会精彩的开幕式让人们想起了 2008 年北京奥运会时的情景"(China rekindled memories of the 2008 Olympics with a spectac-ular opening ceremony for the 16th Asian Games in Guangzhou on Fri-day)。美国之音"烟花从广州市地标广州电视塔向四周燃放，亚运会开幕"(The opening ceremony Friday evening attended by Chinese Premier Wen Jiabao started with fireworks exploding from the entire length of the Guangzhou TV Tower - the tallest building in the city)。

各报道都提到了出席开幕式的温家宝总理、点火仪式、本次亚运会的规模、各国参赛的代表团、一共将决出多少金牌，等等。

(2)关于建设、交通、环境等方面准备工作的报道

报道中涉及交通、环境方面的共有三篇，分别为《纽约时报》的《亚运会——广州解决亚运会工作的最后细节问题》、法新社的《中国准备亚运会盛典》以及路透社的《中国的亚运会主办城市采取"强制手段"净化空气》。

《纽约时报》的《亚运会——广州解决亚运会工作的最后细节问题》，一开篇就说，"在中国政府的精心运作和组织下又将成为一个盛会，尽管这项浩大的准备工程让一些当地居民抱怨不已，他们认为亚运会带来了不便，并且浪费钱。"(The Olympics-style event is shaping up to be anoth-er well-run，well-organized spectacular by the Chinese government，though wide-ranging preparation projects set off grumbling among some residents who see them as an inconvenience and waste of money.)接着，文章称中国政府试图通过诸如此类的盛会来展现国家实力，但普通老百姓却因怕被报复而不敢有任何怨言(It is uncommon in China for ordina-ry citizens to speak out for fear of retribution from the authorities)。文章进一步报道了因为亚运建设而带来的房屋拆迁、强制出租车司机学习英语。文章最后称，政府将免费提供公共交通、无线网络等服务来补偿当

地居民的损失。

法新社《中国准备亚运会盛典》一文也大同小异,不同之处在于该文还报道了中国体育代表团要争夺最多的金牌。

路透社在《中国的亚运会主办城市采取"强制手段"净化空气》这篇报道中则主要报道的是环境问题。文章称广州市政府将在亚运会期间采取一系列措施,如禁止烧烤,停止建设施工,禁止私家车,要求乘坐免费的地铁(No barbequeing, the city commanded its inhabitants. Stop construction. Stop driving. Take the subway—it's now free)。自 2007 年起,广州市政府就已禁止了摩托车的行驶来减少空气污染(The city government's aggressive campaign to reduce air pollution—including a ban on motorcycles since 2007—has been six years in the making)。但文章指出免费的地铁和公交让本就拥挤不堪的公共交通更加混乱,因此政府又重新开始对搭乘公共交通工具收费。(Free rides on the subway and all buses led to chaos in the already-crowded metro system as retirees and seniors jostled with regular commuters. The government resumed charging public transit riders this week)文章还称在另一些方面政策的执行不到位,例如 2007 年禁止摩托车,但残疾人和有特殊需要的人例外,而且许多自行车被改装来运送货物和乘客。(Despite the 2007 ban on motorcycles, those with a handicap or special needs are eligible for a motorcycle license. Many bikes have been retrofitted to transport goods and passengers for a fare comparable to that charged by cabbies.)文章最后总结,在最近几年广州在保持经济发展与环境保护的平衡上有所改善,但官方数据并未得到独立机构的证实。(None of these figures have been independently verified.)

(3)关于安保工作,主要是迁移当地居民的报道

关注迁移当地居民事件的报道有两篇,分别是美联社的《亚运会开幕将迁移当地居民》以及《华盛顿邮报》的《家是最佳观看场所? 亚运会例外》。

在美联社的《亚运会开幕将迁移当地居民》报道中,第一句话就说开幕式将非常精彩(A flotilla of 45 boats adorned with LED lights will ferry thousands of athletes down the Pearl River and into what is certain to be a spectacular Asian Games opening ceremony featuring 6,000 performers)。但第二段马上话锋一转,提到附近的当地居民将无法在家中观看(The one important element missing from the first-of-a-kind opener:Local residents. Those who live within a half-mile radius of the ceremony venue on Haixinsha Island are being ordered to leave their homes, apparently to eliminate threats such as sniper attacks)。接着文章进一步指出背后的原因是为了保证安保工作的万无一失,并列举了一系列的数据(Security will be tight for the event that Chinese Premier Wen Jiabao and other Asian leaders will attend. Organizers reportedly will spend MYM302 million on security at the games)。文章中多次引用广州亚运会官方以及广州当地居民的话,以增强其可信度。

《华盛顿邮报》的《家是最佳观看场所？亚运会例外》一文与美联社一文略有不同,文章首先就指出当地居民将受到开幕式的影响(The newest decree issued by Asian Games organizers has hit close to home for local residents)。文章详细提到,居民离开前要将灯光都打开,这样开幕式时城市的夜景将更好看(but don't turn out the lights, the instructions dictate. Apparently the TV images will look a lot better against an illuminated cityscape)。文章还提到地铁交通和公路交通等方面都将受到影响。最后说,"这些全都是以安全为名义"(It's all in the name of security)。

(4)关于广州亚运会的影响与意义的报道

以此为主要内容的报道只有一篇,即刊登在中国台湾地区《中国邮报》上《大型表演仅仅是中国的巨大发展中的一小步》一文。文章称中国向来重视各大盛会的倒计时活动,并且所有活动都会严格按照某一程序进行,文章在回顾了北京奥运会、上海世博会后回到了广州亚运会上来。

（It is hard to miss the countdowns here in China. The standard operating procedure for China's big shows, replicated faithfully in Beijing, Shanghai and Guangzhou, goes something like this: clean up living quarters, give the city a facelift, build new subway lines, educate people on social manners; and impose a security lockdown that includes keeping dissidents away from the public eye.）随后文章谈到,中国举办盛会的背后都有原因,如向世界展示中国的成功,此外还有政治因素。文章进一步回顾了世界上曾经的发展中国家都有类似的经历。（While some of these comments are understandable, in fact these major events serve a larger political purpose, especially if placed in the context of history in the last century.）最后文章总结,中国只是沿袭过去世界大国的崛起之路,并没有开拓一条新的道路,中国正在走的这一阶段是一个国家崛起为大国的必经之路。（In short, China is merely tracing the steps of earlier global powers. It is not a flashy upstart nation blazing a whole new trail of stupendous mega shows. It is going through a phase — a phase some might consider a necessary growing-up period for an emerging power.）

(三)深度解读与思考

通过对境外英语媒体关于亚运会开幕式报道的分析,我们可以从城市形象传播与国家形象传播两个层面作些进一步的解读与思考。

1.城市形象传播效果

从城市形象的层面看,广州亚运会对世界的影响,使得广州在世界范围内的知名度和美誉度都大大提高。广州亚运会为媒体聚焦中国特别是广州提供了一次机会。开幕式报道历来是整个赛事报道的重中之重。重大赛事的开幕式是一个国家和地区受到万众瞩目的重要时刻,是国家或城市展现自己形象、扩大影响力、让世界了解自己的重要机会。反过来,良好的国家或地区形象不仅可以增强本国本地区人民的自信心和凝聚力,还可以对本国和外国公众产生心理和行为上的潜移默化的影响。

广东省的对外传播,其覆盖区域先是由港澳台,再向东南亚,再向欧美等地。这是一个以广东珠三角为圆心的向外不断波延的三层次覆盖圈。由最初的港澳台等地区,到重点加强对东南亚的覆盖,再相继向美国、澳大利亚、法国、西班牙、日本、加拿大、巴西、南非、瑞典更大范围的传播。随着广东省、广州地区经济实力的壮大,广州地区与世界在经济、文化等方面的交往日益频繁。在加强对外传播"走出去"战略的同时,借助一次国际盛会,作一次"请进来"的传播公关十分必要。特别是在北京、上海相继举办大型盛会后,作为中国中心城市的广州,举办一次大型国际体育盛会更为迫切。

从这次境外英语媒体对广州亚运会开幕式的报道来看,虽然总量有限,但影响还是不小。当然,这次广州亚运会的影响范围,还是一个由强趋弱的三层次覆盖圈。但从全局来看,对日、韩等国的传播效果明显增强了,对美国的影响也增强了。所以,如果要对广州亚运会在提升广州城市形象方面的成绩作一宏观的评估,我们似还可套用那一句老话:冲出亚洲,走向世界。这其中,开幕式的成功功不可没。

2. 国家形象传播效果

从国家形象传播的层面看,由于有 2008 年北京奥运会、2010 年的上海世博会在先,都有向世界展示中国实力的素质,所以,广州亚运会无论从规模上还是从涉及面上,都不如上述二者在世界范围内的瞩目度。从新闻的角度来看,其新闻价值首先就大打折扣。

但对西方媒体来说,有两点是颇有报道兴趣的。一是开幕式的新元素,一是习惯性地以成见作附会解读。

关于开幕式的新元素,前面的分析中已提到了。如美联社报道"灯光、烟花、珠江的水上表演掀开了 16 届亚运会"。美国之音报道"烟花从广州市地标广州电视塔向四周燃放,亚运会开幕",等等。这些都可以让人们再次引起对中国的关注。此处不再赘述。

关于习惯性的成见解读,这是长期由西方意识形态影响所造成的,非一日之寒。以上 11 篇境外英语媒体对于广州亚运会的报道,折射出境外媒体在涉华报道中对中国进行解读的政治视角、文化视角和经济视角。

通过以上研究,我们可以发现,虽然多家媒体都客观公正地报道了亚运会开幕式的盛况,但这并不意味着境外媒体彻底改变了对中国报道的方式和立场。如众多媒体尤其关注亚运会前政府迁移当地居民等一些敏感事件,习惯性地与人权等政治话题联系起来。

看来,由于意识形态的隔阂,中国要完全消除西方的偏见还任重道远,仅靠举办几次大型国际赛事还远远不够。

第二章　中西新闻实务比较

在全球化背景下谈我国的新闻传播能力的构建,就不得不参照西方新闻业的情况。虽然因文化与意识形态等方面的不同,我国新闻传播实务与西方也存在着一些差异,但西方新闻业较我国发达要早,形成了较为成熟的传播理念,这无疑对我国的新闻实务有着不同程度的影响。因此,中西新闻传播实务比较,就成了一个很有意义的 话题。比较此中的同与异,特别是对同题内容的报道作比较,我们不仅能开阔视野,更重要的是能发现自身的优势和问题,从而扬长避短,提升我们的新闻传播能力。

一、看中外媒体如何解读中国 GDP

2008 年 10 月 20 日,国家统计局新闻发言人李晓超对外发布了当年前三季度我国国民经济运行情况。在全球经济委靡的大势下,中国的经济形势引起了世界的广泛关注,全球多家媒体对此展开了报道。本书选取中国内地的《经济日报》、中国香港的《文汇报》、美国的《纽约时报》差异较大的三家媒体的报道作为目标媒体进行比较研究。① 《经济日报》作为以经济报道为主的中央级媒体,在国内享有盛誉;香港《文汇报》作为一份香港综合性报纸在东南亚、北美等多个地区都有发售,影响力不容小觑;而《纽约时报》作为一份世界级报纸,在财经、政治报道方面更是拥有全球性的影响力。比较发现,三家媒体面对同一信息源,相同的数据,报道时

---

① 分别为 10 月 21 日的《经济日报》、香港《文汇报》和 10 月 20 日的《纽约时报》。

取舍不一,对其解读也不尽相同。

(一)选择与解读:有关中国 GDP 下降的相关数据的使用

国家统计局新闻发言人李晓超在 10 月 20 日召开的国务院新闻办新闻发布会上,首先主动介绍了中国在 2008 年的前三季度国民经济运行情况,提出了一个重要数据,即前三季度我国 GDP 增长率为 9.9%。在答道琼通讯社记者关于"第三季度的 GDP 增长是多少"时,提供了"第三季度 GDP 同比增长 9%"这一数据。这样,就出现了两个关键性的数据:"前三季度我国 GDP 增长率为 9.9%"、"第三季度的 GDP 增长 9%"。与此相关,李晓超还就投资与消费、出口、工业等几大经济指标以及国家欲出台政策提供了系列数据与信息。这些数据与信息,成了各大媒体报道选择与解读的依据。我们发现,《经济日报》、香港《文汇报》和《纽约时报》三家媒体的选择与解读出现较大差异。

1. 数据的选择。表 2-1 显示的是《经济日报》、香港《文汇报》以及《纽约时报》三家媒体对中国 GDP 指标及相关数据的选择:

表 2-1　三家媒体对 GDP 及主要相关数据的选择

媒体 ＼ 项目	GDP	消费	出口	工业
经济日报	前三季度增速 9.9%。	1.9 月 CPI 同比涨幅 4.6%,前三季度 CPI 上涨 7%。 2. 工业品出厂价格 9 月同比涨幅 9.1%。 3. 前三季度,社会消费品零售总额同比增长 22%。	前三季度,出口额增长 22.3%;顺差减少 47 亿美元。	1—8 月,规模以上工业企业利润增长 19.4%。
香港文汇报	前三季度增速 9.9%;第三季度增速 9%。	1.9 月 CPI 同比涨幅 4.6%,前三季度 CPI 上涨 7%。 2. 工业品出厂价格 9 月同比涨幅 9.1%。	前三季度,出口额增长 22.3%;顺差减少 47 亿美元。	1.1—8 月,规模以上工业企业利润增长 19.4%。 2. 前三季度,规模以上工业增加值同比增长 15.2%(9 月 11.4%,较 8 月下降 1.4%)。

（续表）

项目\媒体	GDP	消费	出口	工业
纽约时报	第三季度增速9%。	9月CPI同比涨幅4.6%。	未提及。	9月份规模以上工业增加值同比增长11.4%，较8月下降1.4%。

具体报道中，《经济日报》在其01版题为《国民经济保持平稳较快发展——前三季度GDP增长9.9%》的文章中列举了相关数据56处，其中约37处是关于经济"加快"、"增长"一类的信息，5处属于"回落"、"减少"信息，另有14处属于无增减比较的静态数据。与另两家媒体的报道有两处重要的不同之处：一是它特别提到投资方面的情况，即"前三季度全社会固定资产投资增长27%"，这是其他两家媒体所没有提到的。二是它没有提及"第三季度GDP同比增速9%"和"9月工业增加值较8月放缓1.4%"两个信息，而这恰恰是香港《文汇报》和《纽约时报》的重点。在这一增一减之中我们可以清楚地看到，《经济日报》强化的是正面信息，有意弱化了负面信息。这与新闻发言人李晓超或者说中国官方的初衷是一致的，更偏向于向受众传达"经济保持平稳较快发展"、"中国经济基本面是好的"这些积极信息。

和《经济日报》比较，香港《文汇报》虽然也选择了"前三季度增速9.9%"这一数据，但它的重点却在"第三季度增速9%"这一数据上。报道以《GDP增速，急降至9%》为大标题，以"订单减成本升，重创工业"、"出口现负增长，顺差续减"以及"通胀回落，恐致产能过剩"为小标题展开报道。比起《经济日报》来，报道还少了"前三季度，社会消费品零售总额同比增长22%"这一数据，增加了"前三季度，规模以上工业增加值同比增长15.2%（9月11.4%，较8月下降1.4%）"。这些信息，加上新闻标题中的"降"、"创"、"减"等字眼，凸显的是"经济显著下滑"这一消极面。

《纽约时报》在数据的选择上，只选择了"第三季度GDP增速9%"上。正如它拟定的标题《中国酝酿新政策 刺激放慢的经济》（China Plans To Bolster Its Slowing Economy）一样，整篇文章的侧重点总体放在中国政府针对下滑的经济增速所采取或即将采取的新政策上，而不仅是数据的引用。整篇报道传达的信息是：尽管 9％的 GDP 增长率令人担忧，但是国家正在积极出台应对政策。

2. 数据的解读。三家媒体对两处关键数据的解读也各不相同。

第一，如何解读 9.9％和 9％？

关于"前三季度 GDP 同比增速 9.9％"，《经济日报》给出的解释是"经济仍然保持平稳较快增长"，"仍略高于改革开放以来 9.8％的年平均增速"；而香港《文汇报》给出的解释是"增速大大低于上年同期修正后的 12.2％，也低于今年上半年的 10.4％"，"前三季度 GDP 增速和第三季度 GDP 增速均为 2004 年本轮经济增长以来的最低水平"，"终结 5 年以来双位增长，录得最低水平"。而对于 9％这个数据，《纽约时报》则分别在报道中作出了 3 层解读：(1) "the slowest pace since an outbreak of SARS in 2003"（2003 年"非典"爆发以来经济增长的最低值）；(2) "Policy makers in almost any country except China would be delighted with 9 percent growth, particularly given the financial turmoil that was worsening at the end of the third quarter. But China faces a particularly acute need to maintain high growth rates"（几乎世界上任何一个国家的决策者都会为 9％的经济增长率而感到欢欣鼓舞，尤其是在第三季度末金融危机肆虐的情况下。只是中国不是他们中的一员，因为中国对保持高速经济增长来稳定就业有着极高的诉求）；(3) "Growth of 9 percent in the third quarter was slower than most economists had expected"（第三季度 9％的增长率让大多数经济学家跌破眼镜）。

第二，如何解读 19.4％？

李晓超在发言中提到"前三季度企业利润增长 19.4％"，对此，《经济日报》这样写道："经济运行质量继续提高，1—8 月份，规模以上工业企业实现利润增长 19.4％"；而香港《文汇报》的解读是："企业利润增长进一步放缓，今年 1—8 月规模以上工业企业利润增长，从去年同期的 30％放慢到目前的 19.4％"。同样是 19.4％，一个是作为"经济运行质量继续提高"的数据，另一个是作为下滑近 10 个百分点的依据。结论之迥然，令人深思。

从以上比较中可以看出,面对发言人提供的数据,三家媒体的选择与解读是很不一样的。不妨说,《经济日报》是乐观派,香港《文汇报》是悲观派,而《纽约时报》的报道比较客观公正,它并非偏于积极或消极的事实数据,而是借具体的国家政策与下滑的经济形势形成的信息平衡。不妨称之为客观派。

(二)请谁解读 GDP:三家媒体声音来源比较

1. 声音来源分布比较。关于中国 GDP 下降的解读,三家媒体选择的声音来源也有很大的差别。比较中可发现很多令人深思的东西。

我们将媒体的声音来源作一简要的统计。三家媒体中,《经济日报》的声音来源只有一处,即新闻发言人李晓超的话。香港《文汇报》共引用9 处声音:3 处来自经济学家,4 处来自政府官员,1 处来自国际金融机构,1 处来自中国国家机构。《纽约时报》的声音来源共13 处:3 处为经济学家,2 处为商家,2 处中国官员,2 处政府机构,1 处为投资银行调查报告,1处为工人,1 处为社会经济组织,1 处为媒体,1 处为经济调查。

图 2-1 将香港《文汇报》与《纽约时报》两家所采集的观点来源以及观点的统计数据换算成百分比,分别示之。

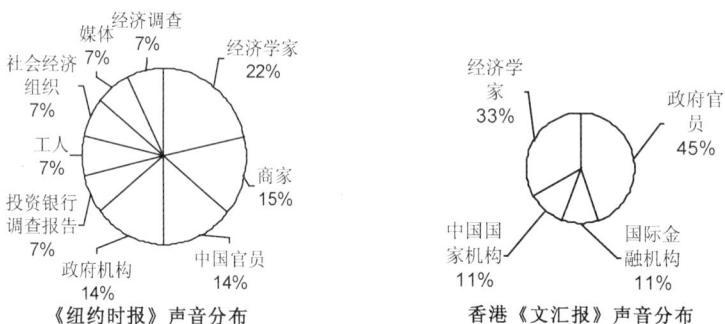

《纽约时报》声音分布　　　　香港《文汇报》声音分布

图 2-1:《纽约时报》与《香港文汇报》声音来源比较①

---

① 以文章中明显出现"经济学家预计"、"××官员指出"等表达中包含的消息来源作为一个统计单位,同一消息来源多次发出声音只按一个单位计算。将同类消息来源的数量除以所有消息来源总数,得出了百分比。

从图 2-1 可以看到,《纽约时报》和香港《文汇报》分别选取了三种或三种以上不同身份的人士的观点展开对各项数据的解读。其中,香港《文汇报》也引用了包括申银万国证券研究所首席宏观分析师、国务院发展研究中心对外经济研究部副部长、全国人大常委会副委员长成思危、世界银行高级副行长林毅夫、中央政策研究室副主任等人在内的新闻观点,声音来源也较丰富。而《纽约时报》除了采集中央官员、政府公告等官方声音以外,更是将触角伸向了包括东莞工人、广交会商家、渣打银行调查报告、香港工业总会主席发言等多个信息渠道,观点来源最广。《经济日报》只用一家之言,这是中国媒体长期充当政府喉舌使命的习惯性使然。然而,单纯地倚重官方观点,对其他社会观点只字不提,容易让受众产生媒体是政府声音"扩音器"之感,难以提供让读者多维思考的平台,媒体在受众心中的独立形象会打折扣。

2. 观点的导向比较。三家媒体观点来源不一,观点内容也不尽相同。

以对当下经济态势以及走向的分析为例。《经济日报》援引李晓超的话说:"面对国内接连不断发生的严重自然灾害的冲击和世界经济金融形势振荡多变的不利影响,我国国民经济保持平稳较快发展,总体运行良好","随着'一保一控'为目标的各项宏观调控政策的落实,今年以来整个国民经济继续保持平稳较快发展,居民消费价格涨幅回落明显,目前我国经济发展的基本态势未发生改变"。

同样是对经济态势作出的反应,香港《文汇报》则引用了经济分析师的话表述道:"三季度 GDP 大幅度回落至 9％,实际低于近年来中国的潜在经济增长率,显示中国经济'硬着陆'的风险增加。伴随经济下滑,未来或需关注通货紧缩的风险。"

而作为三家媒体中引用声音种类最多的一家,《纽约时报》更是别出心裁地采用了一组观点的对弈阐述了对当前经济以及未来走势的看法。对弈一方来自温家宝总理的发言,报纸援引温家宝的话说,"Our economy remains vigorous and has the capability to defend itself against international risks"(我们的经济发展依然充满活力并且有能力抵御国际金融

风险);另一方则是来自渣打银行和香港工业联盟主席的观点:渣打银行
在近期的调查报告中明确表示"economic growth would continue to
weaken, from 11.9 percent last year to 9.6 percent for all of this year,
7.9 percent next year and just 7.1 percent in 2010"(中国的经济增长率
将持续下滑,去年的数据为 11.9%,到今年可能降至 9.6%,明年可能是
7.9%,到 2010 年可能只有 7.1%),而香港工业联盟主席在接受采访时
说,"The worst impact, the worst situation, is not here yet, I do believe
2009 will be worse than 2008"(最消极的影响,最坏的情况还没有来。我
相信 2009 年将比 2008 年更糟)。从两方的发言来看,观点发生了对立,
没有像前两份报纸那样提供给受众一个或消极或积极的明显信号。但从
整个信息的传达上看,通过观点持有人不同身份以及不同观点内容的对
弈,信息得到很好的平衡,给受众留下了自我思考总结的空间。

在随后的观点陈述中,《纽约时报》又在"导致经济下滑的因素"以及
"目前中国的就业情况"上分别出现了一组观点的对峙和补充,与前一组
观点的处理一样,这两次也没有出现一派观点压倒另一派观点的情况,而
是在互相对峙和互相支持中客观地向受众传递着信息。

西方媒体注意观点来源的广泛性与平衡性,以此来体现报道的客观
性。"平衡要求记者在撰写报道时给持不同意见的各方以平等的权
利……平衡意味着公正,记者在报道中应尽量照顾到来自各方的观点,避
免任意站在争论的一方,这样才能保持新闻媒介的客观立场。"[1]具体来
说,一是各方意见特别是对立双方的意见要在报道中体现;一是意见的援
引要注意到多方面的代表性。可以说,《纽约时报》的报道充分体现了这
两方面的要求,读来更能令人信服。

特别值得一提的是,《纽约时报》报道虽然只选择了"第三季度 GDP
同比增长 9%"这一数据,但它不止于对这一现象的解读,比起其他两家
媒体来,它多出了一个重要的内容,即中国政府针对这一采取了什么样的

---

[1]　李良荣:《西方新闻事业概论》,复旦大学出版社 1997 年版,第 115 页。

措施。报道详细列举了中国政府在 6 个方面已经采取和将要采取的措施:包括增加出口退税、加大西南震区基础设施投入、鼓励银行为中小企业提供贷款、增加职业教育及成人教育支出等多项政府计划出台措施。所以,综合整篇文章来看,尽管 9% 的 GDP 增长率令人担忧,但是由于提供了国家计划出台应对政策这些信息,又起到了平衡的作用,使信息的传达更加客观全面,避免了单纯向受众传递消极信息或者积极信息的"一边倒"的局面。这样的报道针对性强,解答了读者对中国 GDP 下降的担忧。

通过对三家媒体同题报道的比较,我们认为,对某一复杂而重大现象的解读,多种声音的来源,多种视角的观照,客观与平衡的方法,是最具说服力的,也最能体现媒体的公信力。

二、中、日、俄、美四大媒体十大国际新闻 (2009)比较

每到年末,世界各大新闻机构都会评选出该年度十大国际新闻。十大国际新闻的评选,既能折射出各国的新闻价值观,更能反映出各国对不同的国际事务的重视程度,反映出各国的国际立场。对不同国家评出的国际新闻作出比较,对这些差异就可以看得更清楚。

(一)四大媒体十大国际新闻(2009)评选之差异

此处选取中国、日本、俄罗斯和美国四家最具代表性的新闻媒体选出的 2009 年十大国际新闻作比较:新华通讯社(简称新华社)是中华人民共和国的国家通讯社,是中国最大的新闻信息采集和发布中心。日本共同通信社,简称共同社,是日本最具权威的大型通讯社,1945 年创立,其事业主体为非营利性质的社团法人共同通信社,另有子公司"株式会社共同通信社"。俄罗斯新闻社全称为俄罗斯国际新闻通讯社,简称俄新社,是俄罗斯最权威的通讯社,前身是创建于 1941 年 6 月 24 日直属苏联人民委员会和苏联共产党中央委员会的苏联新闻社,2004 年 4 月正式注册为俄罗斯联邦国有企业。美国《时代》周刊是美国三大时事性周刊之一,创办于 1923 年 3 月,为美国影响最大的新闻周刊,有世界"史库"之称。该刊的宗旨是要使

"忙人"能够充分了解世界大事,它内容广泛,以报道的分类化、国际化、深刻性和权威性而闻名于世。从性质上看,新华社和俄新社是国家性质的媒体,共同社和时代周刊分别是日本和美国两国国内的大型通讯社。

为了方便讨论,这里先以表格形式列出四大媒体评选出的 2009 年度十大国际新闻。

表 2-2

	中国新华社	日本共同社	俄新社	美国《时代》周刊
1	国际社会联手打击海盗*	美国总统奥巴马开始执政,因提倡建立"无核武世界"获得诺贝尔和平奖***	奥巴马执政第一年(从宣誓就职到获得诺贝尔和平奖)***	美国经济危机:影响将持续*
2	奥巴马入主白宫施外交新政***	美国汽车业巨头通用和克莱斯勒申请破产保护*	俄罗斯和北约恢复全面合作*	阿富汗:美国是否能避免陷入泥潭?***
3	朝核六方论坛遭遇挫折***	朝鲜退出六方会谈并进行核试验。美朝关系出现新动向***	《里斯本条约》生效***	伊朗混乱的总统选举及其后继*
4	美俄卫星相撞,引发太空安全担忧*	阿富汗安全局势日益恶化,美国实施增兵等新战略***	裁军和安全:削减进攻性战略武器条约、反导系统和欧洲安全条约*	产生分歧的医保制度*
5	中美关系增添新内涵*	多国部队告别伊拉克,美军战斗部队开始撤出城市*	朝鲜核问题***	胡德堡枪击案*
6	甲流肆虐***	歌星迈克尔·杰克逊去世**	世卫组织因甲流感传播40多年来首次宣布全球疫情威胁***	迈克尔·杰克逊之死**
7	日民主党击败自民党执政*	新中国成立60周年,新疆发生暴力事件,经济增长率达8%*	俄罗斯乌克兰天然气战争和乌克兰政治危机延续*	处于崩溃边缘的巴基斯坦*
8	世界经济从危机开始走向复苏*	金融峰会召开。迪拜信贷危机等造成汇率激烈振荡*	摩尔多瓦政治危机、基希讷乌骚乱*	墨西哥血腥的毒品战争*
9	《里斯本条约》生效开启欧盟新时代***	里约热内卢获得2016年夏季奥运会主办权*	斯里兰卡内战结束**	甲型H1N1流感病毒***
10	哥本哈根会议艰难达成协议*	欧盟《里斯本条约》生效,比利时首相范龙佩当选首任"欧盟总统"***	阿富汗总统选举一波三折*	斯里兰卡内战结束**

注:后面带一个"*"的新闻只被本新闻媒体选中,带两个"*"的同时被两家媒体选中,带三个"*"的同时被三家媒体选中。

从表 2-2 可见,各媒体与其他媒体所选的新闻,既有共同点,也有独家眼光。具体到各媒体:新华社有 4 条与其他两家共选,占 40%,有 6 条为独家选出,占 60%;日本共同社也有 4 条与其他两家共选,占 40%,1 条与另一家共选,占 10%,有 5 条为独家选出,占 50%;俄新社有 5 条与其他三家共选,占 50%,1 条与另一家共选,占 10%,独家选出的有 4 条,占 40%;美国《时代》周刊有 2 条与其他三家共选,占 20%,2 条与另一家共选,占 20%,有 6 条为独家选中,占 60%。

从表 2-2 还可以看出,没有一条新闻同时被四家媒体选中,同时被三家媒体选中的新闻有 5 条,占 50%。它们分别是:

表 2-3

	新闻内容	报道媒体
1	奥巴马开始执政	新华社、共同社、俄新社
2	朝鲜核问题	新华社、共同社、俄新社
3	欧盟《里斯本条约》生效	新华社、共同社、俄新社
4	甲流肆虐	新华社、俄新社、《时代》周刊
5	阿富汗总统大选和美国增兵计划	共同社、俄新社、《时代》周刊

同时被两家媒体选中的新闻为以下两条,占 20%:

表 2-4

	新闻内容	报道媒体
1	歌星迈克尔·杰克逊去世	共同社、《时代》周刊
2	斯里兰卡内战结束	俄新社、《时代》周刊

(二)新闻事件的重要性与显著性主导评选标准

2009 年是国际风云变幻莫测的一年,在政治、经济、军事、非传统安全等方面都发生了许多重大事件。各大媒体面对这些新闻事件,既有相同之处,也有相异之处。相同之处表明,新闻事件的重要性与显著性,是主导各大媒体评选的标准依据。

根据余家宏主编的《新闻学辞典》,"新闻价值是选择和衡量新闻事实的客观标准,即事实本身所具有的足以构成新闻的特殊素质的总和。素质的级数越丰富越高,价值就越大。"一般认为,它包括时效性、重要性、显著性、接近性以及趣味性五个基本属性。对于国际新闻而言,其价值取向以重要性和显著性为主,看重的是硬新闻。下面根据这两方面对同时被三家和两家媒体选中的新闻分别作出分析。

奥巴马入主白宫开始执政同时入选中国新华社、日本共同社、俄罗斯俄新社的十大新闻之列,并且排名很靠前,在新华社排第二,在共同社和俄新社排第一,这是由该新闻事件的明显的重要性和显著性决定的。美国是全球唯一超级大国,总统的任选决定美国政治和经济外交政策的制定,对其他各国都会有间接影响;奥巴马作为美国史上第一位黑人总统,执政之初的表现本来就备受关注,而他刚走马上任就获得诺贝尔和平奖,就更成为世人瞩目的焦点了。在主权国家层面上,美国、中国、日本、俄罗斯都是世界多极格局中的主导力量,而美国作为超级大国,在多极格局中一枝独秀,成为影响世界格局和各国利益的重大力量,其一举一动成为中国、日本、俄罗斯等国极为重视、密切关注的对象。它能同时被中、日、俄三家媒体选中甚至稳居榜首,实在是实至名归。美国《时代》周刊虽然没有选中该新闻,看似对这位总统的当选关注不够,实际是,它更关注的是奥巴马上台后美国发生的实质性变化,因为该媒体十大新闻中的美国经济危机、对阿富汗的增兵战略以及医保制度这三条新闻都是奥巴马上台后在内政外交方面的举动。

朝鲜核问题,不单是东亚安全的问题,也是全球核军备控制的重要事情。选中该新闻的中、日、俄三国和朝鲜是邻国或地理位置很近,朝核问题态势的发展直接影响到这三国的核安全问题,且三国作为朝核问题六方会谈的成员,一直对问题的解决进行积极斡旋和努力,国内媒体也跟踪报道朝核问题的最新动态。

欧盟《里斯本条约》生效是欧盟政治一体化道路上的一座里程碑。欧盟作为一个有27个成员国、4.8亿人口的国家联盟,已是世界平衡的第一因素,备受世界关注。欧盟加快一体化,与世界多极化趋势是一致的,也符合多极主导力量中、日、俄等国的利益,所以中、日、俄三国代表媒体对此很关注,纷纷将该新闻列入十大新闻。有意思的是,美国《时代》周刊却丝毫不提此事。欧盟处处发挥着"牵头"批评美国的作用,且欧盟实力和地位的上升给大国关系带来新的互动,形成合力,对美国的霸权和单边主义构成制约,因此美国是最不愿意看到欧洲一体化的国家。《时代》周刊对这一重大新闻事件的回避,也多少表露了美国对欧盟的态度。

第四条新闻是关于 2009 年肆虐全球的甲流,四大媒体中只有日本共同社没有报道。根据世界卫生组织统计,2009 年可确诊的甲流致死病例达 12 220 例,墨西哥、美国和加拿大 3 国死亡人数达 6 670 人,欧洲死亡病例 2 422 例。由于甲流病毒在美洲和欧洲横行肆虐,造成大量死亡病例,所以俄新社和《时代》周刊都选中了这条新闻。而对于中国来说,这次甲流的蔓延和 2003 年全国抗击"非典"具有很大相似之处,比其他新闻更能触动国人的神经,因此虽然中国这次对甲流的治疗和防控工作做得比较好,感染病例和死亡人数相对其他国家来说不大,但还是给予该新闻事件很高的新闻价值和关注。

而对于第五条的阿富汗局势,因北约深陷其中,美国一直考虑对阿富汗增兵以保证阿富汗总统选举的顺利进行,而俄罗斯和阿富汗一直来有着特殊关系,日本在外交上又追随美国,所以日本共同社、俄罗斯的俄新社和美国《时代》周刊都报道了这一新闻。

同时被两家媒体选中的新闻有两条:歌星迈克尔·杰克逊去世和斯里兰卡内战结束。美国歌星迈克尔·杰克逊是叱咤风云的一代巨星,是世界流行音乐史上的一个奇迹,他的突然去世让世人深感震惊和悲痛,同时他那疑云团团的死因也引起了各大媒体的追踪报道,因此这条新闻能同时被美国《时代》周刊和日本共同社选中,并且排在第六的位置上。

斯里兰卡内战持续了 26 年,给斯里兰卡国民带来深重的灾难,最终以恐怖组织"猛虎组织"被消灭而告终。由于该国内战涉及民族问题和恐怖组织问题,引起了国际社会,尤其是世界反恐主力军美国和俄罗斯的广泛关注,俄新社和《时代》周刊将该事件列入十大新闻也就不奇怪了。

从以上分析可见,尽管四个国家的意识各异、国家利益不同,四大新闻媒体的新闻价值观也存在差异,但面对影响世界的大事,谁也无法回避其重要性与显著性的主导作用。

(三)新闻事件的接近性是评选差异的深层原因

四大媒体在评选十大新闻时,虽说是放眼世界,考虑新闻事件的重要性和显著性,但仍脱离不了本国利益、本媒体立场的视角。优先考虑事关本国利益的新闻,其评选标准明显同时受新闻的接近性影响。接近性分为心理接近与地理接近。心理接近主要包括的是利益的接近。各媒体的评选,尤其是只被本单位选中的独条新闻,体现了国家利益的攸关性,是各大媒体在判断新闻价值时"全球视野,本国立场"的具体体现。从这个角度上说,国际新闻同样也是关乎本土利益的新闻。

单独被中国新华社选中的新闻有中美关系、邻国日本选举、世界经济的复苏以及哥本哈根艰难达成协议。前两个是因中美、中日关系对中国发展十分重要,一直为中国新闻报道的焦点。而世界经济的复苏为中国经济发展创造有利的外部条件和气候,正是中国国民十分关注的焦点。哥本哈根协议的签署,同样也对我国现代化发展有着重要的影响,碳排放空间的问题也可能会成为我国面临的一大制约因素。任何国家的经济发展都伴之以能源消耗,而能源消耗将不可避免地带来二氧化碳排放,尤其是对中国目前仍处于工业化阶段的发展中国家,如果不争取更大空间的减排目标将会丧失未来的发展机会。

日本共同社有五条新闻没进入其他媒体的榜单,它们分别是美国汽车业巨头通用和克莱斯勒申请破产保护;多国部队告别伊拉克;里约热内卢获得 2016 年夏季奥运会主办权;中国相关情况;还有金融峰会召开,迪拜信贷危机。显而易见,这些新闻都和日本政治经济外交紧密关联。第一个是因日本汽车产业和美国汽车产业是竞争对手,美国汽车业不景气,则对日本汽车产业发展有利;第二个是因日本曾派航空自卫队到伊拉克,已经撤回;第三个是因日本也申办 2016 年奥运会,但是申办失败。而日本和中国由于历史和地理原因,两国关系十分重要,共同社自然十分关注中国的发展和动向。

对于只有俄新社报道了俄罗斯和北约恢复全面合作、俄罗斯乌克兰天然气战争和乌克兰政治危机延续、裁军和安全问题、摩尔多瓦政治危机,基希讷乌骚乱(苏联的一个加盟共和国),这些新闻都是能源和地缘政治和军事安全方面的重要新闻,直接或者间接和俄罗斯本国利益紧密关联。

美国《时代》周刊的十大新闻中,只有三条是也被其他新闻媒体选中的,剩下的七条(分别是第一、二、三、四、五、七、八条,具体新闻内容参见表2-2)均只被该单位报道而没进入其他单位的榜单。和前三个媒体比起来,美国《时代》周刊更是关注本国内的新闻,十条中就有四条是本国新闻。时代周刊把头条的位置留给了美国经济危机,同时也把国内一直闹得沸沸腾腾的医疗改革放在第四条的位置上。另外,美国国内发生的胡德堡枪击案也被放到了比较重要的位置。显然,《时代》周刊将美国国内事务当成国际新闻,多少反映出美国超级大国的心态。同时也可以看出,《时代》周刊一点也不回避美国作为政治经济及军事强国对世界的影响力,包括美国文化,尤其是流行音乐和影视文化也渗透全球。而对于阿富汗、伊朗、巴基斯坦和墨西哥的报道,表面上看上去都是他国政治和军事问题,实际上都和美国政治和军事有着密切联系。美国以"世界警察"的姿态,一向在阿富汗、伊朗、巴基斯坦等国家和地区的敏感问题上介入甚深,而墨西哥是美国的邻国,美国自然比别国更为关注该国的毒品战争。

(四)同与异之间的深度解读

通过以上的比较,我们看到了各大媒体评选国际新闻背后的差异及深层原因。而从表2-3、表2-4可以看出:被中、日、俄共同选中的有3条,即奥巴马开始执政、朝鲜核问题、欧盟《里斯本条约》生效。而被俄、美媒体共同选中的虽有3条,但其中一条选择角度与表述各异:斯里兰卡内战结束、甲流传播、阿富汗问题(《时代》周刊:"阿富汗:美国是否能避免陷入泥潭?"俄新社:"阿富汗总统选举一波三折")。被日、美媒体共同选中的只有两条,即阿富汗总统大选及美国增兵计划、歌星迈克尔·杰克逊去世。而被中、美媒体共选中的只1条,即甲流肆虐。明显地,美国媒体与中、日、俄三国媒体的共同话题,要少于后三国媒体的共同话题。如何解释这种现象?除前面所作的一些分析外,我们认为,还可以从以下几个方面作深度解读:

第一,突出反映了国际传播中信息不对称状态。如前所述,美国的国际新闻中,实际上有40％的内容只是国内新闻罢了。这部分的内容,并不为其他国家媒体认同。这一方面反映出美国的霸权主义心态,另一方面同样也反映出美国媒体眼光狭小、故步自封的现状。很早以前,施拉姆就指出过国际传播中这种信息流向不对称、不均衡的状态。[①] 比方说,中、日、俄三国的媒体都将"奥巴马执政"作为重要的国际新闻,共同社和俄新社还都将此作为头条。而美国的头条只是关于美国经济的新闻。美国媒体以自我为中心,很少关注他国新闻。特别是对发展中国家的新闻极少关注。即使有之,也只是从西方甚至美国利益的立场去选择与解读。美国《时代》周刊选出的十大国际新闻中,提到的他国只有5个,即阿富汗、伊朗、墨西哥、巴基斯坦、斯里兰卡。这5家的新闻,都与美国的利益息息相关,如关于阿富汗的新闻,美国媒体关注的是"美国是否能避免陷入泥潭"。

第二,西方传统的新闻价值标准导致新闻选择狭隘的地域性。传统的新闻价值观中特别强调新闻事件与受众的接近性。如前所述,各媒体的评选标准,都与所在国的国家利益分不开,是各大媒体在判断新闻价值时"全球视野,本国立场"的具体体现。对于国内新闻而言,这种选择标准是值得提倡的,但作为国际新闻的选择标准,过于强调"本国立场",则会影响人们"全球视野"。正有学者所批评的:"(强调新闻的接近性)这在一定意义上是对的,但是强调过分了,就成了狭隘的地域性,这种片面的价值标准不仅导致美国受众过分注重本地、本国发生的事情而忽略国际新闻事件,而且影响到某些发展中国家的报道。"[②]针对这一弊端,一些西方学者和第三世界国家还提出以"发展性新闻"和发展新闻价值观来弥补甚

---

① 施拉姆:《大众传播媒介与社会发展》,华夏出版社1990年版,第50页。
② 徐耀魁:《西方新闻理论评析》,新华出版社1998年版,第147页。

至取而代之。所谓的"发展性新闻",即"有关经济落后的国家为了给人民提供最低生活水准而开展各种工程和项目的新闻"。①

第三,评选差异还体现了不同国家不同的新闻理念。以中国新华社与美国的《时代》周刊评选为例。《时代》周刊所选的10条国际新闻中,可以说全是负面新闻(最后一条"斯里兰卡内战结束",是负面题材的正面消息)。而新华社选出的10条国际新闻,只有3条是真正属于负面的,即朝核六方论坛遭遇挫折、美俄卫星相撞引发太空安全担忧、甲流肆虐等。这种强烈的反差,体现了中西新闻观的差异,也是中西文化的差异。从文化的层面来说,西方文化中崇尚悲剧,中国文化中喜好和谐完美。反映到新闻价值观中,西方推崇"坏消息就是好新闻"的理念,中国提倡"以正面报道为主"的价值取向。有人曾对新华社与美联社的报道作过比较,发现双方在报道角度的选择上都深深地受着各自传统文化思维方式的影响。即使是对灾难性事件的报道,新华社记者也会以人定胜天的理想去引导读者。比较者认为:"美联社记者面对灾难造成的悲剧,常常注重极其仔细地描摹事实,他们用大量笔墨赤裸裸地表现灾难对人的摧残,强烈而直接地表现出人的痛苦、悲惨境地以及被毁灭的命运。而新华社记者却习惯于'哀而不伤',他们虽然也暴露人的悲惨处境,但着眼点却是反映灾难中的人的精神,用人的'战天斗地'去消解事件的悲剧性质,实现一种'事实的悲'向'精神的乐'的转换。"②

各国媒体每年评选的十大国际新闻是其国际视野的浓缩。面对同一个世界,不同的国家、不同的媒体有不同的选择。差异反映出各国对不同国际事务的重视程度,也体现了各国的政治、外交立场,更深层次地反映出不同的文化与文明的差异。

---

① 徐耀魁:《西方新闻理论评析》,新华出版社1998年版,第149页。
② 李楠:《历史的追寻,文化的沉思——新华社与美联社新闻写作比较》,《现代传播》1996年第6期。

三、深度报道之中西比较

深度报道,是一种深入揭示"新闻背后的新闻"的报道。中国的深度报道虽然受到西方深度报道的影响,但更多的是受自身深厚的文化背景制约,故在发展过程中,形成了与西方不同的特色。本书拟对二者的不同风格与不同的源流作一比较。

(一)背景式写作与述评式写作:两种不同的风格

深度报道的旨趣不在于报道,而在于解释。按美国新闻学者麦尔文·曼切尔的说法,它旨趣就是"阐明和解释"。"人们并不仅仅满足于知道发生了什么,他们还想知道这些事为什么发生,它们意味着什么,结果又是什么。"[①]正因为如此,人们又往往将深度报道称为"解释性报道"。

如何来完成这一"解释"任务?我们发现,中国的深度报道与西方的深度报道在"解释"方式上存在着较大的差别。

西方的深度报道,重视用事实本身所蕴涵的意义来解释,即通过大量的背景材料(另一些事实)来揭示意义。美国学者杰克·海敦说:"解释性报道是一种作解释或者作分析的报道,也就是那个被过多地被滥用的词语'有深度的报道'。它是一种加背景给新闻揭示更深一层意义的报道。"[②]我国学者刘明华教授概括说:"解释性报道是一种背景式新闻,是通过大量使用背景材料,揭示新闻事件的来龙去脉和深层意义的分析性报道。"[③]

中国的深度报道在作"解释"时,则较多地依赖议论抒情等手法,其思辨色彩比较浓。正如中国社会科学院新闻研究所时统宇先生所指出的那样:"既能以情感称胜,又可以以哲理见长;既有重于当代社会的批判眼

---

① 麦尔文·曼切尔:《新闻报道与写作》,中国广播电视出版社1981年版,第144—163页。
② [美]杰克·海敦:《怎样当好新闻记者》,新华出版社1980年版,第211页。
③ 刘明华:《西方新闻采访与写作》,中国人民大学出版社1993年版,第81页。

光,又有偏于历史经验的回溯思考。"①

我们姑且将西方的深度报道称之为"背景式深度报道",而将中国式的深度报道称为"述评式深度报道"。

将二者作一粗略的比较,其风格差异显而易见。概括来说,表现为以下三点:

第一,靠背景解释,还是靠逻辑说理。

西方的深度报道通常都是大量地使用有关背景材料来完成"解释"的任务。很多新闻学家直截了当地在解释与新闻背景之间画上了等号。他们认为,"解释,就是提供新闻的背景知识,就是新闻报道的深入化",所以,深度报道就是"一种加有背景,给新闻揭示更深一层意义的报道"②。

大量的背景材料,可以尽可能地扩大读者的视野,从更深更广的范围去认识新闻事实是在什么样的背景与条件下发生的,让读者不仅知其然,还进一步知其所以然。这正如美国老资格报人马克·埃思里奇所说:"在当今异常复杂的世界中,解释性报道是一种有用的工具。孤立的、与其他事物不相关联的事实,仅仅因为是事实而能给人以印象,其实最容易使人误入歧途。背景材料、周围环境、先前发生的事件、动机的形成,都是真正的、基本的新闻组成部分。这种解释实际上是最好的报道形式。"随意举一例子。1991年埃塞俄比亚领导人门格斯图乘飞机出逃,路透社的深度报道《门格斯图是苏政策的又一牺牲品》,用大量的背景材料告诉我们:戈尔巴乔夫的"新思维"削弱了这个党同苏联的联系;克里姆林宫因财力枯竭不能再以用宽厚的条件提供武器的做法来支持仆从国的战争了,如果他们需要苏联武器的话,可以用硬通货来购买;门格斯图正在与游击队进行着一场旷日持久、取胜无望的战争;由于东德政权的垮台,原打算从那里得到的200辆坦克的计划也随之落空。如此等等,深刻地揭示了门格斯图出逃的原因。

受客观报道思想根深蒂固的影响,西方的深度报道注意用背景材料

---

① 时统宇:《深度报道范文评析》,新华出版社2001年版,第11页。

② 郭光华:《新闻传播艺术论》,岳麓书社2002年版,第213页。

来解释新闻事实,特别强调不能用发议论来代替解释。在西方新闻学家的眼里,下面这句话就是一个明显发议论的例子:"目光短浅的市政厅拒绝在瓦茵街和培佑街安装路灯,致使五人丧失生命。"因为这句话中含有主观判断,这样的语言不宜作"解释"用。应这样对事实作出阐释:先写出事实,五人因没有路灯而死于车祸,然后引用某个交通警察的话说应在十字路口安装路灯。还可以引用某公路官员的话,指出他的部门曾要求安装路灯,但是遭到市政厅的拒绝。为了公正起见,应该弄清楚市政厅为什么拒绝安装路灯。美国《纽约时报》已退休的星期日版主编莱斯特·马克尔指出,是解释还是议论,这是不难区别的。他举了这样一个例子:史密斯辞去市政府职务——事实;他为什么辞职——解释;他是否早就该辞职——议论。在深度报道中,那些带有主观色彩的议论是不允许的。

在我国的深度报道中,"解释"通常是借助逻辑的力量以说理的形式出现。这一点,在下面的分析中可见,此处从略。

第二,是努力寻找事物之间的联系,还是以联想类比来启发读者。

努力从广泛的背景下去解释新闻事实产生的原因,是西方深度报道的又一特点。我们知道,新闻事实与一般事实存在着千丝万缕的联系。这种联系有时表现为事物之间复杂的因果关系。一个新闻事实往往是由多个原因导致的,有直接原因,有间接原因,有表层原因,有深层原因。要清楚地解释新闻事实为何发生,就少不了要从多方面去作纵向的挖掘。

这一点,在"背景式深度报道"中越来越多地表现出来了。西方记者注意到通过万事万物互相影响互相制约去完成解释任务。著名的"蝴蝶效应"理论可以说是这种解释方式的生动描述:"今天在北京有一只蝴蝶扇动空气,可能改变下个月在纽约的风暴。"一个新闻事实的背后,有着深远的背景可以挖掘。系统论的创立者维纳曾引过的一首西谣:"钉子缺,蹄铁卸;蹄铁卸,战马蹶;战马蹶,骑士绝;骑士绝,战事折;战事折,国家灭。"①的确,以一个更大的背景为参照,我们对新闻事实的认识就会更加

---

① [美]格莱克:《混沌——开创新学科》,上海译文出版社1990年版,第24页。

接近本质。如《华盛顿邮报》1989 年 12 月 15 日的报道《美国黑人寿命连续缩短,一些官员认为是里根经济政策所致》。报道先是援引美国健康状况统计中心死亡率统计所主任亨利·罗森堡的话说:"问题很严重。如果找找原因,那就是凶杀和交通事故。"但报道注意到这些问题部分归咎于里根政府的经济政策。深层次的原因是:"里根的经济政策导致无家可归者增加,给穷人的援助和保健费用减少。"从里根的经济政策上寻找原因,从而让读者豁然开朗。

第三,是引用专家权威的见解,还是靠作者本人的议论来阐述。

西方的深度报道,即使需要议论,也往往不是记者直接出面用自己的话,而是注意援引专家权威的意见。这样做至少有两个好处:第一,它是第三者的声音,符合客观手法;第二,由于读者对专家权威的认同,在心理上容易接受。正如李良荣所说:"在解释性新闻中几乎极少有不引述权威人士观点的例子。在解释性新闻中引述权威人士的观点成为写作的要义,尤其在新闻写到关键处,常常以引述权威人士的发言作为结论,成画龙点睛之笔。"[①]在西方记者的深度报道中,常常可见"某某专家认为","研究这一问题的权威人士说"之类的表述。

述评式深度报道与此迥异。作者的笔下常常闪烁着理性的火花,流淌着真切的感情。报道中熔叙事与议论、描写与抒情为一炉。为新生事物鼓与呼,对社会问题充满忧虑,对社会弊端富于批判。因此,它已不满足于冷静的叙述,而常常由作者直接站出来发表议论。这一点,只要我们打开作品,它们就会扑面而来。《光明日报》记者樊云芳等人写的《一个工程师出走的反思》,是刻意远离主观评说之作,号称是"中性报道",即记者在新闻中并不充当"法官"和"教育者"的角色,而是提供全面的、翔实的事实,让读者去思考去判断。即使动机如此,但因为受整个写作风格惯性的影响,也情不自禁地要议论上几句:"一场深刻的社会变革,难免要出现一点偏差,或者有些疏漏,人们对此无须惊诧。随着改革浪涛的滚滚向前,

---

① 李良荣:《西方新闻事业概论》,复旦大学出版社 1997 年版,第 129—130 页。

疏漏会得到填补,偏差会被引上正确的轨道,人们将会学得更加聪明,本文之所以把这件事公之于众,旨在让广大读者都来思考,加以议论,从中悟出道理,总结教训,将艰巨而光明的改革事业推向前进!"

(二)客观主义与宣传使命:两种不同的源流

上述两种不同的风格,有各自不同的源流。

首先,这两种风格各有其产生的文化背景。如前所述,西方式的深度报道以提供背景来作解释,这是受到了西方客观性报道理念根深蒂固的影响。尽管深度报道是对过去客观报道的突破,深入揭示事实的意义这一层面,但其客观化的报道手法并没有遭到舍弃,而是保留下来了,即通过事实之间的联系来暗示意义。中国式的深度报道,充满理性色彩,这是与其所承担的使命分不开的。在此,我想借用李良荣的一段话:"我们必须指出,中国的报纸大多数负有宣传的使命,尤其是报纸的主干——综合性日报,都是各级党报;许多专业报、晚报也是党报,肩负重大的宣传任务。在一些大是大非问题面前,在关系到国计民生的重大政策、理论问题上,不允许也不应该态度暧昧、模棱两可,而必须鲜明地表达自己的立场、态度,积极地引导受众。中国报纸的特殊性质和功能决定了:客观性报道在中国报纸上的应用范围是有限的;不能像西方报纸那样,把客观性报道作为新闻报道的最基本原则。"①他这里虽然主要不是针对深度报道而谈的,但其原理是相通的。

其次,中国记者的深度报道都带有强烈的启蒙意识和思辨色彩,这是由现代中国知识分子的本性使然,而西方记者大都不将这使命带到新闻报道中来。《中国青年报》记者张建伟总结该报新时期深度报道时,提出了五个最显著的特征:专题性、客观性、启蒙性、综合性、信息化。他说:"毫无疑问,无论是分析研究性的深度报道,还是充分信息化了的深度报道,由于它们的时代性,都或多或少地带有启蒙的特征。尤其是 80 年代中叶,对新体制的呼唤,对新观念的钟情,都使这些报道有很强的前瞻性

---

① 李良荣:《中国报纸的理论与实践》,复旦大学出版社 1992 年版,第 91 页。

（启蒙的意义）。应该说，报道，尽管是深度报道，带有这样的属性，是偏离了报道的文本意义的。但新闻从来都是在需要中产生的。读者需要，而我们的其他传播手段又不提供（如社论和评论），或者很难提供这样的启蒙性信息，一些善于理性思维的记者，就在本来已经很沉重的深度报道中，附加了更加沉重的启蒙性的信息。"①这样，深度报道就具有很浓的政论色彩了。如《人民日报》1987 年 10 月推出的《中国改革的历史方位》，精心选择和集纳了一批中青年理论工作的新思想、新观点，回答了社会关注的一系列热点和难点问题，特别是对具有中国特色的改革路径作了深入的阐释。其启蒙色彩、忧患意识及表达中表现出的理论色彩，都给人强烈印象，以至于有学者称之为"新时期新闻史上难得的一篇优秀政论"，"标志着新时期的深度报道，在反映历史的深度上有了更加广阔的纵深感，使深度报道的水准得到了极大的提升。"②而这种表达方式，由前面的分析可发现，在西方记者那儿是受排斥的。

第三，它还与我国一批有影响的记者对深度报道的独特理解有关。他们一开始并不像西方记者那样将"解释"定位在揭示"事实背后的事实"，而更多的是一种思辨式的意义探寻。张建伟在 1997 年写作的《我的业务自传》中写道："我认为在 5 个 W 新闻要素中，深度报道特别关注'为什么'（why），所以深度报道的另一个名称是'阐释性报道'。作为一个记者，他的深度报道思维是'解惑性'思维，把追求'why'的解答看做自己存在的生命。"这种带有浓重的人文色彩的理解，将"解释"成了"解惑"，解释对象似乎也从"事实"到了"问题"，解答"why"与记者"存在的生命"也联系上了。这远比西方记者所作的"解释"要深刻而沉重。在这种中国式的理解下，深度报道不可避免地会带有作者强烈的参与色彩。

最后，这种差异与文体发展的承继有关。这可以分两个方面的源流来分析。

在我国，述评式新闻是新闻报道中发育得较早较成熟的一种文体，过

---

①　《中国青年报通讯特写选》，中国青年出版社 1997 年版，第 430 页。
②　时统宇：《深度报道范文评析》，新华出版社 2001 年版，第 174 页。

去将它放在消息这个大类中。其实,它与一般消息的特征是大不一样的。一般消息中是限制作者发议论的,而述评性消息则兼报道与评论二者于一身。并且,在报道与评论之间,它的兴趣更偏向于对事实意义的阐述。通常是,事实的现象已为人们所知甚至为人们所习惯,但事实的本质尚待揭示和发掘。述评性新闻就是去就实求虚对事实的意义作出评论。这就使得述评性新闻有了很浓的"解释"色彩,只是过去将它刊入消息这一大类,其独特的个性没有获得充分的认识。换一个角度来看,述评性新闻的写作表明,我国记者以议论的方式来"解释"事实的意义,是有传统的。

还有,述评式地揭示事实的意义,是报告文学中充满诗情的议论的继承。20世纪80年代上半叶,我国报告文学发育得已经相当成熟,可谓如日中天。我们知道,报告文学是文学与新闻联姻的产物,它的一些表现手法,自然而然地会影响到新闻写作上来。由于种种原因,我国的报告文学发展到20世纪80年代中期后,其势头日渐疲软,一些很有成就的报告文学作者转而采写深度报道。如写作《定远县农村青年恋人"私奔"采访记》的麦天枢即是。这样,报告文学那种恣意汪洋、潇洒酣畅的议论式笔锋,很自然地被带入深度报道中来。时统宇在谈到一篇深度报道的语言时说:"猛一看,这是新闻语言吗?是的,一点没错,而且是《经济日报》一篇题为《票证的变迁》的深度报道的开头。记者的笔触大概不那么纯客观,但这分明是凝聚了他们思考的结晶,这里有记者鲜明的主体意识。"这样融议论抒情于一体的文字写出来的解释式报道,显然,它鲜明受到报告文学编码风格影响。

中国式深度报道的述评风格的形成,虽然是一个合力作用,但其根本在于受宣传使命的影响。而西方长期受客观主义报道理念的影响,其议论风格是受到了明显钳制的。据说当年美国的麦克道格尔把他曾经出版的一本书《新闻报道入门》改名为《解释性报道》时,竟在新闻界引起轩然大波,因为当时大多数编辑还是认为解释性报道是一个"肮脏"的字眼,而当时的美联社规定禁止记者对新闻事实作出任何解释,特别反对带有记者主观色彩的议论。这一传统对西方深度报道的影响是十分深的。

（三）发扬与借鉴：两种创新的选择

由上可见，中国述评式深度报道受的是与西方背景式深度不同的文化背景的影响，走的是一条与西方不同的路子，不少地方甚至与西方式的深度报道有相悖之处，对二者作出评析，既有利于我们对二者的文化理解与学术宽容，也有利于我国深度报道写作水平的提升。

第一，启蒙意识、忧患意识是中国知识分子参与社会、观照社会时的一种传统思维方式。它在五四时期进一步得以激发，每当社会处于大变动大变革之际，这种意识会表现得愈加强烈。20 世纪 80 年代是一个思变的年代，启蒙意识、忧患意识可以说是从文学作品中直接过渡（或曰传递）给新闻报道。较早的《大学毕业生成才追踪记》是这方面的开山之作和代表作。作者张建伟说："思想理论在报道中的作用（立意）和直接参与报道的可能性（启蒙）。尤其是报道所担负的'启蒙'作用，使后来当报道方向发生变化时，受到了最多的批评。但当年的情况是：对不断涌现出来的新观念进行启蒙，是新闻工作者乐此不疲的努力方向，并受到了广大读者的热烈欢迎。这一特殊时期所附加给新闻报道的特殊作用，也使后来诞生了一批值得记忆的'启蒙性报道'。"[1]这段话清楚地表明了"述评式"与"启蒙性"是这类深度报道在形式与内容上统一的表现。当社会其他的言说形式未能有效地承担起"启蒙"这一使命时，新闻记者自然会选择一种形式来为之。我国知识分子素有"天下兴亡，匹夫有责"的责任感。因此，从历史的原因来理解"述评式深度报道"，我们不能不为它们的勇气与对社会的贡献表示钦佩之情，并且，我们也由衷地希望，这一优良传统在我国今后的深度报道中继续发扬光大。

第二，我们也应该看到，新闻报道中毕竟还是靠事实来说话的，这一点即使是负有"解释"使命的深度报道也不应例外。在 1988 年全国好新闻的学术讨论会上，如何评价深度报道中的思辨成分，就成为与会者的一个重要话题：它的深度究竟是深在事实还是深在思辨？一些学者指出，深

---

① 时统宇：《深度报道范文评析》，新华出版社 2001 年版，第 57 页。

度报道中的"重大问题经人民讨论"决不能变成"记者的议论"。理性思辨作为一种新闻的"批判的武器",任何时候都不能代替新闻事实这种"武器的批判";那种"事实不够,议论来凑"的新闻作品,其思辨力量是贫乏和苍白的。①

同时,在以往的新闻报道实践中,过多地用议论而不是用事实来作解释,其负面效应已经引起了业内人士的注意。如对改革中涌现出的新闻人物与事物,新闻报道应有足够的冷静与清醒,其评价还是越客观越好,越实在越好。因为面对复杂的新闻事实与社会现象,记者的思辨能力毕竟是有限的,有时是很难议论到点子上。所以在报道实践中,就有记者尝试"中性报道",即记者不掺杂任何主观褒贬,客观准确地反映事实的发生发展的不左不右不偏不倚的新闻。如《光明日报》记者樊云芳的《一个工程师出走的反思》即是。有学者在谈深度报道时感叹:"我们的记者太累了,累到了非要把所报道的对象的性质、地位、作用都要搞个水落石出不可。其实,记者就是记者,让记者担负太多的使命的确不堪重负。事实上,记者也是凡人,对当今纷繁复杂的社会现象也不见得都吃得准,因而记者不是也不可能是审判官,新闻的本质是反映事物而不是裁定事物。把事实真相原原本本地告诉读者吧,是非自有公论。"②这一声叹息,多少是有道理的。

因此,我们认为,我国的深度报道既要有担负起天下兴亡的气概,也要按新闻报道的规律,用事实说话,力求客观准确。我们也看到,述评式深度报道也并非中国记者手中唯一的"武艺",中国也有不少记者借鉴西方的报道手法,写出了很有特色的"背景式深度报道"。可以说,发扬自身传统,借鉴西方的写作方法,正是中国深度报道发展创新之道。

---

① 参见时统宇《深度报道范文评析》,新华出版社 2001 年版,第 17—18 页。
② 时统宇:《深度报道范文评析》,新华出版社 2001 年版,第 110 页。

四、CNN 新闻网"吉米的中国"专栏分析

2010 年 10 月 15 日，美国 CNN 新闻网站国际版推出在线中国新闻专栏《JAIME'S CHINA（吉米的中国）》，每周定期在网站首页头条框中刊播有关中国的深度报道，并设有互动性的网络留言与系列社交网站转发专区。

图 2-2：《吉米的中国》专栏刊登在 CNN 网站国际版首页头条框中
（2011 年 4 月 22 日专栏）

专栏作者 Jaime Florcruz（吉米）为 CNN 首席记者、CNN 北京分社社长。他出生于菲律宾，20 岁时（1971 年）来华。因菲律宾国内发生局势动荡，他留在中国学习、工作至今。1977 年至 1982 年，他在北京大学学习中国历史并获得史学学位。加盟 CNN 之前曾担任美国《新闻周刊》驻华记者以及《时代》杂志驻华记者、中国站站长。

在中国 40 年的经历成就了吉米在中国报道领域的资深地位。"吉米的中国"是如何向西方世界展现当代中国的？其传播效果如何？本书选取专栏自开播之日起至 2011 年 4 月 22 日半年之久共计 25 篇文章作为样本，从传播学的角度对其内容、传播方式等方面作一系统分析。

（一）"吉米的中国"在关注什么？

CNN 网站"吉米的中国"专栏是一档政治与社会类的专栏。这一点

在其"编者按"中清楚地表明了:"吉米的中国是一档关于中国政治与社会的周专栏"(Jaime's China is a weekly column about China's politics and society)①。我们对这 25 篇文章进行选题分类统计时发现,其中有 13 篇为社会类选题,12 篇为政治类选题,二者比例基本持平。② 具体统计如下:

表 2-5:CNN Jaime's China 专栏选题一览表
(2010 年 10 月 15 日至 2011 年 4 月 22 日)

发表时间	选题类型	选题内容	具体题目
2010.10.15	政治	中国领导人换届	*The man who could be China's next president*
2010.11.12	政治	中国崛起的国际影响	*China's rising status makes it potential friend or foe*
2010.11.19	社会	中国新富海外竞拍	*China's nouveau riche reclaim nation's lost antiquities*
2010.11.24	政治	朝鲜半岛危机中方反应	*Korea crisis:how will China respond?*
2010.12.3	社会	中国人口普查	*How do you count more than one billion people?*
2010.12.10	政治	获诺贝尔和平奖公布	
2010.12.17	社会	上海 11·15 大火	*Deadly fire highlights China's growing problem*
2010.12.24	社会	圣诞节在中国的兴盛	*Christmas blossoms in China*
2010.12.31	社会	中国经济过热	*Feeling blue within China's red-hot economy*
2011.1.7	社会	中国烟民	*China clouded in cigarette smoke*
2011.1.15	政治	胡锦涛主席访美	*U.S. and China:when giants meet*
2011.1.22	政治	胡锦涛主席访美	*U.S. and China:same summit,different views*
2011.1.28	社会	李刚事件	*Trial of police official's son turns cause celebre*
2011.2.4	社会	中国春节	*Home.Family mark Lunar New Year for Chinese*
2011.2.11	社会	中国家庭	*As enriched China age,"filial piety"strained*
2011.2.13	社会	中国家庭	*As enriched China ages,family strained*
2011.2.18	社会	中国经济通货膨胀	*Rising inflation a top Chinese concern*
2011.2.25	政治	两会	*Springtime in Beijing? Time for "Lianghui"*
2011.3.5	政治	两会	*Mideast turmoil showcases Chinese fears*
2011.3.14	政治	两会	*Sizing up China's premier*

---

① CNN 网站 JAIMES CHINA 专栏编者按,http://edition.cnn.com/2010/WORLD/asiapcf/11/11/florcruz.china.g20.us.europe/index.html。

② 以上分类只是相对而言的。有些选题是介于二者之间的。如第 21 篇,以中国对日本的地震援助为由头,不少地方涉及中日关系问题,可以说是社会类问题的政治化处理。再如第 23 篇,其选题是中国处决三名菲律宾毒贩。虽然文章中也讲了不少中菲就此事的外交交涉,但主要还是社会类的选题。

发表时间	选题类型	选题内容	具体题目
2011.3.18	政治	中国对日本地震的援助	*Why China's help to Japan carries weight*
2011.3.25	社会	日本核泄漏对中国的警示	*Japan nuclear crisis a wake-up call for China*
2011.3.31	社会	中国处决三名菲律宾毒贩	*China executes three Filipinos for drug smuggling*
2011.4.8	政治	某不同政见者被拘	
2011.4.22	政治	温家宝总理同国务院参事等座谈	*China's Premier Wen：'Speak the truth'*

从上表可见,《吉米的中国》专栏非常侧重社会类选题。诸如中国的人口普查、中国的家庭、中国新富、中国的烟民、中国人的圣诞节、中国人的春节、中国的物价、李刚事件、上海大火等等都出现在了专栏之中。显然,社会性话题的增多,有利于西方受众全面了解中国。更重要的在于,它改变了以往报道中将任何话题都政治化的弊病。因为意识形态的差异,过去有关中国的报道多为政治话题,或将话题政治化,其政治偏见在所难免,不利于西方受众全面客观了解中国。"吉米的中国"在这方面的转变显然具有重要意义。

（二）吉米的报道倾向如何？

吉米的专栏文章,写作风格比较稳定,各篇报道结构比较接近,即由新闻由头引出报道要回答的核心问题,然后是引述多方对这一问题的看法,再由此延伸话题,最后有一个总结性定论。总结性的定论清楚地体现出文章的倾向。详情见下表:

表 2-6：Jaime's China 专栏文章内容倾向分析表

(2010 年 10 月 15 日至 2011 年 4 月 22 日)

篇目	核心问题	背景与观点	话题延伸	总结与评价
1	习近平是谁？是什么样的领导？	生平：家庭出身、教育背景、工作经历。政见：是经济上的市场友好型、政治上的改革谨慎型。	新一届领导班子面临的挑战与"十二五"规划。	是一位公众形象谨慎、潜在的市场友好型，政改谨慎型领导。
2	崛起的中国是敌还是友？	敌：中国经济致使美国人失业；中国控制稀土出口；中国南海强硬态度显威胁。友：美国的失业是美国的经济结构导致；中国不会使用稀土作为贸易战筹码，也不会挑战美国在世界的地位。	崛起的中国面对外界质疑与恐惧应该怎么做？	崛起的中国是敌也是友。面对外界恐惧，中国现阶段最紧要的是清楚阐述其长期意图，应对外界猜测与恐惧。
3	中国新富为何热衷海外文物竞拍？	个人原因：爱国心理、身份象征、投资选择。历史原因：外敌侵略与"文革"破坏，上等文物真品越来越难得。	现时中国古物市场的走俏与市场问题：不健全的评估与监管机制。	重申市场机制漏洞下收藏者买到赝品与超额支付的收藏风险。
4	朝鲜半岛危机中国将如何回应？	观点一：中国不会干预朝鲜内政。观点二：中国会努力将朝鲜带回六方会谈谈判桌。	此种回应效力如何？	朝鲜半岛危机解决需要建立互信，中国可以发挥独特作用。
5	第六次人口普查是如何统计的？	统计方式与统计内容。第一次将外国人列入统计。	新问题：居民因个人隐私等原因不配合。	中国的人口相当庞大。
6	为何诺贝尔和平奖让中国不高兴？	高层不希望持异见者影响发展；部分国人觉得该奖评定标准有问题。	提及中国新设置的"孔子和平奖"。	中国政府采取的措施以及设立的"孔子和平奖"，事与愿违。
7	上海 11·15 大火原因	官方谈及的原因。作者补充原因：消防设备不力，不足以扑灭高层的火灾。	中国摩天大楼四处崛起，高层消防成问题。	中国政府正在改进安全工作。
8	圣诞节为何在中国受热捧？	主因：商业与社会原因；次因：宗教原因。	中国的宗教较过去已经明显放松，但警察与当地政府依然管理严格。	中国人更多地将圣诞节当做节日以及节日经济来看待。
9	金钱可以买到幸福吗？	经济快速发展之下，通货膨胀对低收入人群与高校学生、高校毕业生的巨大生活压力。	通货膨胀致使生活成本上升和影响中国年轻人婚恋观。	经济高速增长，但部分中国人的幸福感并没有也随之提升。

（续表）

篇目	核心问题	背景与观点	话题延伸	总结与评价
10	为何香烟在中国如此盛行？	社会原因与生活习惯等；经济原因：烟草行业税收贡献，2009 年利税 751.3 亿美元。	中国的禁烟现状：成绩不理想。	中国禁烟未来：难度很大，需要政治决心。
11	胡锦涛主席访美会有戏剧性突破吗？	中美双方都认为不会有大的突破。	美对台军售、中国军力扩张、人民币汇率、中美贸易逆差、美国失业等问题难以一致。	中国外交家希望两国总统能将竞争变成和平共存。
12	胡锦涛主席访美：双方分歧在哪？	中国希望提高其国际身份；美方希望中国在市场准入、汇率改革、与朝鲜伊朗问题上有改进。	对胡锦涛主席访美的评价，中美双方不一。	中国希望的是一次平稳的访问，而美国需要的是实质性成果。
13	李刚事件为何引起中国举国关注？	官员权力滥用和日益扩大的贫富差距引发社会公愤。	中国网络舆论在监督权力滥用方面有强大效力。	网络监督万岁。
14	中国人怎样欢度春节？	回家团聚；重要的团圆饭；全家围坐着看春晚、放烟花、驱散邪气。	政治新现象，春节前温家宝见众多上访者。	兔年将有转折性意义。
15	中国经济高速增长与老龄化危机	社保体系不如发达国家健全，老年人生活开支压力大。子女工作地远，老人情感孤寂。	北京政府考虑出台成年子女必须看望父母法令。	独生子女政策对中国传统家庭模式所造成的挑战。
16	选题续上			
17	通货膨胀成为中国人头等关注	中国社科院《中国社会蓝皮书》将上涨的价格列为公众关注热点第一位。	通货膨胀对社会与政权稳定的严重影响性。	为了控制通货膨胀，中国更加需要缩进货币注入。
18	2011 两会讨论主要问题	审议并通过"十二五"规划；强调社会稳定；中央加强"社会管理"学习，等等。	两会期间中国加强对社会安全的管理。	中国未来稳定，不会大乱。
19	中东暴乱为何引起中国的紧张？	历史原因和中国共产党出于维护政权的考虑。	中国政府为维护社会稳定建立法律保障。	中国不会像中东那样发生暴乱，但中国需要进一步分配好社会财富。
20	人们是怎样看待温家宝总理的？	正方认为温家宝是中国政府的"笑脸"；反方认为温家宝难以推动其政见，是共产党的"和气脸"。	温家宝曾经在公开场合表示政治改革将跟随社会经济变更。	温总理谈政治改革问题，谈比不谈好。
21	为何中国对日地震援助有额外意义？	历史伤害：日本侵华战争、不承认南京大屠杀、修改教科书。	现实争端：东海岛屿争端，日方拘留中国船长。	为了双方长久利益，为了中日未来合作。

(续表)

篇目	核心问题	背景与观点	话题延伸	总结与评价
22	中国的核电厂有多安全?	防灾问题:地震与海啸;信息公开问题:核电站安全与废物管理。	核电站存在贪污问题、管理问题。	不要因日本核危机恐慌而完全抛弃核能。
23	中国处死三名菲律宾毒贩,各方反应如何?	是否该判处他们死刑,各方意见有争议。	最近发生多起菲律宾人因为毒品走私而被判刑。	不少菲律宾人因利益驱动而冒死贩毒。
24	某不同政见者为何被捕?	中国官方认为判决是经济犯罪;外国舆论认为是因倡导人权与言论自由而获罪。	中国政府处理部分不同政见者的方式及其影响。	中国政府对不同政见者采取控制措施。
25	温家宝说真话的用意	温总理的行为回应了公众的怀疑。	中国政改会是渐进式的,且一定是共产党领导下的。	温总理即将离任也是说话可以更加自由的一个原因。

不难看出,上述 25 篇报道,作者都是尽量陈述了各个方面的立场,然后表明自己的立场。可以看出,吉米的立场大都持认可态度或中立态度。这与过去报道中政治偏见明显或称之为"妖魔化"的做法比较,已经有了极大的改善。

(三)吉米如何阐释中国问题

"吉米的中国"是围绕问题来采写的。他不少报道的标题都直接设问,以"how"和"why"带出解释点。对问题的阐释,吉米注重从历史与现实两个维度展开。

首先,报道通常以大量史料作背景材料,将事实的成因放在历史的大背景下考察。这样,对问题的思考就会多一份历史感而不易出现简单化倾向。比如在提出中国市场为何出现古董热后,他分析了古董热背后的爱国心理、投资心理、公关心理,最后不忘指出造成古董稀罕的原因:中国"文革"时期除"四旧"造成大量文物损毁,以及中国历史上曾有过的多次对文物的销毁,这些都所造成了文物量剧减。又如在报道中国人的兔年春节时,作者所引用的历史背景远及中国的生肖传说,十二生肖的来历,玉皇大帝对动物的指派以及兔年的寓意,等等。在对中国的对外关系选题进行分析时,作者所涉及的史实还包括秦朝、清朝、19世纪30年代的中国历史,等等。

特别值得一提的是在联系历史看新闻事实时,作者往往现身说法,时常通过自己近40年的中国生活阅历来进行阐述。比如在谈到圣诞节在中国的兴盛时,作者就举了自己80年代在中国参加圣诞活动的经历作为比照。由于当时的宗教政策不如现在开放,他和他的朋友去参见圣诞活动时,门口的保安会严肃紧张地盯着走进教堂的人,当作者在教堂里大声讲圣诞快乐时,周围的人都会对他投以紧张的凝视,对他在公众场合讲圣诞这样的词语有些担心。但今年的圣诞节却不同了。作者写道:"这一次,当我与人们用'圣诞快乐'打招呼时,我可以期待收到温暖的笑脸与握手而不是白眼。"(This time,when I greet people "shengdankuaile",I expect to get back not blank stares but warm smiles and handshakes.)用个人的亲身感受来诠释历史的变化变动,其真实性和感染力是不言而喻的。

其次,从广阔的现实中挖掘事物之间千丝万缕的联系。这样,看问题就会变得全面而不偏激。吉米的报道总是引用多方面的、大量的统计数据和事实支撑其分析。比如在报道中国经济通货膨胀的议题时,所用到的数据就包括中国人均国民收入、中国农民的脱贫率、中国公民的平均寿命、中国经济今年前三季度经济增长率、中国顶尖大学毕业生平均月收入、中国妇联调查报告、北京当地菜市场过去六个月茄子、生姜与大蒜的价格涨幅度等等。由此可见通货膨胀关乎国计民生,从而影响政权稳定。

从历史与现实两个维度解读中国问题,吉米的报道特别注重多种声音的呈现,兼顾官方与民间、中国人与外国人、法人与自由人可能出现的对立立场。综观吉米的报道,作者的采访对象除了国外研究机构的工作人员、世界性组织工作人员、外国在华人员以及国外高校的教授学者外,还包括大量的中国采访对象。例如中国外交部副部长、匿名出现的中国政府中层官员、中国著名高校教授、高龄中国独居老人、从事志愿者工作的中国学生、北京市人口普查的带队人员、中国的律师、上海市普通居民、从农村进城务工的中国打工妹、北京二手市场内的顾客、中国学生、中国独立电影制作人、拿保障金的中国老人、中国某媒体总编辑、北京街头卖炒面的商贩等等。当某个有关中国的事件与现象发生,他们的声音便出现在文章里。作者从民间采访渠道捕捉到的声音,无疑大大增添了报道的公信力。吉米的报道还特别注意援引中国媒体对问题的解释。比如在报道上海大火时就提到的《人民日报》的社论,报道中国物价上涨时提到的天涯论坛的年度热词排名、新华社报道,报道中国新富海外文物竞拍热时引用的北京电视台的某档古玩类节目,报道李刚事件时提到的中央电视台的报道、中国网站的转帖、新浪微博上的文章等等,可以说加入了很多中国化的声音,用鲜活的数据与中国社会内部的事实性信息充实报道,可谓兼听则明。

(四)"吉米的中国"成了网络互动的议题设置

"吉米的中国"这一专栏充分利用网络传播的互动特性,在报道文章后设有留言专框,来自世界各地的读者在阅读完文章后在这里留言。初步统计,留言的条数从几十条到几百条不等,最多的留言条数达 755 条。

通过留言者所设置的头像、启用的网名以及发表的留言内容可以发现,专栏留言中东方受众(尤其是中国受众)与西方受众的分派别明显。针对同一个关于中国的议题,两派力量常常因为固有的分歧产生短兵相接的观点辩论,报道为受众设置了议题,而留言专栏成了网民间关于中国问题的意见汇集之地。图 2-3 是一位以中国国旗做头像,名为 22th cen-tury(22 世纪)的网友在某一篇文章下的留言。可以明显地看到在他的留言中有很多"@"的符号,这实际是他在与某些对中国存有些许误解的西方受众进行意见互动。

@Bakatare,no hard feeling,but it seems your comments are duplicated all over the places in any China related news and not much related to the topic.

@PeacePirate,we are Chinese not taking any oath whatsoever。

……   6 months ago | Like | Report abuse

图 2-3:CNN 网站专栏 Jaime's China 网络留言栏某中国网友的互动留言

在引用的留言栏中有几位西方网友。其中一位 Bakatare 在多处的文章留言中反复表达中国政府实行了愚民政策,22century 指出他对所有的议题都带着惯有的偏见,不看事实就直接嫁接自己的观点;而 Peacepirate 在留言中一概而论地讲中国人都必须在党旗前宣誓,而若想在中国的权力梯队获得晋升就必须加入共产党,22century 联系自身情况表示此说有误,他本人就是没有在党旗前宣誓的中国人。

除了供受众留言的留言栏,专栏还设置了大量的互动网站转发。比如 Facebook、Twitter、Mixx、Digg、Delicious、Reddit、Myspace、LinkdIn 等西方主流社交网站。而且在专栏的首页还专门就 Facebook 等两家互动网站的网友转发量进行了统计,对二次传播的重视可见一斑。

主流社交网站是与普罗受众联系最紧密的信息渠道,甚至是他们日常生活的有机组成部分。他们几乎每天都会通过这些网站获取信息联系好友,通过将专栏与这些社交网站进行转发串联。信息通过多次传播,渗入普罗大众的日常生活舆论圈。统计发现,CNN 中国专栏文章网络二次转发的数量最高次数曾达到单条新闻的 Facebook1870 多条,不少文章转发在 500 多条与 300 多条之间。当然,就总体情况来看,转发的次数尚不算非常高,但鉴于专栏处于新生的阶段,其传播效力是不容忽视的。

(五)由"吉米的中国"看西方涉华报道的变化

通过以上对"吉米的中国"半年来的报道分析,至少可以得出以下几点结论:

1.CNN 新闻网中国专栏正在努力以接近中国的姿态来观察中国。"吉米的中国"以作者吉米在中国 40 年的经历,在报道中国问题上应当说是很有发言权的。从这一安排上看,CNN 正在努力做到全面准确地报道中国。

2.CNN 新闻网中国专栏对中国的关注点,正在呈现多元化趋势。除政治热点问题外,社会类的选题正在日益增多。意味着美国主流媒体对中国的关注,开始从政治高端向社会生活、文化传统、国民心理等方面移动。研究表明,国外主流媒体的关注度与一个国家的国际地位成正比;而国外主流媒体对一个国家的关注点越多,越能表明这个国家的影响力是多方面的,越能表明其多方面的成就获得的广泛认同。这一变化,可以用"重视"与"正视"二词描述。"重视"已不必说,"正视"的意思是,这些选题都能清晰地反映出中国的现实与变化,丝毫没有猎奇之意。

3.CNN新闻网中国专栏对中国的报道正在努力淡化政治色彩,避免因意识形态的差异而造成的误读。这一点前面已有分析。我们以往不满意西方媒体的对华报道,或斥其为"妖魔化中国",或批评其存在"傲慢与偏见"。这其中有两个重要因素:一个是意识形态隔阂,一个是文化差异。"吉米的中国"努力不让前者影响他的观察,也努力从后者的角度去理解差异。这对于全面客观报道中国是很有益的。

如果"吉米的中国"关于中国的报道不是一个偶然的个案的话,我们可以进一步得出以下结论:

首先,媒体的关注,折射着受众的关注。随着中国国际地位的改变,西方受众对中国的了解已不满足于浮光掠影的观光式报道,更不满足于贴标签式的单一政治化角度。西方受众在更加全面地关注和思考中国的变化。淡化意识形态,从深厚的中国文化背景下去理解中国问题。这是CNN新闻网中国专栏半年来报道所释放出的信息。这也给我国的对外报道工作提供了重要的启示。以往我们的对外报道,较多地从国家硬实力的角度入手,重视抓硬新闻。今后应当更重视从国家软实力方面入手,多从文化传统、国民精神方面阐述中国的成就与发展。

其次,对于西方媒体的涉华报道,我们也不应一概而论地斥之为"妖魔化"或"偏见"。我这里并不是说由此可得出结论西方媒体没有或不再对中国存有偏见,但我们应该看到西方媒体并非一成不变或铁板一块。至少我们可以认为,西方媒体的变化正在发生变化。《环球时报》总编辑胡锡进说:"我认为外国对中国理解不全面,他们看中国不容易看懂,容易从自己利益角度,先对中国进行价值判断,然后再具体解读中国发生的事情。而我们就想告诉世界,中国很复杂,既不是天堂,也不是地狱。"①此

---

① 徐梅、孙佳宁:《对话〈环球时报〉总编辑胡锡进:我是一个"复杂中国"的报道者》,《南方人物周刊》2011年第21期。

说有理。但我认为,情况正在发生变化。对西方媒体的报道我们不妨多一分理解,我国的对外报道不妨与西方媒体多一分合作,以进一步推动这一变化。

最后,我们发现 CNN 网站 JAIME'S CHINA 的网络互动,是多次传播的有效平台。观点的碰撞与交流,将话题内容延伸开去,深化下去。这样的平台也完全可以为我所用。以往我们用"走出去"、"请进来"两条主要途径对外传播,是否可以考虑"借平台"这样的第三途径? 当然,"借平台"同样需要技巧与策略。这一话题的研究,已超出本书所述范围了。

中 篇

传播能力构建：
　　　　平台与方法

第三章　技术变革助推传播力

新闻传播能力的构建,与传播技术密不可分。从传播史上看,每一次传播技术的革新,都会给人类的传播能力带来一次革命性的进步。人们不仅运用新媒体构建出新的传播平台,同时还依托新的技术对老的传播媒体作升级换代。技术变革是新闻传播能力提升的重要推手。技术的变革,不仅仅是平台的更新,它更是深深地影响着新闻传播者的世界观与思维方式,深深地渗透进新闻传播的方法与手段。

一、现代传媒技术推动报刊文体演变

回顾报纸新闻文体的演变情况,不禁令人想起加拿大传播学家马歇尔·麦克卢汉"媒介即讯息"(The medium is the message)这一著名命题。这一命题因为与人们的习惯认识大相径庭而令人费解,所以特别引人争论。有人甚至认为他仅仅只是玩弄文字游戏。这一命题的实质,是强调媒介形式远比媒介内容重要。我们知道,同他的老师——加拿大政治经济学家哈罗德·英尼斯一样,麦克卢汉是一个技术决定论者。麦克卢汉认为,真正影响人类行为、支配历史进程、制约社会变迁的,并不是媒介所传播的实际讯息,而是媒介本身。如对印刷文字这一媒介的作用,麦克卢汉认为,印刷文字可以让人们私下里通过读与写来完成与他人的交流,因而使人们"摆脱部落习惯",把他们从组织严密的口传文化中引出,让他们即使是独处一隅,也能远距离地同现实保持交流。此外,印刷的发展还使方言规范化,改进了远距离传播,并因此以城市取代乡村,用民族国家取代古代城邦。至于电子传媒的出现,麦克卢汉用"地球村"一词将其作用表达得淋漓尽致。传播技术的革命,改变着传播的方式,深层次地影响人们对世界的感知。

现代报刊新闻文体的演变,与现代传媒技术的发展关系密切,可以说,媒介技术的革命不时影响报纸新闻文体的形式,从而深层次地影响人们对讯息的把握。正如麦克卢汉所说,"如果说电报缩短了句子,广播缩短了新闻,那么电视就把怀疑情绪注入了新闻界。"①新闻文体的演变,不妨以电报、广播、电视这三大传媒技术的出现为线索。

(一)电报与打字机:"共同分享塑造新闻文体的荣誉"

美国科学家莫尔斯于 1837 年发明了电报技术。1844 年 5 月,他在华盛顿——巴尔迪摩 60 多公里的电报线上第一次传递了电报信号。《纽约先驱报》的贝内特当即敏锐地发现了它的意义。他说,"华盛顿的电报通讯使空间完全消失……它为新闻报道揭开了新纪元。"②1851 年,这一技术为美联社的前身——美国港口新闻联合社采用,首次用电报传递消息,揭开了"电讯新闻"的第一页。19 世纪末,电报技术传到中国。1881 年 12 月,我国首条有线电报线路在天津到上海之间开通。时隔不到一个月,上海《申报》驻北京记者就由天津发回上海一条专电。电报业务的发展,给远距离快速传送新闻稿件带来了极大的方便。但由于受早期电传技术的限制,以及电报费用的昂贵,记者对电讯稿不得不惜墨如金,尽可能地删除一切冗词,以最简短的文字来传递最主要的信息。正如当时贝内特所言:"与欧洲的电信交流,无疑将使两个大陆的新闻事业发生变革。新闻写作将不得不趋于简洁,描述细枝末节的长文时代将成为过去。"③沃尔特·福克斯形象地将这类电讯稿称为"骨瘦如柴的报道"。④

自从古代中国发明了造纸术和印刷术后,人类利用印刷文字传播变

---

① [美]沃尔特·福克斯:《新闻写作——报刊记者指南》,新华出版社 1999 年版,第 8 页。
② 转引自刘明华:《西方新闻采访与写作》,中国人民大学出版社 1993 年版,第 32 页。
③ 刘明华:《西方新闻采访与写作》,中国人民大学出版社 1993 年版,第 32 页。
④ [美]沃尔特·福克斯:《新闻写作——报刊记者指南》,新华出版社 1999 年版,第 8 页。

得方便多了。各类文章文体发育得非常充分。各国记事类的史传、散文成了早先报道新闻内容文章的自然范本。这时的报道文体，依托古典叙事体裁，叙事节奏平缓，以内容完整、风格丰腴为主。试看下面这则刊于《波士顿新闻信》(Boston　News-Letter)1704 年 7 月一期上的报道。沃尔特·福克斯认为它是那个时期新闻写作风格的典型代表[①]：

> ［皮斯卡他夸 7 月 6 日消息］星期二晚间 8 点，在约克发现了印第安人，他们几乎吓住了肖。他当时与要塞有一段距离，处在印第安人的射程之内。印第安人本来可以射杀他，但他们力图包抄过去活捉他（想获取情报）。他是个机敏而灵活的人，仗着这些逃了回来。上尉希尔斯与中尉马奇立即出来追击他们，追出六七英里，但无一所获。

再看载于《中国丛刊》1833 年第二卷第四期上的一则报道：

> 一位家离广州约二十公里的本地人来信告称：他村里的邻居中，有位年轻的新娘，婚后回娘家省亲（按照老习惯）。她有一个妹妹和几个未婚女友（也许已订婚）。新娘的遭遇给她们以很大的震动。她们看到：女人嫁给一个坏男人，会陷入怎样不幸的境地。她们确信，与其嫁给一个坏男人还不如死去为好。在经过商量和思索之后，四个无知的女人决定自杀。她们把手绑在一起，然后投入附近的河中。抢救的呼声很快传出，她们被从水中捞起来，但为时已晚，都没有活过来。

这些报道比较注重事件的情节因素，注意到事实与原因之间的联系，是一种重过程轻结果的写作模式。以现代新闻报道的要求衡量，它们都对"何事"这一要素突出不够；并且，它们不是以报道事实的现状作为写作的中心，故对围绕事实的个别必要的新闻要素缺乏交代。即使后来的情

---

① ［美］沃尔特·福克斯：《新闻写作——报刊记者指南》，新华出版社 1999 年版，第 4 页。

况有所发展,但正如沃尔特·福克斯所指出的那样:"新闻报道依旧是芜杂的、散漫的、笨拙的,并夹杂着政治上的攻击与道德上的指责。直到19世纪40年代报纸与电报线路相连之际,促使新闻写作方式发生变化的真正压力才开始出现。"①

1861年美国南北战争期间,前线记者普遍使用电报发送新闻稿。当时由于电报技术的发展尚处于低级阶段,机器老出毛病,同时,电报线路又少,常常令记者一次难以发完全文。因此,记者们想出了每人一段一段地轮流发稿的办法,但整个稿件发完往往很费时间。在这种限制下,开始出现了重前轻后的消息结构。据埃德温·埃默里等人所著的《美国新闻史》说,"概括性导语,即把新闻中最重要的内容放在第一段,就是内战时期的战地记者发展起来的。因为他们担心,他们的电报未必会全文发出。"②

重前轻后、突出主信息的报道文体,实际上是消息传递的最佳方式。传播学家认为,人类早期在口传信息时就是采用的这种方式。他们设想在一个原始的部落,在外巡逻的部落村民发现不远处有老虎活动,给他们的生存构成威胁,于是紧急向部落首领报告:"老虎/两只/一大一小/就在附近的山头/离我们不远/正向我们走来……"但是,为什么在印刷文字传播比较发达的文明社会,这种传播方式并没有得到很好的发扬光大呢?我认为原因就在于没有一种相应的传播媒介作为"硬件"支持。

此处还值得一提是另一传媒工具——打字机的出现。沃尔特·福克斯是这样形象地描述其情景的:使用打字机的记者们"简直就像把打字机的嘀嘀哒哒的短促节奏传到了它所打出的文稿本身。句子越来越短,完完全全变成了纯动态的声音。多余的形容词和副词都被删去,以突出动词。"所以,是电报与打字机"共同分享塑造新闻文体的荣誉"。③ 中国的情况恐怕有所不同,但这并不影响它成为"媒介塑造新闻文体"的一个有

---

① [美]沃尔特·福克斯:《新闻写作——报刊记者指南》,新华出版社1999年版,第5页。

② [美]埃德温·埃默里等:《美国新闻史》,新华出版社1982年版,第244页。

③ [美]沃尔特·福克斯:《新闻写作——报刊记者指南》,新华出版社1999年版,第8—9页。

力的佐证。这种风格简洁明快的报道文体,自然也影响到中国的新闻写作。"五四"运动前后,西风东渐,西方的新闻写作方法被介绍到中国。20世纪20年代,上海、北京的少数报纸开始出现这种具有现代意义的消息文体,到了30年代,这一文体形式已为中国新闻记者普遍掌握。

(二)广播的出现:多元的媒介孕育多样的报道文体

电报的诞生,使人类间的异地传播进入快车道。按把最快传播的讯息比做"活鱼"的说法,吃"活鱼"和吃"死鱼"、"臭鱼"的感觉毕竟不一样。如果说电报的发明掀开了报刊报道文体新的一页,那么20世纪初问世的广播,以独立的姿态向报业的传播垄断地位发起了挑战。

1920年11月2日,美国匹兹堡广播电台正式播音,成立了世界上第一家正式的广播电台。在此后的短短几年里,世界上一些主要国家都相继建立了广播电台。广播所具有的传播魅力曾一度使得不少报刊读者和广告商纷纷转向广播,从而大大降低了报纸的销量。

广播作为独立于报纸的新生新闻传媒,打破了由报刊独家经营的格局。窃以为,多元的媒介完全可能给人们以重要的心理暗示:在这个天地里,多家经营、多种经营不仅是可能的,而且是必要的。多元的媒介也孕育着报刊文体群雄兴起时代的到来。

面对挑战,报刊作出的反应之一就是加强报道的可读性,向读者提供详细生动的报道内容。广播以传播新闻速度比报刊要来得快的优势大出风头;报刊则寻找自己的优势,向传统的叙事文学小说、散文借鉴技巧,以引人入胜的趣味性叙述吸引读者。在这种情况下,通讯、特写一类文体得以重视和发展。

通讯是我国报刊文体的传统产品。在未有电讯事业之时,记者向编辑部传递外埠新闻一般采用书信传递的方式,因此,这类报道文体最初也就被称为"通信"。"广播缩短了新闻",电讯时代初期,由于电报技术的限制,记者向编辑部所发的电讯稿非常之简略,因此,对一些内容较为丰富复杂的事实,在发完电讯稿后,再用书信的形式细述详说其中之屈曲委细。显然,在简明快捷与深入具体之间,"通信"的价值取向是指向后者的。而此时它所扮演的角色,只是起"补遗"作用。广播媒介出现后,人们听一个长篇的叙述远不如自己随时随地阅读一个长篇叙述来得方便。这倒给报刊长篇文体提供了用武之处。通讯类文体的价值重新得到确认,并得以丰富和发展。加上后来电讯事业的发展,让长篇稿件也可借助电波传送("通信"因此更名为"通讯"),使得这种文体成了报刊文体中的"重武器"。并且,由于它与文学写作有着天然的联系,通讯文体中又有"文艺性通讯"一支光大,与文学的联姻倾向就十分明显了。古代散文式的报道文体,通过一个否定之否定的过程,获得了新的生机。

特写产生于西方,是相对一般新闻报道来说的。美国的丹尼尔·威廉森教授将其定义为:"特写是一种带有创作性的,有时也带有主观性的文章,旨在给读者以精神享受,并使他们对某件事、某种情况或对生活中的某个侧面有所了解。"在西方,自从广播这一电子媒介出现后,"特写文章成了报纸同电子宣传手段进行竞争的一个重要手段,它是报纸奉献给读者的一种独特形式上的信息。"比起时效性强的新闻稿来,特写同中国的通讯一样,选择的是以生动详细为特色。正如丹尼尔·威廉森教授所说,"报纸记者承认,在抢先把消息告诉公众的这一竞争中,他们是无法击败电子新闻记者的……但当所有的新闻单位都知道了这个事件时,他可以比广播向读者提供更多的细节。"[1]由于特写在时效性上所具有的弹性,记者没有截稿时间的压力,所以他们可以有较充裕的时间来深入调查采访,有充足的时间来进行反复推敲,甚至可以反复进行改写,以期达到最佳质量。这样,也把记者们的文学素养调动起来了。而对于读者来说,不同的品质满足了不同的需要。

回应广播的挑战,报刊作出的另一反应是加强报道的现场感。"广播能给听众以身临其境的现场感,能把各国领导人的声音传入千家万户:广播的这种本事是它迅速赢得广大受众的最明显的原因。"[2]面对广播里出现的现场新闻报道、目击记和访谈录,报刊记者也许真像沃尔特·福克斯

---

① [美]丹尼尔·威廉森:《特写写作技巧》,新华出版社1986年版,第6页。
② [美]沃尔特·福克斯:《新闻写作——报刊记者指南》,新华出版社1999年版。

所说的那样:"面临一种进退两难的困境"。其实,"身临其境的现场感"也是可以通过文字的描述产生的,报刊记者对此自然心中有数。于是,报刊记者也写出了现场感很强的新闻报道。请读中国记者所写的《桌上的表》(1948 年 4 月 19 日《晋绥日报》):

> 洛阳东城门里靠路南楼房上。当我们部队突进城后,少数敌人仍凭楼顽抗着。最后两个突击队的战士首先冲上了楼,敌人已经逃走了,房主人也吓得不知躲到哪里去了,楼上静悄悄的一个人也没有,房内放着漂亮的花被,新的皮包和许多衣服,在一张方桌上,还放着一只钢壳怀表,雪白的表面,漆黑的表,在灯光下看去,还不到十二点钟,细小的秒针正在滴滴答答地走着。
>
> 战士们在楼上搜寻了一会,没有发现武器弹药一类的东西,就急忙出去了。之后,这个楼上来来往往的战士很多,楼上的东西仍旧原封不动地摆着。
>
> 巩固突破口的任务完成后,三连被命令停止在这楼上休息,只有那一只滴滴答答的表吸引了一部分同志的思想。三排副王保怀说:"打仗就是需要表,要在三查前,我就要把它装起来了。"但是说了后,却没有动一动那只表,其余的同志也纷纷议论说:"纪律是自觉的,楼上的东西少了,咱连要负责。"正议论时,副政治指导员庄建礼同志来了,战士们问:"副指导员,你看这表好吗?"庄副指导员拿出小刀剥开表壳一看,崭新的表心镶着四颗宝石,的确是瑞士的好表,看完后,表又原样摆到桌子上。
>
> 部队出发了,副指导员检查纪律,楼上的东西丝毫未动,那只钢壳表依然放在桌上,滴滴答答地走着。

这样的报道场景集中,叙事焦点始终对准报道对象,并由此辐射相关联的空间,给人以历历在目之感。面对广播的挑战,这样的报道文体的竞争力是毫不逊色的。在与广播文体的这场竞争中,报刊文体发展和丰富了自身,练就了"十八般武艺"。

（三）电视冲击波：借鉴与创新并存

世界范围内电视的兴起与发展，经历了从第二次世界大战到20世纪50年代中期的成型阶段、20世纪60年代以后的蓬勃发展阶段。20世纪60年代以后，电视业的发展异常迅猛，人们将其形象地描述为"电视冲击波"、"电视浪潮"，等等。

对于报纸媒介而言，以往它在传播新闻时所追求"新、快、实"，如今这点自信遭到了广播、电视的轮番挑战。特别是电视，从视觉和听觉两方面双管齐下，立体地传播着可视可感的新闻信息。同时，比起报纸来，广播和电视传递信息的速度不知要快多少倍。报纸不得不重新考虑自己的竞争策略。

概括地说，报纸新闻与广播电视新闻的竞争是从两方面进行的。一是吸取广播电视的传播优势，从"实"字上做文章，造成"可视感"；二是挖掘自身优势，向"深、广、快"方向发展，这就是走深度报道的路子。

作"可视"的努力，报纸新闻文体出现了"视觉新闻"类文体。按甘惜分主编的《新闻学大辞典》解释，"视觉新闻"为："运用形象化的手法来表现事物取得视觉效果的新闻。把概念的表述诉诸充实的具体形象，运用生动的画面、典型的细节来写新闻，可使报道的内容可闻、可见、可触、可感，让人看到所报道的事实的真面貌。它是当今形象化的电视新闻影响越来越大的年代，文字新闻与之竞争的重要手段之一。"它通常包括现场短新闻、目击式新闻、特写式新闻等。其实，如前所述，在广播时代，报刊新闻文体在"现场感"上就有所追求。电视传播技术中镜头运用技巧，让报纸新闻文体在写作中更注重对一些有表现力的细节、局部加以放大和镜头化，以此来强化读者的视觉效果。日本学者藤竹晓曾举过一个这样的例子：1975年5月12日，伊丽莎白女王访问日本的最后一天，女王乘坐新干线"日光100号"从名古屋到东京。《朝日新闻晨刊》第二天报道此事：

　　……在东京站第十八站台，藤井总裁、东京站长岩渊繁雄等前往迎接。

菲利浦殿下说："这是一次愉快的旅行。"

藤井总裁说："十天来给您添麻烦啦。今天承蒙乘坐新干线，真是万分荣幸。"

殿下问："新干线一天发多少趟车？"

总裁回答说："由 16 对机头组成，一天单程约发 120 趟车。"

在三分钟左右的对话中，女王一直在旁边和蔼地点着头。从远处也可以看到藤井,总裁的手和膝盖由于紧张而不停地哆嗦。总裁反复五次鞠躬。

藤竹晓对这篇报道大加赞赏,认为它"是电视时代报纸新闻的典型例子。在这里成功地使用了这样的手法：即向习惯了映像的我们提供具体的线索,让我们去描绘出犹如正在目睹现场的形象。""这则消息只有以电视时代这一社会土壤为前提,才能发挥效果。""如果是在电视时代到来之前的社会部编辑室,这条新闻最后的句子恐怕注定是要删去了。"

为什么后面这短短的一段话引起了这位研究电视的学者的高度重视呢？藤竹晓解释说,"这是因为,新干线东京车站月台是紧张的,但另一方面又是平静的情景,通过无内容的对话和藤井总裁的惊慌的描写,使读者和具体的画面结合起来。"①说到底,还是文字的描绘产生了叙事如画的效果。为什么必须"以电视时代这一社会土壤为前提"呢？设想一个高明的电视记者来拍这条新闻,仅仅是记录双方"无内容的对话",显然是没有发挥出电视技术的功能,他必定会寻找更有表现力的画面。对于报刊的文字记者来说,这不是一种很好的暗示吗？

在表现画面一方面,报刊记者还有着电视记者力所不及的优势,那就是特别捕捉电视摄像机镜头所不到之处,将这些内容处理得清晰可视。请看合众国际社记者乔治·弗兰克写的图谋刺杀美国总统福特的报道的

---

① ［日］藤竹晓:《电视的冲击》,北京广播学院出版社 1989 年版,第 108 页。

前几段:①

晴空万里,阳光灿烂。一位身穿红衣服的矮个妇女站在人群中,等待着福特总统的到来。

欢迎者们大都想握一握福特的手。

那个身穿红衣的女人带着一支手枪。

目击者说,27岁的林耐蒂·阿莉斯·弗罗莫——她是令人恐怖的查尔斯·曼森家族中有名的"百灵鸟"——悄悄地站在国会大厦中欢迎人群的后面。

"天气多么好啊!"她对人群中一位叫卡仁·斯克尔顿的14岁的姑娘说。

"她看起来像个吉卜赛人。"卡仁事后说。

百灵鸟身穿红色长袍,头戴红色头巾,手中拿着一个很大的红色钱包。这些东西与她的红头发是十分相称的。

在她的前额上留着1971年在洛斯安赫莱斯审讯中烙下的红十字。在这次审讯中,曼森和其他三位女追随者被证明是杀人犯。

百灵鸟——她到加利福尼亚州北部的萨克拉门托来是为了寻找已被监禁的41岁的曼森的——耐心地等待着福特。

在她的钱包里,装着一支上满子弹的零点四五厘米口径的自动手枪……

这位女杀手在暴露之前,谁也没有发现,电视记者是无法捕捉到她的行踪的,报刊记者却可以"独具只眼"跟踪行迹,将她那一身红色描绘得非常醒目。特别是反复提到那把电视记者无法拍摄到的枪。这对于引导读者的注意力是非常有效的,令人想到俄国小说家契诃夫关于叙事技巧的一句话:如果在作品的第一章提到墙上挂着一把枪,那么在后面几章,这

---

① 引自[美]密苏里新闻学院写作组:《新闻写作教程》,新华出版社1986年版,第242页。

把枪一定会开枪。这一引人入胜的效果是电视媒介无法做到的。文字记者借鉴电视镜头的表现形式,青出于蓝而胜于蓝。

报刊新闻文体向广播电视报道借鉴是一种策略,而挖掘和培育自身的优势,是一种更重要的策略。对于一些"可视"的内容而言,电视报道的确要优于报纸报道,而对于一些"不可视"的内容而言,电视报道无法用画面图像表现,报纸的文字报道却可以大显身手。深度报道的兴起即缘于此。

深度报道主要是指对那些隐藏在事实背后的深层次内容的报道,最具代表性的文体即解释性报道。按杰克·海敦的说法,"解释性报道是一种作解释或者作分析的报道,也就是那个被过多地滥用的词语'有深度的报道'。它是一种加背景给新闻揭示更深一层意义的报道。"[①]

关于解释性报道的兴起,学界有不同的说法。不少学者认为,一些外在因素如第一次世界大战、1929 年美国经济危机等复杂的社会变动,导致了人们对社会事件的困惑,纷纷要求新闻报道提供新闻事实的内情和意义。美国著名的新闻学家李普曼就指出,面对复杂的、不断涌现的诸多事实,新闻报道"如果不加说明,它本身的意义将是不清楚的。于是一个时期开始了。在这个时期,'为什么'变得同'什么'一样重要。如果一个华盛顿的记者只告诉人们发生了什么,而没有告诉原因并指出意义,那么他只干了他工作的一半"。[②]

外在原因固然很重要,而我更看重新的传媒——电视在这一变动中的影响力。实际上,种种迹象表明,在广播出现时期,具有分析性质的深度报道在广播中已出现,但报纸新闻并未受到真正触动。正如福克斯所指出的那样,"本来,印刷媒介应是承担解释性工作的理想角色,但报纸执着于'客观性'的理念而不愿投身于此。在广播兴起之前受过新闻学教育的报纸编辑,几乎就像拒斥广播这一新媒介一样,拒斥新闻报道中这一新

---

① 　[美]杰克·海敦:《怎样当好新闻记者》,新华出版社 1980 版,第 211 页。
② 　[美]麦尔文·曼切尔:《新闻报道与写作》,中国广播电视出版社 1984 年版,第 166 页。

兴的解释潮流。"①1938 年,美国的麦克道格尔把他曾经出版的一本书《新闻报道入门》改名为《解释性报道》时,竟在新闻界引起轩然大波,因为当时大多数编辑还是认为解释性报道是一个"肮脏"的字眼。当时的美联社还规定,禁止记者撰写背景材料详细的解释性报道,不必对新闻事实作任何解释,而只要求客观报道显而易见的事实。电视的出现,明显地显示出在"客观性"上的优势,报纸新闻文体不得不重新审视走解释性报道之路的可能性和必要性。

报纸媒介作解释性报道,的确是"理想的角色"。它在运用背景材料时不受时空限制,捭阖自如;深入浅出,游刃有余。因此,在使用当中,以解释性报道为代表的深度报道获得了极大的发展,深度报道成了与消息、通讯并立的一大类文体。日本创价大学教授新井直之早就预言:"今后的报纸,解说的重要性将日益增加。如果说报业史的第一阶段是'政论报纸'的时代,第二阶段是'报道报纸'的时代,那么,今后即将到来的第三阶段就可能是'解说报纸'的时代。"②

(四)网络神话:报刊文体发展新思维

网络的出现,又一次创造了人类传播史上的神话。网络传播成了"第四媒体"。它对传播媒体的挑战是多方位的。对于报纸新闻文体而言,虽然暂时尚未造成大的影响,但可以预料同样将会产生全方位的影响。首先,网络报道时效性之快,不断地滚动播出,不断更新网上内容。这一点会促使报纸记者去思考如何写好第二轮报道,养成一事多报式的习惯。其次,网上报道信息量大,相关信息大量组合,这也会加大报纸综合报道的分量。并且,大量相关信息的组合,给读者提供了有关事实的大量背景。这些都是报纸加大深度报道力度的外在动力。人们的确需要了解新闻背后的新闻,比较起任何媒介而言,报纸显然更适合于承担此任。深度的内容固然是可读的,究竟是拿着一张报纸不择时空地自由地翻动着读,

---

① [美]沃尔特·福克斯:《新闻写作——报刊记者指南》,新华出版社 1999 年版,第 14 页。
② [日]和田洋一等:《新闻学概论》,中国新闻出版社 1985 年版,第 70 页。

还是端坐在电脑旁靠点击鼠标来浏览,尽管每个人习惯可能有所不同,前者方便性还是会令更多的人青睐的。再次,网上传播的交互性,也会给报纸报道文体的发展提供思路。可能会辟出更多的版面作为交流思想的平台。报人的意见如何以平等的身份介入其中,更为巧妙地"用事实说话",靠事实的力量来树立权威,同样会触发新的写作理念。如此等等。报道文体的演变和发展既然面对过广播、电视的挑战,同样也会在新媒体的挑战中产生发展的新思维。

回顾报纸新闻报道文体的演变过程,我们可以清楚地看到新兴媒体的出现是其发展变化的根本性的动力。正如福克斯所说的那样:"经过150年,新闻文体逐渐演化为今天的形式。它由电报、打字机、电话以及19世纪的其他发明所塑造,并适应着今天新的电子技术和计算机技术而继续演变。"①

从上面的阐述中可见,媒介决定着报道的文体。粗看起来,文体还只是个形式问题,还不能说明"媒介即讯息"。然而,形式同内容是密不可分的,往往是,什么样的形式装入什么样的内容,什么样的文体适合于表达什么样的讯息。其实道理也并不复杂,竹篮可以用来装菜,但它绝对也可以用来装水。中国古代文人将文喻饭,诗喻酒。清人刘熙载在《艺概·诗概》中说,"文所不能言之意,诗或能言之。大抵文善醒,诗善醉,醉中语亦有醒时道不到者。"这种文体分工的情况在报纸新闻文体中也明显。从传递简明的电讯到内容丰富的通讯特写,从报道"是什么"到解释"为什么",演变着的报道文体,也不断地演变着报道的内容。从媒介到讯息之间虽然绕了两道弯子,但其密切关联还是一目了然的。可以说,现代报纸新闻文体的演变情况,生动地诠释了麦克卢汉的"媒介即讯息"这一著名命题。

二、析网络交往中的不"沉默"现象

在2001年3月8日中央电视台的3.8特别文艺节目中,介绍了一位

---

① 　[美]沃尔特·福克斯:《新闻写作——报刊记者指南》,新华出版社1999年版,第67页。

名叫罗喆婧的 12 岁的小女孩,因耳聋,平时与人交往因自卑而少言语,但在网上交往却非常自信,非常放松。神奇的网络交际,让一个生活中的沉默者变得侃侃而谈了。这一个案让人想到网络这一新兴媒体在舆论形成中的特殊意义。

(一)沉默者为何不再沉默

心理学研究表明,从人的本质来说,每一个人都有与人交往的欲望,有表达自己意见的欲望。向他人倾诉自己的心事,或以自己的意见去影响他人,这可以说是个人价值实现的一种重要方式,也是人际传播的重要基础。马克思、恩格斯指出,人们的精神交往活动,是由其物质活动、物质交往所决定的,"人们的想象、思想、精神交往在这里还是人们物质活动的直接产物。"①

但生活中人们在交往时都会不同程度地有所沉默,想说的话,想表达的意见没有表达。

对这现象,德国的传播学家伊丽莎白・内尔-纽曼教授作过深入研究,提出了"沉默的螺旋"这一著名假说。这一假说认为,由于人们普遍都具有的"对孤独的恐惧感",害怕在交往中处于独立,人总是寻求与周围关系的协和。当他感觉到自己的意见属于"多数"或处于"优势"时,便倾向于积极大胆地发表这一意见;当发觉自己的意见属于"少数"或处于"劣势"时,遇到公开发表的机会,可能为防止孤立而保持"沉默"。"因此,占支配地位的或日益得到支持的意见就会甚至更得势:看到这些趋势并相应地改变自己的观点的个人越多,那么,一派就显得更占优势,另一派则更是每况愈下。这样,一方的表述而另一方的沉默便开始了一个螺旋过程,这个过程不断把一种意见确立为主要的意见。"②

害怕自己因意见得不到支持而成为少数,广义地说,还是一种自卑心理。这种心理普遍存在,只是在不同的场合在不同的人身上的表现程度

---

① 《马克思恩格斯全集》第 3 卷,第 39 页。
② 丹尼斯・麦奎尔等:《大众传播模式论》,上海译文出版社 1987 年版,第 93 页。

有所不同而已。

网络上的交往为何让人不再沉默？

这当然归功于网络媒介这一新兴媒体。为了说明这一点，不妨联系加拿大著名学者麦克卢汉曾提出过"媒介是人体的延伸"、"媒介即讯息"两观点来分析之。

"媒介是人体的延伸"是指，一切传播媒介都是人类感觉器官的延伸或拓展。人体任何一部分的延伸，不论是手、脚或皮肤的延伸都会影响到整个心灵与社会。因为传播媒介传情达意的特定方式能改变人的"所见"、"所闻"、"所触"、"所尝"和"所嗅"，因而能改变人的"所知"和"所为"。同时他认为人们是借着自身感官比率的某种平衡来适应环境的，一旦某种媒介呈控制性势态时，就会带来一种特殊的感官比率，人与社会的交流就会受其影响。很显然，网络媒介大大延伸了任何一个个体传播者的传播能力，让他在"地球村"里随意与人交流而不必抛头露面。

而"媒介即讯息"则是说，每种新的媒介出现，其本身就能给社会带来某种讯息，引起社会的某种变革。因为人类只有拥有了某种媒介，才有可能从事与之相适应的传播和其他社会活动。例如在印刷媒体出现以前，人们交流的信息都是直接的即时的。印刷媒介把复杂的现实生活用某种语言符号加以表现，并迫使人们一行行地、有序在阅读和思考而不能像在现实生活中那样去立体地、复合地认识和体察。

网络交往的最大特点，在于其匿名性。发表意见的人在网上将自己的意见"挂上去"，交往不是面对面的，大可不必担心暴露自己。有一句名言将这一点表达得非常形象："在网上，谁知道你是一只狗？"匿名性的实质就是发表意见的人能摆脱外界的干扰，摆脱他人目光而带来的心理压力，达到言说的自由。在现实生活中，同样是这个发表意见的人，则可能因他人的存在而"顾左右而言他"。在研究舆论形成的过程中，不少学者发现，人们因患"祸从口出"，遇事"免开尊口"，这样就不易形成舆论。这不禁令人想起马克思的两段言说。在《1848年至1850年的法兰西斗争》中说："当报刊匿名发表文章的时候，它是广泛的无名的社会舆论工具。"

在《摩塞尔记者的辩护》一文中说:"最后,不署名不仅可以使作者,而且还可以使广大读者更为自由和公正,因为这样一来,读者在自己面前看到的就不是说话的人,而只是所说的事,那时读者就摆脱了作为经验的人而存在的作者的影响,而仅以作者的精神人格作为自己判断的尺度。"

的确,匿名性能使意见的表达者更真实而不加掩饰地表达自己的见解。这就像无记名投票比举手表决更能真实地表达个人的意愿一样。正如有学者指出的,"互联网的特征使以往在传统新闻媒体上无法实现的个人表达得到空前的展现,任何人只要进入网络便可无所不言,畅所欲言,形成了言论的'自由市场'。"①以美国总统克林顿的性丑闻的发表情况为例。据美国《科学》杂志主编鲁宾斯坦说,最早获知此事的记者是美国《新闻周刊》的一位记者,他写了一篇克林顿与莱温斯基在白宫发生性关系的稿子,编辑不知道该怎么办,因为他们认为这涉及个人隐私问题。有个叫乔奇的人得到这一消息,将它放在网上。但《新闻周刊》还是没打算要刊出这篇报道。一些广播电台的脱口秀节目开始讨论这个问题,越来越多的人知道了这件事,一些小报纸也开始报道,一些大报终于跟进报道,各大电视台也开始报道,终于成了美国一个大丑闻。这一情况被人称为"信息交换的最大民主化的过程"。②

(二)不沉默者显得情绪激昂

网络上的舆论生成主要来自 BBS。BBS 是 Bulletin Board System 的缩写,即网络中的电子公告栏。在这里,使用者因获有匿名特权而可以具有相当自由度地将自己的意见与他人交流。因此,网上的舆论形成与现实生活中,或与传统媒体中是大不一样的。

这种差别首先表现为舆论的主体不同。按美国社会学家布鲁默的区分,舆论的主体——社会群体可分为聚众(crowd)、公众(public)、大众(mass)三种形态。所谓"聚众",是指很多个体受某一共同事物(如街边

---

① 闵大洪:《中国网络传播的问题与对策》,《新闻三昧》2000 年第 11 期。
② 鲁宾斯坦:《新媒体和我们的生活》,《科技潮》2001 年第 1 期。

斗殴)吸引而形成的临时群体,个体之间互不认识,相互没有理性的传播,只有情绪的相互感染,群体内部没有任何组织,趋同事物一旦消失,这个群体也就消失了。"公众"是"指这样一个群体:(1)他们共同面临一个议题;(2)他们对如何处理这个议题有争议;(3)他们就议题之解决展开讨论"。而"大众"又不同,它是一个很多差异很大、相互匿名、很少交往、分散在一个有可能广大的地域内的个体的集合,它内部没有什么组织纽带,也不具备采取集体行动的能力。①

BBS 上的网民,就其分散性、匿名性等特征而言,其形态很接近布鲁默所说的"大众"。在很多人的心目中,"大众"简直就是"乌合之众"。② 但是,有了 BBS,这些"乌合之众"的形态就发生了变化。它们也具有布鲁默所说的"公众"的三个特征。这些不分比邻还是天涯的网民的聚散,也是由于一个共同的议题,也存有争议,也展开讨论,如此等等。但是,这些人在生活中又互不相识,即使是身处比邻,也形同天涯之陌生。我认为,如果要给 BBS 上的讨论者作一形态区分的话,参照布鲁默的划分,可以将其称为"亚公众"。

"亚公众"这一提法,有助于提醒人们看到网民群在形成舆论过程中的活跃性,也提请人们注意到他们在发表意见时的非理性色彩。

的确,如果没有网络这一媒介,"亚公众"也只能算是"乌合之众"。而有了网络,有了 BBS,这就给了他们一个交流的平台,一个发表意见的平台。他们之间就有了纽带。但是,由于交流时用的匿名方式,他们又有了布鲁默所说的"聚众"的一些特征:相互不认识,传播中有不少非理性的内容。

这就涉及第二个方面的差别,即舆论内容的不同。按舆论的生成过程,我们一般将其分为显性舆论和潜性舆论两种。显性舆论是通过多数

---

① 转引自潘忠党:《舆论研究的新起点》,《新闻与传播评论》2001 年卷,武汉大学出版社 2002 年版,第 89 页。

② 如法国学者古斯塔夫·勒庞所著的《Crowd The Study of Popular Mind》,我国学者直接将其译为《乌合之众——大众心理研究》,中央编译出版社 2000 年版。

人明确的语言或态度表现出来的舆论,是一种具体可感的公众意见。潜性舆论则是指没有大规模公开表示,只在熟人、亲友之间散布的意见。比较而言,后者要难以把握多了,它通常是以潜伏的形态,在分散的、无组织的公众中存在。潜性舆论进一步发展,有可能成为显性舆论。

BBS 上的舆论,很大程度上是一种潜性的、情绪化色彩很浓的意见。如果不是借助了网络交际的匿名性特性,它些意见很可能潜伏而不易为人所感知,有了 BBS 这种形式,这些可能沉默的意见如地下之熔浆找到了一个喷发的口子,可能变得更为激烈。如 1998 年以美国为首的北约轰炸了我国驻南联盟大使馆,网上出现了一片声讨之声。《人民日报》的网站专门设有"强国论坛",让众多的网民宣泄心中之块垒。由于其中有不少言辞过于激进偏颇,所以也有人批评说,强国论坛成了"义和团式情绪的出口"。①

浏览在 BBS 上,偏激之声处处可见。如 BBS 水木清华站两则关于抱怨清华大学十四食堂饭菜不好的帖子:

之一:14 食堂太烂了。白菜豆腐才见烹调手艺的。可惜 14 食堂的大师傅们做得很烂啊。所以我只好吃肉了。

之二:真可怜,是不是连白菜豆腐都没有吃的了?

评论家指出,"从两个帖子的口吻可以看出,完全是嘲弄、戏说的味道,这样的回帖聚集成一定数量后,就会在 BBS 中形成一股斥责该食堂饭菜质量不好的舆论,但深究每个帖子的内容,可以发现,多数并未经过认真考虑,也没有考虑承担任何责任只是抱着响应发帖人甚至起哄的意味来炒作某则消息。有人统计了 BBS 中的回帖用语,发现最常用的有 10 句话:1)ft;2)puke;3)我 re;4)ppy;5)I 服了 U;6)nb;7)pfpf;8)hehe;9)nod;10) 报告我吧。从这 10 句话的内容来看,多是情绪化的响应之言。"②

浏览在 BBS 上,处处可见网民争相发言之激烈。话语权争夺在一定

---

① 洪兵:《新的平台及其前景》,《新闻大学》2000 年秋季号。
② 胡钰:《新闻与舆论》,中国广播电视出版社 2001 年版,第 172—173 页。

程度上甚至沦为"语不惊人死不休"的行为。这也是造成过激言辞的重要原因。如 2000 年 6 月,长沙市望城县一少年舍身抢救一落水同学,但因为违反学校不准私自下河游泳的规定而长时间内没有得到表彰,《红网》的 BBS 上就此展开讨论,一化名为"洪呐峤"的说:"下一次我违反校规去游泳,捡到钱包一定不上缴,看到小偷一定不做声,碰到强奸一定不扰边,发现起火一定不去救。因为不这样,没死就会被开除,死了也一文不值,还是偷偷地走吧!"①

这种情绪化色彩很浓的舆论不少是非理性的。它所包含的内容,既是真实的,又不一定是真实的。说它是真实的,是指它的确真实地流露出有关的人们当时的思想倾向与感情状态。说它不一定真实,是指它对所议论的事物的本质的把握不一定总是真实的。我们来看马克思、恩格斯曾分析过的两个例子。其一是 1854 年克里木战争期间,民间流传着英法联军攻陷俄军要塞塞瓦斯托波尔的假消息。这种舆论的确表达了英国公众渴望胜利的民众情绪,但事实却并非如此。对此,马克思、恩格斯分析道:"英国公众确实表现了空前的轻信态度","消息实在太好了,不能不相信它,因此人们就相信它了"。② 其二是 1820 年西班牙革命领导人里埃哥举兵反对国王废止 1812 年的民主宪法。当时全国上下对废止宪法怨声鼎沸,民众私下里渴望里埃哥有所作为。尽管事实上里埃哥只坚持了两个半月,但人们总是传说里埃哥如何如何获胜。其情景正如马克思所描述的:"人们的心被里埃哥的英勇、他的行动的神速,和他对敌人的顽强抵抗所激动,便认为他得到了胜利、援兵和人民大众的参加,实际这些都不是事实……西班牙的革命形势已经成熟到连假消息都足以引起革命的程度了。"③可见,潜性舆论更多的是一种情绪的宣泄,一种心情被加以放大后的自然流露。

由此看来,网民在网上发表意见,既不甘于沉默,又不害怕孤独感,担

---

① www.rednet.com.cn,2001.12.21.
② 《马克思恩格斯全集》第 10 卷,第 555、557 页。
③ 《马克思恩格斯全集》第 10 卷,第 507—508 页。

心自己的意见处于劣势,反而是争着说,大声说,过激地说,以这种方式来表达自己的意见,宣泄自己的情绪。

(三)对"沉默的螺旋"假说的质疑

行文至此,对传播学理论中著名的"沉默的螺旋"这一假说的质疑也就自然而然被提出来了。这一理论因为充分表明了舆论生成过程中少数人在表达意见时随大流的心理而被理论界奉为无可怀疑的定律。

但也有人从不同的角度出发提出过一些不同的看法。

早在 20 世纪 50 年代,美国学者阿什对人们因孤独而产生心理恐惧感的问题做了大量的实证研究,指出人们放弃个人的意见而趋同他人,主要受两个重要条件的制约:第一个条件是有没有来自他人尤其是来自所属群体的支持,只要当场有一个支持者,趋同行为的概率便会大大降低。另一个条件是个人对自己的见解或信念的自信程度。自信心差一点的人,的确会通过寻求与他人的类似点来加强自己的信念,故有附和"优势"意见的倾向;而自信心强的人,并不容易受到"孤独"的压迫。

近年来,我国学者对这一假说也提出了一些看法。香港学者潘忠党联系这一理论的创立者纽曼教授的经历指出:"不可忽略的是,诺依勒-诺依曼(即纽曼——引者注)曾经参加了纳粹党的活动,她的理论,虽然是舆论研究中一个重要的理论,却带有对纳粹经验的总结的成分。诺依勒-诺依曼的前纳粹党支持者的身份被揭露后,曾在传播学界引起了极大震动⋯⋯我绝不赞同因此否认诺依勒-诺依曼的理论贡献,但我也要指出她的理论含有驱逐少数人意见的成分。对此,有过纳粹经验的德国和有过'文革'经验的中国同样地需要特别警惕。"[①]我同意潘先生的分析,但并不是要在此因人而废言;联系这一理论产生的背景来分析之,这是很有必要的,也就是说,它有它的时代局限性。在一个很民主的社会,个性很张扬的社会,与一个专制的社会,个性受压抑的社会,是否沉默或沉默的程度是很不一样的。

---

① 潘忠党:《舆论研究的新起点》,载《新闻与传播评论》2001 年卷,武汉大学出版社 2002 年版。

中国社会科学院新闻与传播研究所的陈力丹先生从媒介意见对受众意见的影响这一点出发也指出过这一假说在不同情况下的局限性："例如当问题涉及较为广泛的公众切身利益时，如果媒介强调的东西与之过分相悖；当公众对某个问题较为了解，且处于自由发表意见的文化传统下，如果媒介的意见与公众的意见差距过大；当公众属于某些组织严密的社团、宗族时，如果媒介的意见与该社团宗旨相悖，那么，公众即使在无形压力下公开发表意见，也可能敢于与媒介的意见相左。"[1]

清华大学刘建明教授从受众行为研究出发指出："在大众传媒面前，受众不是被动的、盲从的非理性动物，而是具有能动性的社会主体，常以反沉默螺旋的方式发表意见。"他将这一情况称之为"反沉默螺旋模式"。他进一步指出，有意见者之所以沉默，原因之一是这些个人不能互相交流私人的意见，这样他们就感觉到他们属于持不同意见的少数者；另一个原因则与社会的开放程度有关：在传统、保守、封闭的社会，"多数意见"的压力通常很强大；而在开放型社会以及社会秩序或社会价值的变动时期，"多数意见"未必能左右人们的行为。[2]

但是，正如刘建明先生在上文中所说，这样一些反对沉默螺旋模式的学术观点虽然陆续发表出来，但许多学者不屑一顾。原因何在？我认为关键在于人们所依赖的传播媒介没有发生变化。可以说，网络这一新的传播媒介出现，"沉默的理论"这一假说的局限性就彻底暴露出来了。如前所述，网络的出现完全改变了人们的交流模式。过去认为人们之所以"沉默"，原因在于彼此少交流，社会欠民主。而网络交往恰好改变了这一点。它不仅给人们的交流提供了一种全新的方式，更重要的是它增强了言说者的民主意识，大有网络面前人人平等的意味。我对网上舆论的生长衰变情况作了长期观察，发现讨论者特别不甘于简单地成为他人意见的附庸，往往以标新立异为乐趣。即使是某个声音出现"沉默"，也不是因为个人的地位问题或是居于少数，而大都是因为其理屈而词穷。相反，一

---

[1]　陈力丹：《媒介对舆论的社会控制机制——沉默的螺旋》，《国际新闻界》1998 年第 1 期。

[2]　刘建明：《受众行为的反沉默螺旋模式》，《现代传播》2002 年第 2 期。

些在网上能说善辩者,他们即使在开始是处于"劣势"状态,但在讨论过程中会让"螺旋"发生逆转,影响多数。对此,学界已有人有所意识:"大众传播学著名的'沉默的螺旋'假设,网络时代有望改观。通过网络,在大众传播中处于弱势地位的信息,绕过大众传播的环节而有可能在网民乃至网外产生一定的影响。"①

末了,还是回到麦克卢汉"媒介是人体的延伸"、"媒介即讯息"的命题上来。我认为,网络交流既延伸了人体的感知能力,也延伸了人的言说能力,在平常生活中,在传统媒介上欲说应说而未说的内容,或是先想这样说后因"随大流"改为那样说的情况,在网络上会有完全不同的表现。面对这一新的情况,"沉默的螺旋"假说就明显地表现出其局限性来了。

三、析网络暴力中的"群体极化"倾向

网络暴力已经引起了人们的广泛关注。这与网民在网上表现出的"群体极化"倾向十分有关。研究网络暴力,就得研究网民的"群体极化"现象。

(一)从"铜须事件"谈起

2006年4月13日,在"猫扑网"旗下"魔兽世界中国"论坛上,一位悲情丈夫声称自己的妻子幽月儿有了外遇,并且公布了妻子和情人长达五千字的QQ对话,慷慨激昂地痛斥与妻子有染的小人物"铜须"。随后,数百人在未经事实验证的前提下,轻率地加入网络攻击的战团,在接下来的短短数天之内,对此事发表意见的网民队伍发展到了数万人之多。其中有人建议"以键盘为武器砍下奸夫的头,献给那位丈夫做祭品"。天涯网站也贴出《江湖追杀令》,发布"铜须"的照片和视频,"呼吁广大机关、企业、公司、学校、医院、商场、公路、铁路、机场、中介、物流、认证,对××及其同伴甚至所在大学进行抵制。不招聘、不录用、不接纳、不认可、不承

---

① 陈红梅:《试析网络传播对受众接近权的突破》,《新闻记者》2001年第12期。

认、不理睬、不合作。在他做出彻底的、令大众可信的悔改行为之前,不能对他表示认同。"4月18日,百度的"铜须吧"也贴出一个"召集帖":《暗杀铜须动员组,想杀此人者进》。跟帖者甚众:"这帮人没脸没皮,不知羞耻为何物,活在世上也没有任何价值可言"、"××的,只要你敢在学校门口出现,看不搞死你"。

央视对这一事件作出了反应,批评网民的行为是"网络暴力",但避免就第三者事件本身作出道德评价。而网民则在"天涯"组织起了新一轮的反击运动,批评央视"支持骗奸人家老婆","如此贯彻八荣八耻教育,央视颜面何存"云云,为自己在"铜须"事件中曾采用的围猎方式辩护。

"铜须事件"被视为2006年最为突出的网络事件。它引发海外媒体的严重关切。《纽约时报》、《国际先驱论坛报》和《南德意志报》等欧美报纸,相继刊发报道,质疑中国网民的做法是对个人权利隐私权、情感和生活方式选择权等的严重侵犯。《国际先驱论坛报》以《以键盘为武器的中国暴民》为题,激烈抨击中国网民的"暴民现象"。在他们看来,这场虚拟事件正在演变成大规模群体性暴力。并已成为人类文明进程中的不和谐音。

近一年来,从重庆"钉子户"到太湖蓝藻、山西"黑砖窑"事件,中国大地上发生的很多重要事件和热点话题都离不开网络。最新的权威数据表明,截至2007年6月,中国网民总人数达到1.62亿,仅次于美国2.11亿的网民规模,位居世界第二。评论家认为:"互联网这一迄今为止表达言论、传播信息最自由、最便捷的渠道,能在短短十几年内迅速进入我国寻常百姓家、成为大众传播工具,不能不说是国民的一大幸事。特别是具有中国特色的众多BBS社区、留言板以及庞大博客群的存在,使得互联网在我国成了最易形成舆论的平台和舆论监督的利器。在这样的平台下,'人微言轻'之说不复存在,诸如'最牛的钉子户'之类的弱势个体也能在众多网民的声援中维护自身权益。网络舆论对于推进我国的民主进程、促进社会公平无疑是好事。但它又是把双刃剑,当网民剑走偏锋、缺少自律时,当网站哗众取宠、利令智昏时,其破坏力也暴露无遗。"①

早在 2006 年 10 月 24 日,中宣部部长刘云山在《人民日报》上撰文《和谐文化是巩固社会和谐的思想基础》,其中指出:"随着信息技术的发展,互联网已经成为功能强大的新兴媒体,成为我国 1 亿多网民获取信息、交流思想、表达诉求的平台,对社会舆论态势和走向产生着不可估量的重要影响。要认清互联网的特点和发展趋势,提高思想认识,理顺管理体制,完善管理机制,加强行业自律,倡导文明办网、文明上网,引导网民理性讨论问题、表达意见,有效引导网上舆论,使新兴媒体成为传播先进文化、促进社会和谐的重要阵地。"

(二)网络平台塑造了新型舆论主体——网民②

"铜须事件"充分表现了网络舆论的影响力,更重要的是透过它让人看到了网络舆论主体——网民的"群体极化"特征。

我们知道,舆论是指公众对社会现象和社会问题的共同意见。舆论主体——公众是舆论构成的重要因素,也是舆论学研究中的热点之一。在现实生活中,由于舆论的主体具有分散性、不固定性的特点,对它的把握就变得模糊而困难。网络的出现,给人们提供了一个发表意见的舆论平台,新的技术促生了新型的舆论主体——网民。与网络传播的特点密切关联,作为舆论主体的网民比起其他舆论主体来,其特征有很大的不同,群体极化倾向十分明显。

舆论主体的界定是舆论学研究中一个十分重要的问题,也是舆论学研究中一个十分困难的问题。我们知道,舆论的功能是具有实体性的,但舆论的主体却是"非实体性"的。这个所谓的"非实体性"可作这样的表述:第一,他们在舆论调查中是集合的,但在现实社会中一般是分散的;第二,公众的构成是变动的,会随社会结构的变化,某些社会现象和问题的出现、消失而不断重新组合;第三,按照一定的规则有意识地组织起来的

---

① 赵蓓蓓:《培养网络时代的公民》,《人民日报》2007 年 8 月 10 日。
② 此处所指的"网民",仅限于那些在网上参与讨论发表意见者。

群体,与本来意义的自在公众是有区别的。① 这些特点决定了舆论主体界定的困难:如何识别舆论主体? 如何理解个体意见与公众舆论的关系?

在社会学研究领域里,存在着宏观传统与微观传统的分野,表现为社会学研究截然不同的出发点:是将社会学的研究重心放在"人性"上还是"社会秩序"上? 坚持"社会秩序"要优于"人性"本身者认为,人的行为是社会派生的,群体中人的表现会产生作为个体的人时所不具备的特性。这一突生现象大概可以借用"一个和尚挑水喝,两个和尚抬水喝,三个和尚没水喝"的故事说明之。而坚持"人性"本身优于"社会秩序"者认为,人的社会行为首先受制于人的本能,著名的精神分析专家弗洛伊德的研究将这一点表述得淋漓尽致。

同社会学研究的这种分野有着内在的联系,舆论学研究对舆论主体的界定也存在着这种对立,即从整体入手去把握舆论主体,还是从个体入手去认识舆论主体。

舆论是公众的意见,但公众是由具体的个人组成的群体,没有个人,就没有舆论的主体。这其中,关键是个体与群体是什么关系? 是个体的特性构成了群体特性的基础或不断建构着群体的特性,还是群体特性派生或不断地塑造着个体特性? 主张从个体入手来考察舆论主体特性的,代表性人物当是美国政治学家左拉(Zaller),他考察的是群体中相互独立的个人如何接触并接受信息,他们的意见是如何形成了大众的意见。他考察的方法是问卷调查,就某一问题逐个了解每一个个体的意见,然后将这些意见聚集。这种研究方式,美国政治学家康沃斯(Converse)称之为最能体现"一人一票"式的民主模式的舆论模式。

这种从个体入手来把握舆论主体的做法很具可操作性,故在实践中很有市场,问卷调查的方式就是建立在这一理念上的。

但是,这种由个体意见简单相加所得到的"大众意见",是否即真正意义上的"舆论"? 法国著名的舆论学家卢梭提出过"公意"、"众意"、"私意"

---

① 陈力丹:《舆论学》,中国广播电视出版社 1999 年版,第 11—13 页。

的划分："公意只着眼于公共的利益,而众意则着眼于私人的利益,众意只是个别意志的总和。"①卢梭推演公意的产生过程有两步:从私意到众意;从众意到公意。从私意到众意,是一种物理性质的"聚合",也就是说,这只是量的聚集,不发生性质变化。从众意到公意,是一种化合的聚变,化合产生一种新的物质——"公共人格",或称"道德共同体"。按卢梭的划分,"一人一票"式的民主模式所调查得到的大众意见,只能视为"众意",还需要作一次化合发应,才能成为"公意"即真正意义上的舆论。②

美国社会学家布鲁默(Blumer)从社会互动论的理论出发,对社会群体划分为三种形态:即聚众(crowd)、公众(public)、大众(mass)。他认为,这三种群体形态是可以区别的。"聚众"是很多个体受某一共同事物(如街边斗殴)吸引而形成的临时群体,个体间互不认识,相互没有理性的传播,而只有情绪的相互感染。群体内没有任何组织,吸引他们的临时性的事物一消失,这个群体也就消失了。"公众"是指这样一个群体:①他们共同面临一个议题;②他们对如何处理这个议题有争议;③他们就议题之解决展开讨论。这种讨论是相对理性的,是舆论形成的核心。"大众"则又不同,它是由很多差异很大、相互匿名、很少交往、分散在一个有可能广大的地域内的个体的集合,它内部没有什么组织纽带,也不具备采取集体行动的能力。③ 这一划分的意义更多的是理论上的,因为实际生活中这样的"公众"并不好找,正如陈力丹先生所说,每个人对"公众"的感知既是实在的(可以感受到有限的相近情绪或观点的人),又是模糊的(对于大范围的相近情绪或观点的人的感知,凭的是所谓的"统计直觉")。④

综上所述,传统视野中舆论主体的界定,的确存在难以克服的先天性的缺憾。

---

① 卢梭:《社会契约论》,商务印书馆 1982 年版,第 39 页。
② 卢梭:《社会契约论》,商务印书馆 1982 年版,第 78 页。
③ 潘忠党:《舆论研究的新起点》,载《新闻与传播评论(2001 卷)》,武汉大学出版社 2002 年版。
④ 陈力丹:《舆论学》,中国广播电视出版社 1999 年版,第 12 页。

　　然而,网络的出现,给舆论主体提供了一个"华山论剑"的平台。这一平台具有什么样的特点呢?

　　首先,它具有极强的网罗性。人称"E网无际"、"E网打尽",说的就是网络这一平台可以极大地将世界各地的网民链接起来。这些网民在现实生活中的存在形态,充其量只能算是布鲁默所说的"大众"。他们之间互不认识、很少交往、分散在一个有可能广大的地域内,他们之间没有什么组织纽带,也不具备采取集体行动的能力。但是,有了网络平台,他们之间的交往形态就发生了变化,他们就具有布鲁默所说的"公众"的三个特征了。网民的聚散,也是由于一个共同的议题,也有了争议,也展开讨论,如此等等。显然,这些在现实生活中不可能成为舆论主体的大众,在网上竟轻而易举地网罗成了舆论主体。

　　其次,它具有大体上的可界定性。正是网络平台具有的网罗性,使得舆论主体由"非实体",变成了较为清楚的界定的"实体"。网民在网上表达意见,其主要途径是通过网络中的电子公告栏,即BBS。"公告栏"上,谁谁谁发表了意见,谁谁谁又发表了不同的看法,一个不漏,一目了然。也许有人会说,网民在网上都是匿名的,用的都是化名。的确如此。但我们知道,在现实生活中做的舆论调查,也是可以不记名填写的。网上的匿名与此是没有本质区别的,它并不影响我们对舆论主体的把握。还有一种情况我们应该意识到,从理论上来说,一个网民可能会以多个化名出现,这样会使我们对网民的界定变得困难。但实际上这种担忧显得过于悲观。因为BBS是采用账号管理办法,以ID作为用户单位。用户在站内发表意见,与其他用户交流都是通过ID进行的。所有网站都对ID使用作了规定,每个用户可登录的ID是有严格控制的。如中国大陆第一个Internet上的BBS——水木清华站里,就规定每个人最多允许登录三个ID,如果管理者发现某人登录了三个以上ID,将删除其全部ID,取消其发言权。所以尽管在这虚拟的空间里网民与实际生活中的发表意见者不完全一致,但比较起来,还是让人有了可触可摸之感,几乎成了可以界定的"实体"了。这一点,经常上网讨论者恐怕都会有切身感受：在种种化名中找到自己的知音或对手可以说是轻而易举，得来全不费工夫。而细心的网站管理者对他们的相关情况更是了如指掌。请看水木清华站对一名"网虫"的精确描述：

用户账号：Childe White

用户昵称：公子小白·孰能解我心中千结

上站次数：823

发文章数：9999

上站时间：707 小时 18 分钟

经验数值：开国大老

表现数值：163

表现等级：本站支柱

如此等等。这些都给研究者有"实体"之感。

第三，它具有较强的同质性。这一点可分两方面分析：首先，网民的构成具有很强的同质性，就中国的情况来看，目前网民年龄表现出极强的年轻化特征，25 岁以下网民比例已经超出半数（51.2%），30 岁及以下的网民比例甚至超过了 7 成（70.6%）。并且，网民中以学生为多，大专及以上学历超过四成（43.9%），中学生比重很大，达 1/3 强（36.7%），绝对数量接近 6000 万。其次，从网站情况来看，众多的网站大多是以同仁分类的，网民根据个人的喜好自动分类，自动汇集到某一网站，所以，网上聚集的网民具有较大的同质性。并且，网站之间的同仁色彩也十分明显。两位美国学者于 2000 年 6 月对美国 60 个政治网站做过一次随机调查，发现网民的讨论圈子更倾向于在志同道合者之间，他们很少链接不同意见的网站。见下表：①

---

① 凯斯·桑斯坦：《网络共和国——网络社会中的民主问题》，上海出版集团 2003 年版，第 41 页。

表 3-1

政治倾向	链接到的与自己意见相左的网站数	链接到的与自己意见不相左的网站数	链接到的与自己志同道合的网站数	链接到的与自己非志同道合网站数	网站总数
共和党	3	7	7	3	10
民主党	1	11	7	5	12
保守党	1	20	12	9	21
自由党	4	13	9	8	17
总　和	9	51	35	25	60

由此可见,网站内部的网民之间表现出很强的同质性,但不同网站之间聚集的网民则呈异质性,舆论主体呈分众化趋势。这种分散而类聚的舆论主体形态,群体之间界限较分明,从另一方面佐证了网上舆论主体的"实体性"。

第四,它带有一定的游戏性。说到网络,人们自然想到网络游戏。不少少年痴迷网吧,就是它的游戏场所。此处所说的游戏性,当然不是说的网络游戏,但它同样不乏游戏特性。有人认为,可以将发帖的网民分成三类,他们恰好构成了一个金字塔:能提出实质性意见的最少,居于塔顶;顶帖、灌水专业户为中坚力量,构成塔身;散乱点击的占了大多数,是金字塔的底端。塔顶引起人们看下去,塔身和塔底则是点击率、回复数量的最大贡献者。在"铜须事件"中,有记者采访了一位网名叫"悬崖上的王子",他毫不忌讳地说:"其实很多人关注的不是事件的具体意义,而是其在网络上单纯的旋涡效应会有多大,以及自己将在其中扮演什么样的角色……谁都想在历史的里程碑上留下记号,区别只是篆刻的名字还是墙角的尿渍罢了……"另一位网名叫"云烟"者,在此事最"火"的时候顶过两次帖。记者就此对他采访。他说他并不想继续深究这件事。"当时觉得这是个'潜力帖',习惯性地要'留名'一下,但其实是个垃圾帖,一堆人在那里指手画脚,就不看了。顶帖的都是一些卫道士,正常人哪有那么多时间管别人闲事?"①

最后,网络交往具有的互动性,给舆论主体有多次表达意见的机会,其意见表达得就更为充分。通过"一人一票"式的问卷调查收集意见,的确只是一次横向的意见聚合,按卢梭的看法,没有起"化合"反应。网上舆论的展示,从时间上讲是一个线性过程,后来发表意见者完全可能建立在前面发表意见者的基础之上,有些甚至就是针对前面的意见,唇枪舌剑,好不热闹。为了让自己的意见成为强音,言说者不甘寂寞,慷慨激昂。②这样,各式各样的意见就有了碰撞的机会,就有可能产生"化合"反应。网上讨论的过程,就是整合各种意见,推进舆论形成的过程。由此可见,网民身上所表现出的特性,更符合严格意义上的舆论主体的素质。

(三)网民的"群体极化"倾向

"群体极化"(group polarization)这一概念是美国当代法哲学家、芝加哥大学法学院讲座教授在《网络共和国——网络社会中的民主问题》一书中提出的。他说:"群体极化的定义极其简单:团体成员一开始即有某些偏向,在商议后,人们朝偏向的方向继续移动,最后形成极端的观点。"他注意到:"在网络和新的传播技术的领域里,志同道合的团体会彼此进行沟通讨论,到最后他们的想法和原先一样,只是形式上变得更极端了。"③

这位专家列举了包括美国、加拿大、德国、法国、印度在内的几十个国家都发现的例子:

——在经过讨论后,温和的女性主义者会变成强烈的女性主义者。

——在经过讨论后,法国公民会更质疑美国这个国家及其经济援助的意图。

——在经过讨论后,原本就显示种族偏见的白人对于白人种族主义

---

① 陈万颖:《网络群体性伤害无法追溯》,http://www.sina.com.cn,2006.06.08,12:16。

② 郭光华:《论网络交往中"沉默的螺旋"假说的局限》,《湖南师范大学学报》2002年第6期。

③ 凯斯·桑斯坦:《网络共和国——网络社会中的民主问题》,上海出版集团2003年版,第47页。

是否该为非裔美国人在美国所面对的问题负责,会表现出强烈的负面反应。

——在经过讨论后,原本就没有种偏见的白人在面对相同的问题时,则表现出正面的反应。

为什么会出现这种情况呢? 如果我们把视野扩大一点,首先得要联系群体的突生性质来分析。

法国著名的社会心理学家勒庞(Gustave Le Bon)在《乌合之众——大众心理研究》一书中直截了当地说:"我们只根据事实便已知道,人作为行动的群体中的一员,他们的集体心理与他们的个人心理有着本质的差别,而且他们的智力也会受到这种差别的影响。我们已经知道,智力在集体中不起作用,它完全处在无意识情绪的支配之下。"在该书中,他详细分析了"无名称的群体"和"有名称的群体"的情况,前者如街头群体,后者如陪审团、议会等。结果是,这些不同的群体都有惊人的相似之处:"首先,组成群体的不同成员在作出判决时,其智力水平无关紧要",聪明人也会变得智力低下;其次,"他们受着感情因素极强烈的影响,很少被证据打动","表现出极少的推理能力";再次,他们"也深受名望的影响",极易被权威左右。① 在这样一个非理性、易激动,少判断、好左右的群体里,要走向极端看来并不困难。

这一特点在网民中情况如何?

实践证明,网民中的"群体极化"倾向更加突出。有证据显示,群体极化倾向在网上发生的比例,是现实生活中面对面时的两倍多。②

一方面,群体中非理性、易激动的特点在网民中更为严重。这一特点在讨论中很容易导致言说者态度偏激,并以十分激烈的言辞表现出来。在 BBS 上浏览,处处可见网民争相发言之激烈。又如中日关系问题,一直是个敏感话题,一触即发。日本一些政客和右翼分子每次一制造事端,

---

① 勒庞:《乌合之众——大众心理研究》,中央编译出版社 2000 年版,第 47 页。

② 凯斯·桑斯坦:《网络共和国——网络社会中的民主问题》,上海出版集团 2003 年版,第 51 页。

国内网民就把这笔账算在全体日本人身上,不区分这两者之间的界限。其言论动辄要把日本男人全杀光,把日本女人全怎么样怎么样,动辄动武,动辄抵制日货,等等,把反日等同于爱国。又如印尼苏门答腊岛海啸发生后,一些网民高喊"这是印尼的血债"、"真是太棒了"、"中国疯了!竟号召全民给别人捐款"、"印尼给了世界一个恶劣的嘴脸,一个不是法西斯却比法西斯还法西斯的嘴脸,恶人必有恶报"、"中国的政府就是越来越软弱啊,没有骨气"、"印度洋海啸,报应,以及血债血偿"、"最好日本沉了,多省心",等等。再如 2007 年 8 月 26 日,各网均转发了新华网题为"北京奥运特供猪每天锻炼 2 小时,最贵 48 元/斤"的新闻。文章引述北京奥运会冷鲜猪肉及猪肉制品独家供应商的话说,出于安全考虑,北京建立了近10 个秘密养殖基地,以 5 倍的供应量准备奥运猪肉。基地内有 24 小时的摄像头监控,不仅陌生人不能进入,按照国际奥委会的标准,养殖基地一年内甚至不能有其他的猪闯入。为保证猪肉健康,生猪饲料用的是有机农作物,另外小猪每天须室外"健身"两个小时。此事竟引发了网民排山倒海般的责难。譬如凯迪社区的猫眼看人,由一名叫"heming134"的网民在 2007 年 8 月 27 日 5:51:26 转帖的新华网这一消息后,到当日10:47:00,阅读者达 2084 人次,跟帖 4 页 47 条,且全部为负面言论。多是一些类似"最厌恶的就是媚洋的这样人的嘴脸,MD 好东西都给洋鬼子,垃圾给老百姓,作这些决定的官员都一副奴才相"、"从这些事上来看,老爷们是知道中国食品安全危机的,只不过谁叫你是中国人呢"、"以多五倍的供应准备奥运猪,以好五倍的肉质取悦洋老爷"的言论。

另一方面,新的舆论媒介——网络下聚集的群体,是由分化而类聚的,表现出群内同质、群际异质的特性。这样极易导致群体认同的现象。在"铜须事件"中,爆出铜须手机号的网民 slgz8677 和挖出铜须真名的网民"揭穿包皮男",凭借具体而翔实的搜索过程和结果,让广大网友佩服得五体投地。让整件事发生了从网络到现实的质变;贴出"召集帖"并将铜须的个人信息四处转载的网民,则将越来越多的网友团结起来。在这种群体认同的背后,隐匿着网友"法不责众"的心理。一位 ID 为"huchere"

的网民在天涯上发言:"一个武松的做法绝不可取……所以现在只有全世界的武松联合起来,用法不责众这条王道……最后希望大家认识到:我们的力量很强大。"①

《网络共和国——网络社会中的民主问题》的作者研究表明,如果网络讨论团体中有一群人将自己界定为高税金反对者、动物权倡导者,或是最高法院批评者,这样的讨论只会将他们导向更极端的地方,因为他们彼此推波助澜。他说:"毫无疑问,群体极化正发生在网络上。讲到这里,网络对许多人而言,正是极端主义的温床,因为志同道合的人可以在网上轻易且频繁地沟通,但听不到不同的看法。持续暴露于极端的立场中,听取这些人的意见,会让人逐渐相信这个立场。"②

对群体极化现象所可能产生的社会影响要作两面观:从正面的情况来说,大量事实表明,极端未尝不是件好事。从美国的情况来看,群体极化让许多重要的价值得以实现,包括公民权运动、反奴隶运动以及两性平权运动。对于整个社会来说,当许多不同意见团体彼此辩论时,社会就能听到五花八门的看法,一个信息多元化的社会会让多数人受益。

从负面情况看,过于同质化的圈内舆论可能危及社会的稳定。通过社会影响和说服的机制,成员会向圈内讨论时可能预见的结果靠拢。过于极端化的小团体很容易把他们的主张推向不受理智束缚的边缘,从而使社会失去对他们的控制。"纳粹主义、仇恨团体或形形色色宗教狂热者的兴起,都是很好的例子。"③而这是我们所不愿意看到的。

(四)舆论引导如何面对"极化"倾向的网民

2007年9月25日,新华网在"迎接十七大特别专题"上发表了关注网络舆论的特稿,标题为《网络舆论:我党执政的新挑战和新机遇》,其中

---

① 陈万颖:《网络群体性伤害无法追溯》,http://www.sina.com.cn 2006.06.08,12:16。
② 凯斯·桑斯坦:《网络共和国——网络社会中的民主问题》,上海出版集团2003年版,第50页。
③ 凯斯·桑斯坦:《网络共和国——网络社会中的民主问题》,上海出版集团2003年版,第54页。

提到:听汇报、读文件、下基层是几十年来中共官员了解民意的传统方法。如今,面对中国互联网用户激增到 1.6 亿多、网络舆论蓬勃发展的现实,越来越多的官员开始主动"触网",增强对互联网相关情况的学习研究和反应能力。网络舆论巨大影响力的背后包含着令人不安的负面效应。网民的群体极化现象,汇聚了亿万网民的关注和激情,其中蕴涵着的巨大力量一旦失去必要的引导,极有可能形成可能导致严重后果的"网络暴力",演变成大规模群体性语言暴力乃至极端的行为暴力。

群体极化的倾向,使得舆论的引导多了一分必要感;新型舆论主体——网民的特点,让我们必须重视网上舆论引导方法的研究。对此,笔者提出几点粗略的想法:

第一,网民的分众化倾向,使得舆论主体同质化特点明显;同时,舆论主体"实体性"的加强,更便于我们对引导对象特点的把握。网上舆论引导应注意不同舆论主体群落的不同特点,增强舆论引导的针对性。已经有不少高校的政治思想工作者,针对大学生喜好上网的现象,利用网上交流来做思想引导工作。大学生是一个同质很强的群体,引导者们大都能根据大学生的心理特征,有的放矢地开展引导工作,实践证明,效果不错。

第二,针对网民易受权威左右的特点,加强引导者的权威性,在网上多发表具有专家水平的意见。据东方网介绍,他们在 BBS 改版时,及时建立了两支精干的网络作者队伍。一支由上海的中青年国际问题专家和台湾问题专家组成,专门就国际上重大的事件进行及时的、活泼的、形式多样的评述,并以各种各样的名义在 BBS 上刊出。另一支队伍则由上海高校的政治意识较强的在校硕士研究生、博士研究生组成,充分发挥他们在高校学生中的影响力,对各种社会现象进行适时的评论。[①]

第三,熟悉网络传播的特点,以平等的身份参与交流,以此获得网民的认同。据《光明日报》报道,中国科技大学专门为院系分管学生工作的党总支副书记配备了电脑,思想政治工作者以"网民"身份主动与学生在

---

① 吴谷平、徐世平:《守住阵地、主动出击、扩大影响——学习江泽民关于互联网问题的讲话精神》,《新闻记者》2000 年第 8 期。

网上平等交流,效果很好。这些专职思想政治工作者,个个都熟悉大学生网民的表达方式,在网上都有自己的昵称,能熟练地运用学生网络语言,真诚地与学生平等交流。① 网民感到与之对话的是"自己人",很容易产生身份认同。研究表明,"如果大家都认同,具说服力的论点就会变得更具说服力,因为认同鼓舞了那群彼此认同的人。"②

网络传播给传统的舆论学研究带来了一片全新的天地。从新型的舆论主体入手,是这一研究新领域的一个重要入口处。

四、民生新闻是非论

此处所提到的"民生新闻"是与非,其内涵有两层:一是从名实的角度来分析,以广东南方电视台重要的"民生新闻"栏目《今日一线》为例,看实践中的"民生新闻"与概念中的"民生新闻"有多大差别? 或者说,实践中的"民生新闻"哪些是理论界所期待的,哪些不是。二是从学理的角度,以《今日一线》为典型,分析当下"民生新闻"的成功元素与存在的危机。

(一)民生新闻名实之辨

正如我们所了解的,2002 年第一档"民生新闻"节目《南京零距离》诞生后,在全国不少省市获得了广泛的追捧。迅速热起来的"民生新闻"现象很快地引起理论界的关注,可以说自这一概念诞生之日起,对它的研讨也就一直没停止过。

"民生新闻"是什么? 这是所有的研究者都一直在追问的问题。《南京零距离》栏目的制片人张建赓说:"民生新闻不是一种具体的新闻体裁,也不是一种新的新闻类型。也就是说,它不是时政新闻、社会新闻之外的一种新的新闻样式。在电视新闻采编领域,这是一种全新的观念,并正在

---

① 李陈续:《让主旋律在网上飞扬——中国科技大学网络思想政治工作纪实》,《光明日报》2000 年 12 月 26 日。

② 凯斯·桑斯坦:《网络共和国——网络社会中的民主问题》,上海出版集团 2003 年版,第 50 页。

形成一种思潮,成为一种电视新闻的全新实践。它所产生的影响,是对传统的电视新闻观念的全面冲击。"①这段话绕来绕去,"民生新闻"究竟是一种什么样的观念、思潮、实践,或者说这"新"的含义是什么,我们却不得而知。不知是这位倡导者自己尚心中无底,还是刻意回避欲说还休。

《今日一线》是华南地区最具代表性和影响力电视民生新闻栏目。该栏目自 2003 年创办以来,其收视情况和影响力都令人刮目相看。我们就以它为例来回答这一问题。

"封面故事"可以说是《今日一线》的头版头条,我们对其先作分析。下表是对 2006 年 7 月 16 日至 25 日这 10 天播出的内容的一个统计:

表 3-2:"封面故事"内容统计

题目	主要内容	事发地点
路在何方	11 岁小孩外出偷盗,成了"老大"	广东韶关
挥刀自宫	为变性一男子竟挥刀自宫	深圳市
抗洪救灾	韶关遭遇百年不遇洪灾,抗洪救灾产生不少感人故事	广东韶关
恢复交通	京广铁路遭洪水破坏,铁路工人正全力恢复交通	广东韶关
为子送行	在韶关抗洪救灾中牺牲的解放军战士李大为的父母泪别儿子	广东韶关
割耳	一母亲将亲生女儿的耳朵割下吃掉,并将女儿拒之门外	广州市
"富贵病"	一小女孩得了糖尿病,8 年来学会了给自己打针。广州有医生帮助用中药治疗	广东河源
"自杀?!"	一男子为讨工资而自焚	广州市
胆大包天	光天化日下广州市一些市场私宰肉交易	广州市
脑袋上有洞	一小孩头骨上天生一个洞	广东佛山

从上表可看出,10 条报道中,除了关于抗洪的 3 条报道外,其他的都可以说是负面内容的报道,并不能反映一般老百姓的生活实况。

再来分析其中的"一线现场"报道,以 7 月 16—30 日节目为例。这 15 期节目,共播出新闻 105 条,其中负面内容为 78 条,中性内容为 27 条,负面内容所占比例约为 3/4。下表将负面内容作大致归类统计。

---

① 新浪网:《演讲人:〈南京零距离〉总制片人张建赓》。

表 3-3："一线现场"负面报道内容统计

报道归类	主要内容	条数	占比(%)	备　注
刑事案例	凶杀、斗殴、抢劫、盗窃、坑骗	29	37.18	正面报道 1 条
事故车祸	车祸,其他人为因素危及百姓生命、财产的事故	23	29.49	其中车祸 13 条
自杀跳楼	跳楼自杀(包括扬言要跳楼),或以其他方式自杀	10	12.82	9 例为已自杀或欲自杀,1 例原因不明。阻止 1 例
虐待老幼	虐待老人、儿童	5	6.41	其中连续报道 1 次
其他困扰	自然原因引发的灾难、事故,怪病,停电	11	14.10	因洪水原因 3 条
共　计		78	100	

　　通过上面两表所反映的内容,我们可以发现"民生新闻"名实不符的情况比较严重,一些似是而非的提法应当厘清。

　　1.它反映的不是百姓的生存状态,而只是百姓生活中存在的一些负面因素。不少"民生新闻"的倡导者与实践者都标榜要以报道百姓生活或生存状况为己任,《今日一线》的制片人也说过:"它是记录百姓生活,反映百姓生态的一档电视新闻节目。"①从上面的内容统计我们发现,整个节目有 3/4 以上的内容是负面的:凶杀、盗抢、坑骗、灾难等等充斥着画面;受虐待、受困扰、不想活等等常见于身边。这些所反映的真的就是民众生存的真实现状吗?这是"民生",还是民生不聊生?这种名实不符的现象,具有全国性的普遍性。从现在的情况来看,这类"民生新闻"最多只能说是关注了一些百姓比较关注的社会问题,报道了一些影响民众生存和百姓生活质量的不安全因素。如果强调这就是百姓的生存现状,那么,这是不负责的,在导向上也是有问题的。

　　2.它反映的不是当下社会本质,而只是对突出事实的报道。新闻来自社会,新闻报道要反映社会的本质真实,这是我们长期以来衡量新闻的基本标准。这一标准,自然也成了理论界对"民生新闻"的期待和"民生新

――――――――――

　　①　王欣:《记者,请把你的镜头对准老百姓——从南方电视台〈今日一线〉节目创办实践说起》,《南方传媒研究(第一辑)》,南方日报出版社 2006 年版,第 209 页。

闻"实践者们的自我标榜。从表3-3的统计情况看,刑事案例、事故车祸几乎成了"一线现场"的两大主题。这两项报道共52条,占去了全部报道105条的一半。而且这些新闻的发生地基本上都在广州市。这固然与广州市的社会治安状况不佳有关,但这些信息所构建的世界,肯定不等于现实世界,不利于人们全面认识广州市貌。正如批评者所指出的:"大多数民生新闻栏目通篇充斥着天灾人祸、邻里纠纷、街头闹剧、奇闻趣谈等内容。虽然,这样的新闻有其可视性,但这些并不是构成社会生活的全部内容。"①说这类"民生新闻"反映了社会和时代的本质真实,是名实不符的。倒是美国学者李普曼的"探照灯"观点可以为此作理论支撑。李普曼认为:"新闻首先不是社会情况的一面镜子,而是一种突出的事实的报道","它就像探照灯的光束一样,不停地照来照去,把一件又一件事从黑暗处带到人们的视线内。人们不能够单凭这种光线来从事世界上的工作。他们不能够通过事件、事变和战争的爆发来统治社会。"②将这类"民生新闻"定位为"突出的事实的报道",恐怕要名实相符些。

3.它最关注的不是"民生"、"人本",而更关注节目的收视率。不少论者从"民生"字面出发,联系到孙中山先生三民主义的"民生主义"来理解"民生新闻",最终推导出它是"以人为本"为报道理念的。其实,自2002年《南京零距离》走红,后趋者首先看好的就是它的收视率。其驱动力不在于它在"以人为本"的方面有多少进步,而在于它在商业上的获利。一位去电视台"民生新闻"栏目实习的学生被总监告知:"关注民生,奇闻趣事,突发事故,最好是车祸、闹市打架、跳楼、跳桥、火灾等等。"学生感慨:"我今天才体验到记者唯恐天下不乱这句话原来是真理。"也因为此,不少记者一听到突发性灾难,第一反应竟然是欣喜若狂。显然,这与"以人为本"的理念已相去甚远了。已有人指出:"一些'民生新闻'为吸引观众眼

---

① 林海:《电视民生新闻的弊端与个性化对应策略》,《南方传媒研究(第一辑)》,南方日报出版社2006年版,第228页。

② [美]李普曼:《舆论学》,第二十三章《新闻的性质》、第二十四章《新闻、真实和一个结论》,中国人民大学影印本。

球,对跳楼、暴力、扫黄打非、凶杀火并、色情事件趋之若鹜,为第一时间获取这一类'刺激性'题材,一些民生新闻栏目不惜派记者 24 小时守候在110 指挥中心,一有情况马上随巡警出动。在这些新闻中记者恍若一名旁观者,自然主义地记录下一段又一段的火爆场面。虽然这样的东西对电视台的'收视率'起到了立竿见影的效果。但这样做的结果最终将导致民生新闻栏目走向庸俗化,并且使电视新闻媒介的公信力下降。"① 当然,收视率的提高与"以人为本"并不矛盾,但如果我们不看到问题的实质,只是好心地为"民生新闻"简单地贴上一些炫目的标签,就不是实事求是的态度。

(二)民生新闻是非之辨

研究电视"民生新闻",我们不能忽略的一个事实是:"民生新闻"大大提升了收视率。以广州地区的情况为例。1999 年广东电视的市场格局是,香港与内地对比,外强内弱,香港电视与内地电视的收视市场占有率比例为 72.5%∶27.5%。2001 年,国家广电总局先后准许凤凰、华娱、星空、MTV 以及香港无线电视的翡翠、明珠,亚洲电视的本港、国际等一共8 个境外及香港电视频道合法在广东珠三角地区落地,根据 AC 尼尔逊的调查数据,在广州地区,2001 年境外频道总共占有 64.3% 的市场份额,境内频道只占 35.7%。2001 年 7 月 1 日组建南方电视台,2003 年 10 月1 日该台创办《今日一线》。据该台介绍,该节目经播出,迅速打破了电视新闻收视率慢热的规律,一周之内就跃升广东普语新闻收视第一的位置。至 2004 年,广州地区的境外电视与境内电视占有率持平。2005 年,央视—索福瑞公司调查显示,8 个境外电视频道总额只有 15.7%,而境内电视市场占有率大升,其中仅南方电视台的占有额就上升至 14.0%。而《今日一线》显然为南方电视台立下了汗马功劳。

---

① 林海:《电视民生新闻的弊端与个性化对应策略》,《南方传媒研究(第一辑)》,南方日报出版社 2006 年版,第 228 页。

1.《今日一线》的成功之处何在?

"民生新闻,一抓就灵",这句话已成为中国电视业界一句名言了。它对于提升收视率为何这样灵?原因可能有许多,不少论者也有所涉及,在这里结合《今日一线》提出我认为最为主要的两个方面辨析之。

(1)灾难+本土化=环境监视。从前面的列表来看,《今日一线》唱主角的是灾难报道(广义地看,它的所有负面内容的报道都属此列)。更值得注意的是,这些灾难事故基本上都发生在本地。表 3-2 统计的"封面故事"都是广州市及其周边地区发生的事,表 3-3 所列的 78 条负面内容的报道,其中 71 条就发生在广州市。这就是许多论者都提到的"民生新闻"走"本土化"的路子。很明显,灾难与本土化是"民生新闻"最为重要的两个主打元素。

《今日一线》制片人王欣谈过一件事很令人回味。2005 年 5 月 9 日发生了许多大事,所有媒体都聚焦两件大事:一是俄罗斯纪念卫国战争胜利 60 周年,莫斯科红场举行盛大庆典;二是台湾的宋楚瑜在湖南祭祖。这都是很值得关注的大事。但同一天,广州还发生了一件事。这一天广州下了一天大雨,上下班高峰时期广州的交通惨遭大水的冲击,公交线路已近瘫痪,成千上万的市民经受水浸之扰。数间学校变成池塘⋯⋯《今日一线》选择了哪?王欣说:"《今日一线》做了自己应该做的事情,在许多记者拿着长枪短炮在争远处同一个故事时,《今日一线》的记者更多在关注自己脚下的城市,选择把这场大雨的影响讲清楚。谁受害了?谁有麻烦了?谁该出面解决问题了?明天是否还有大暴雨?看了节目,市民明白了,心也安定了。"[①]这是"民生新闻"价值取向最生动的说明。

灾难与本土化加在一起是什么?就是对生存环境的监视。不少论者都提到"民生新闻"是对传媒本性的回归。这一看法我完全同意,但回归的是什么,我是有不同看法的。如黄匡宇先生认为:"民生新闻回归传媒本性,可谓之为对当今媒体传统态度的反动:民声——报道态度,由官到

---

① 王欣:《记者,请把你的镜头对准老百姓——从南方电视台《今日一线》节目创办实践说起》,《南方传媒研究(第一辑)》,南方日报出版社 2006 年版,第 209 页。

民的反动,让民声得以和鸣;民讯——报道立场,对信息失衡的反动,最大限度保证民众的知情权;民督——报道视角,对凡事为官相隐的反动,适时披露为官者之失误,不失为实施社会监督的良方。"①这段论述是有一定道理的。但我认为还不是最为点穴之言。传媒的本性(准确地说,应当是新闻的本性)中,最重要的一点就是帮助受者监视所处的环境,及时报道不安全因素。传播学家描述新闻的发生形态时举例:在一个原始的部落,在外巡逻的部落村民发现不远处有老虎活动,给部落村民的生存构成威胁,于是紧急向部落首领报告:"老虎/两只/一大一小/就在附近的山头/离我们不远/正向我们走来……"可见监视环境安全是新闻最基本功能之一。如果说"民生新闻"回归了新闻的本性,这一点才是最突出的。对普通老百姓来说,身边的安全、眼前的安全才是最关心的安全。从新闻价值角度来说,接近性因素是非常重要的价值因素,而接近性因素中,需求上的接近是最为关键的。按马斯洛关于人的需求层次理论,安全需求又是人的所有需求中最基本需求之一,特别是当环境存在不安全因素时,这一需求会变得特别突出。《今日一线》等"民生新闻"节目抓住了这一点,不只是吸引了受众的眼球,更重要的是抓住了受众的心理。这样,收视率的提升就不难理解了。

(2)"故事"+"现场"+"跑腿"=受众中心。《今日一线》由3个板块组成,即"封面故事"、"一线现场"、"记者跑腿"。这三个元素所具备的意义很值得探讨。

先看"故事"元素。不消说,这一元素在叙事作品中是最具吸引力的。自中央电视台1993年首倡"讲述老百姓自己的故事"获得巨大的成功以来,"百姓故事"事实上成了电视节目中广泛应用的"民生"元素。"百姓自己的故事"包含了两方面的元素:首先对故事的主角有要求,考虑的是内容上的接近性;其次对讲述的内容有要求,"故事"内核与故事形式满足了内容的趣味性和形式上的可接受性。但严格地说,它侧重的是前者,即

---

① 黄匡宇:《民生新闻:回归传媒本性》,《南方传媒研究(第一辑)》,南方日报出版社2006年版,第47—48页。

"讲谁的故事",据说中央电视台让王刚来说这一广告语,最得意的即是其中"自己的"这一限定词说得特出彩。而《今日一线》等"民生新闻"中的"故事",在"讲谁"和"讲给谁听"二者上,已经变得倾向于后者了。从表3-2我们可以看出,《今日一线》的"封面故事"并没有将故事的主角全限定在"百姓"这一范围中,如自宫的变性人、吃女儿耳朵的母亲等,已属非常罕见者。但这样的内容是百姓感兴趣的。"封面故事"对"讲给谁听"的重视,体现的是"受众中心论"的原则。简单地说,受众的兴趣成了新闻选择的第一标准。

再看"现场"元素。提供现场画面与场景,是电视媒体之于平面媒体的最大优势。关于电视媒体,长期以来一直有"声画关系"之争,即究竟声音与画面对于电视新闻而言哪个更重要?强调电视技术的学者往往更强调画面的意义,理由很简单,电视电视,强调的就是"视"嘛!而现场就是最可视的元素。《今日一线·一线现场》的情况就是这样,灾难所造成的损害画面触目惊心:被撞得粉身碎骨的汽车,被碾得支离破碎的躯体;从高楼跳下后横陈的尸体及满地的流血,被凶徒碎尸后的人体;凶斗后的头破血流,受骗后的悲痛欲绝……不需解说,画面已令人颤抖。这种刺激性的画面,"视觉冲击力"是不言而喻的。按麦克卢汉关于"冷热媒介"的划分理论,这是一种"热"的媒介方式,即画面所给的信息很全面,受者无须多思考容易掌握。对于市民百姓而言,这种传播方式的效果较好。反过来说,重视电视新闻的现场要素,从客观上满足了受众的接受特点。

最后来看"跑腿"。《今日一线·记者跑腿》时间不长,以记者帮百姓维权为内容。在这里,具体的"百姓"个人在现实中虽是弱者,却有记者为之"跑腿"解决问题,临时享受了一番"大爷"的滋味。为人民服务在这里具体变成为受众服务。即使是这种施助面对于生活中的广大受众来说只是杯水车薪,即使是这种施助不见得都解决了问题(事实上,该栏目的"跑腿"事项"搞定"的并不多),但记者的立场(如其口号为"鞍前马后,服务到家")很让受众受用,他们会感到他们的地位得到了充分的尊重。

可以说,《今日一线》从内容到形式的设计,都体现了"以受众为中心"

的理念。它赢得受众的青睐是不难理解的。

2."民生新闻"们的局限与危机

《今日一线》的成功，并不能掩饰其局限与危机。不少论者对"民生新闻"的批评，同样是适合于《今日一线》的。我认为"民生新闻"的局限与危机中最主要有二：

(1)极端"本土化"带来的狭隘性。正如前所分析的，"本土化"策略是"民生新闻"走的一条共同路线。它们的共同特点就是特别关注所处城市发生的事，从而吸引本地居民的关注，提升收视率。这点在《今日一线》所处的广州地区特别突出。和其他地区不同，广州地区是境外电视媒体与境内电视媒体竞争最为激烈的地区，8家境外电视媒体一度占去了约3/4的江山。广州的电视人称之为"与狼共舞"。境外电视媒体尽管有其竞争优势，但在关注广州本地新闻上却是其软肋。而《今日一线》正是在这个区域异军突起。可以说，民生新闻的"本土化"策略对于南方电视台来说，真是识时节的好雨一场。这样的灵丹妙药，能不把它用足用够吗？

但是，当"本土化"策略无节制地走向极端后，两方面的局限性就暴露出来了。一是狭隘的地域性，一是狭隘的利益观。

狭隘的地域性表现在对外地新闻的冷漠。据施拉姆等人1981年在东南亚所做的调查表明，许多亚洲国家的日报特别是商业报纸竟然对发生在本国以外的新闻毫无兴趣。而当今我们所处的这信息化时代，地理距离已不是人们交往的阻隔了。"地球村"的概念提醒我们"天涯若比邻"就是现实的描写，提醒我们只关注本地事会局限自己的眼光。今天在北京一只蝴蝶扇动翅膀，将会改变下个月纽约的一场风暴。如此看来，"传统新闻价值标准强调，新闻事件发生的地理位置与指向的受众愈接近就愈有新闻价值。这在一定意义上是对的，但是强调过分了，就成了狭隘的地域性。这种片面的价值标准不仅导致美国受众过分注重本地、本国发生的事情而忽视国际新闻事件，而且影响到某些发展中国家的报道。"①

---

①　徐耀魁：《西方新闻理论评析》，新华出版社1998年版，第147页。

狭隘的利益观则导致这类新闻题材的琐屑化。从表 3-2 的内容就可看出这一点。小孩头上长个洞，小孩给自己打针等等，都可以作"封面故事"重点报道，给人感到题材的琐屑。它不是引导老百姓去参与社会生活，关注国家大事或者所处地区发展的大事。这一弊端，已经有人看出。如南方日报总编杨兴锋就针对此提出"小民生与大民生"的概念。他说："所谓的小民生，就是将关注的着力点放在百姓的柴米油盐、衣食住行等寻常生活中，为百姓提供度身定做的生活信息和服务讯息，成为他们须臾而不能离的生活参考；所谓大民生，就是更多注目于那些与百姓生活息息相关的国家宏观政策及走势等新闻……通过民生的角度来解读国计的内涵和对民生所将带来的具体、直接的影响，不但有利于促进国计的影响力，更有利于国计的深入人心"。① 李幸也指出："大家应该都明白，尽管我们能够靠民生新闻来吸引眼球，改善民众对中国电视新闻的刻板印象，但是时政新闻、重大事件报道终归是电视新闻的主菜，如何未雨绸缪，或者说我们终归是要解决'新闻联播'类的问题的。"②

（2）过多负面内容带来的生存危机。现在已经几乎所有的"民生新闻"都被负面题材充斥。从积极的方面来说，它对百姓的生存条件的改善会产生一些正面影响；从消极的方面来说，它无疑也会影响百姓全面正确认识他所生存的环境，乃至产生悲观失望心理。

一味地选择负面题材这种极端的做法，非常接近西方"坏新闻就是好新闻"的新闻价值观。其实这在西方也是受到批评的。美国的读者曾批评报纸总是连篇累牍地报道"负面的东西和社会的阴暗面，很难见到一丝亮色和光明，令人读了窒息和伤心。所以新闻媒体如不主动地报道社会的进步和成就，同样是失职，同样是不负责任"③。

可以肯定地说，过多负面内容的"民生新闻"是不利于唱响主旋律的，

① 杨兴锋：《既要小民生，也要大民生》，《南方传媒研究（第一辑）》，南方日报出版社 2006 年版，第 10 页。

② 李幸：《当前中国电视新闻的出路》，2006 年 2 月 13 日在江苏省电视新闻年会上的发言，紫金网。

③ ［美］史晶霓：《略谈美国新闻与中国新闻之异同》，《声屏世界》1998 年第 11 期。

对于当前构建和谐社会也弊多利少的。新闻宣传主管部门对此从严控制是一点也不奇怪、一点也不意外的。而对于百姓而言,过多的负面内容也是难以培养他们的阳光心态的。媒体一味地"嗜痂舔痔",毕竟不是长久生存之计。这一点,从媒介生存环境来看,其道理很明白;从新闻规律来看,同样是不难理解的。

五、民生新闻对经济效益与社会责任的双重探索

随着中央关于深化文化体制改革方针的确立,我国新闻媒体的发展进入文化产业化发展阶段。文化产业化进程中,新闻媒体如何在经济效益与社会责任两方面兼顾双赢?近年来崛起的电视民生新闻在这方面的双重探索,为我们提供了一个很具分析价值的范本。

(一)电视民生新闻在经济效益上的成功尝试

文化产业化发展进程中,新闻媒体作为文化产业的重要组成部分,也在积极探索产业化发展之路。其中尤以电视传播业发展最为卓著,即使是新闻类的节目,也同样在探索如何通过收视率的提高而获取经济利益上的成功,文化产业化的价值取向直指经济效益。2002年江苏省总台城市频道开办《南京零距离》,打出"民生新闻"的口号,令人耳目一新,其收视率和经济效益双双迅速上升。这当然不是一个偶然事件,而是电视媒体在产业化进程中若干次尝试后获得的一次初步的成功。立即引来众多的电视媒体的趋附,且大都屡试不爽。"民生新闻,一抓就灵",说的就是这一现象。

以广东电视媒体为例。据广东南方电视台卫星频道副总监刘大卫所言,"近年来,广东境内频道新闻节目全天收视份额已开始超过了境外及香港频道。2005年民生新闻栏目《新闻日日睇》一炮打响异军突起,在数十个频道中迅速跃升为黄金时段第四名,起到了一个节目激活一个频道的作用。珠江频道的《今日关注》去年改版后,收视率也突飞猛进,最高收

视率在广州地区达到了 8%。"①如果说民生新闻的始创者对这类节目的卖座率估计不足的话,后来的追逐者却是的的确确看到了这是一个令人惊喜的卖点。是什么因素提升了"民生新闻"的收视率?细细分析,有两大元素起着决定性的作用:

1.负面性新闻。以广东南方电视台《今日一线》为例。在其初创期间,笔者曾对该栏目播出的新闻作过 6 个月(2006 年下半年)的收视统计,发现整个节目有 3/4 以上的内容是负面的:凶杀、盗抢、坑骗、灾难等等充斥着画面;受虐待、受困扰、不想活等内容比比皆是;刑事案例、事故车祸几乎成了它的两大主题。如果说这就是"民生",那是不负责之说,因为这样的"民生"简直就是民不聊生。

那么,为什么负面性新闻会大大提升其收视率?我认为原因大致有二:

第一,从新闻的本质来说,反常的东西更具有新闻价值。这一点西方更是将其推向极致。所谓"坏消息就是好新闻"。飞机在天上正常飞行不是新闻,失事掉下来了就是新闻了。一些研究表明:对于西方受众而言,负面内容的新闻报道似乎比正面内容的新闻报道更有吸引力。美国国内的一项调查显示,2005 年美国普通民众最为关注的十大事件中,卡特里娜飓风和一路飙升的油价排名第一、二位,而紧随其后的则是伊拉克战争和亚洲海啸。在关注度排行榜中,"坏消息"总能胜过"好消息"。② 此例虽然说的是西方的情况,但中国受众的新闻价值选择观也不会有多大差异。新闻的本质,最重要的一点就是帮助受者监视所处的环境,及时报道不安全因素。

第二,从中国的情况来看,负面性新闻的大量出现,是对主流媒体长期以来"以正面报道为主"的报道观的逆反。我国媒体长期强调"以正面报道为主",甚至演化成"报喜不报忧"。这些极端的做法让百姓反感乃至

---

① 本刊编辑部:《突破"我播你看"民生新闻的现状与大趋势》,《中国广播影视报》2006 年 11 月 15 日。

② 李恒:《美民众最关注十大事件出炉》,《扬子晚报》2005 年 12 月 21 日。

产生逆反心理。而负面新闻的大量出现,至少一开始就给人耳目一新之感,甚至觉得媒体能直面人生,直面生活。

2.服务性报道。服务性报道是商业社会里新闻媒介功能的新发展。在西方,新闻媒体通过某些新闻报道,反映和解决群众中的实际问题,或者从事某种公益活动,都是属于服务性的。[①]

可以说,早期电视民生新闻的成功秘籍,就在于斯。一些后来出现的追随者,无不吸纳这两个元素,以至于被批评为是"克隆"者。

(二)电视民生新闻社会责任的探求

电视民生新闻的迅速崛起,其背后是经济利益的驱动。但收视率方面的繁荣景象,并没有阻蔽业界一些清醒的实践者从社会职责的角度去作出深入的思考。2006年10月中旬,全国26个省(直辖市)都市频道的负责人及民生类新闻栏目制片人聚首天津,召开首届全国都市频道协作暨民生新闻发展论坛,对电视民生新闻作了一次全面的反思。此举标志着这一探索有了高度的自觉。

1.民生新闻应当关注什么?民生新闻是否出现了异化?

首先让人们思考的是,灾难性的新闻、负面新闻是否应当为民生新闻的主要关注点?

从经济效益方面观之,一些思考者意识到这类题材虽能一时满足受众的好奇心,却不能长期维持高收视率。《南京零距离》制片人周炎说:"民生新闻在很长时间是关注电视观众的心态,从最初的一些猎奇、好奇的心态转向了审视,观众和民生新闻在一起成长,早期一起车祸还能吸引大家的话,七年以后观众可能对这种新闻产生厌烦。"[②]

从社会责任方面观之,新闻已明显出现异化。笔者的一位学生去广东某电视台"民生新闻"栏目实习,刚去总监即告之:"关注民生,奇闻趣事,突发事故,最好是车祸、闹市打架、跳楼、跳桥、火灾等等。"学生感慨:

---

①　刘明华:《西方新闻采访与写作》,中国人民大学出版社1993年版,第144页。

②　本刊编辑部:《突破"我播你看"民生新闻的现状与大趋势》,《中国广播影视报》2006年11月15日。

"我今天才体验到记者唯恐天下不乱这句话的含义。"一些有社会责任感的媒体工作者也发现:"一些'民生新闻'为吸引观众眼球,对跳楼、暴力、扫黄打非、凶杀火并、色情事件趋之若鹜,为第一时间获取这一类'刺激性'题材,一些民生新闻栏目不惜派记者24小时守候在110指挥中心,一有情况马上随巡警出动。在这些新闻中记者恍若一名旁观者,自然主义地记录下一段以一段的火爆场面。虽然这样的东西对电视台的'收视率'起到了立竿见影的效果。但这样做的结果最终将导致民生新闻栏目走向庸俗化,并且使电视新闻媒介的公信力下降。"①

新闻媒体报道灾难,主要在于帮助人们监测身边的环境安全,最终是要消除这种不安全因素。这是灾难性新闻、负面新闻存在的合理之处;但如果将不安全的环境变成为其"报料"的主要来源,新闻就走向异化了。

2.媒体的社会责任应当如何体现?媒体职责是否已泛化?

电视民生新闻的服务性报道的确体现了媒体的社会职责。但这是否即为媒体的社会职责的全部内涵?这同样值得电视民生新闻实践者的反思与探索。

应当承认,民生新闻关注老百姓的生活琐事,如房屋渗水、看病就医、买菜购衣、就业上学、物价上涨等,的确为百姓的生活提供了参照标准和行动坐标。并且,通过"记者跑腿",的确也解决了百姓生活中的难题,提供了方便与好处。但在这忙忙碌碌的跑腿与帮忙中,媒体的社会职责是否已经被泛化?湖北一电视民生新闻栏目的制片人说:"现在我们好像不是在做新闻,像是在大包大揽,我们要做新闻报道,还要做社区工作,甚至有时还要做'保姆',现在出现寻人、寻物这样的帮忙都不算什么的,连婚介、团购、求职以及各种各样所谓的帮忙都做起来了,甚至像企业一样给观众发VIP卡。"广东南方电视台卫星频道副总监刘大卫也说:老百姓在看了舆论监督的节目后,悟出一个窍门:有事就找记者。"想打官司的找媒体造势,业主要告开发商必定拉上媒体,打不赢官司所谓求救无门最后

---

① 林海:《电视民生新闻的弊端与个性化对应策略》,《南方传媒研究(第一辑)》,南方日报出版社2006年版,第228页。

还要找媒体。以至于媒体的爆料热线几乎成了百姓的投诉热线"。[①]

媒体社会责任的概念由欧美一些国家提出,虽然对其内涵一直没有明确统一的界定,但有一点是可以肯定的,即媒体的社会责任在很大程度上是由媒体本身的功能与性质所决定的,也就是说媒体的责任就是报道新闻与沟通信息。西方认为,如何忠实而公正地报道新闻,如何做好公众的耳目喉舌,如何监督政府等等,这些就是媒体的社会责任。所以,电视民生新闻在服务百姓上大包大揽的"保姆式"做法,已经泛化了媒体的社会职责,并没有很好地发挥好自身优势。

(三)媒体经济效益与社会责任的融合与共赢

在民生新闻从业人员与学术界共同的反思与探索中,媒介产业化进程中电视民生新闻的社会责任始终处于不断提升与强化之势。具体来说,主要表现在以下三个方面。

1.关心百姓,由低层次的"跑腿",到高层次的关怀

早期的电视民生新闻注重满足百姓的好奇心与猎奇心态,主动去为百姓"跑腿",对受众采取的是一种迎合的策略。这不禁令人想起美国媒体社会责任的觉醒过程。19世纪30年代便士报出现后,报纸从政治斗争、攻讦,转向讨好、迎合大众,关注大众感兴趣的社会新闻。到19世纪末,赫斯特与普利策为追求报纸发行量而掀起的黄色新闻竞争,使这种风气日益强盛。媒介为迎合受众而不惜滥用新闻自由,践踏民意。正是在这种情况下,新闻媒体的社会责任开始在有识之士中萌芽,到后来成为主导整个新闻业发展方向的精神支柱。

在我国,新闻媒介社会责任的探索也受到广泛关注,电视民生新闻已由简单的迎合受众,改变为注重去引导受众。如广东南方电视台的《今日一线》,自2006年下半年开始,就出现了这种变化。具体的做法是,首先,他们引导受众的关注点;其次,引导受众的是非观。举2006年7月31日

---

① 本刊编辑部:《突破"我播你看"民生新闻的现状与大趋势》,《中国广播影视报》2006年11月15日。

的"一线现场"报道的一则车祸为例。"惨遭车祸"报道一大货车撞死了六旬老人。这样的题材过去并不少见,往往就是展示一下血淋淋的场景就完了,但现在的报道就不同了。老人被撞,教训何在?记者发现事故竟就在人行天桥之下,遂将镜头转向正违规乱穿马路的行人,并采访他们为何弃天桥而不走。然后提出善意的批评与忠告。这样,报道的关注点就由车祸转到了如何遵守交通法规上来了。报道通过一个案例引导了人们正确的交通行为。再如一则关于"跳楼秀"的报道(2006 年 8 月 14 日),说的是广州花都有一年轻人要跳楼,原因是城管队要拆违法搭建物,这青年以跳楼抗议之。这虽然也是负面内容的题材,过去的报道也常有,但这次不同的是,在报道完了这件事后,播者非常严肃地指出:"为这点小事要跳楼,这青年人实在是无理取闹!"然后又希望城管部门在处理拆除的问题上工作再做细一点云云。

由低层次的"跑腿",到高层次的关怀。与受众关系的调整,既保持了电视民生新闻的收视率,同时也提升了它的社会责任感。

2. 关注民生,从"小民生"到"大民生"

早期的民生新闻往往较多地关注百姓身边琐事,诸如水龙头坏了,厕所堵塞,新闻题材呈琐屑化。南方日报总编杨兴锋就此提出不仅要有"小民生",同时也要有"大民生"的观点:"所谓的小民生,就是将关注的着力点放在百姓的柴米油盐、衣食住行等寻常生活中,为百姓提供度身定做的生活信息和服务讯息,成为他们须臾而不能离的生活参考;所谓大民生,就是更多注目于那些与百姓生活息息相关的国家宏观政策及走势等新闻……通过民生的角度来解读国计的内涵和对民生所将带来的具体、直接的影响,不但有利于促进国计的影响力,更有利于国计的深入人心"。①

从"小民生"到"大民生",民生新闻的变化主要体现在两个方面:一是题材的选择。电视民生新闻的倡导者李幸教授早就提醒业界:"大家应该都明白,尽管我们能够靠民生新闻来吸引眼球,改善民众对中国电视新闻

① 本刊编辑部:《突破"我播你看"民生新闻的现状与大趋势》,《中国广播影视报》2006 年 11 月 15 日。

的刻板印象,但是时政新闻、重大事件报道终归是电视新闻的主菜,如何未雨绸缪,或者说我们终归是要解决'新闻联播'类的问题的。"[1]在 2006年 11 月的全国会议上,与会代表形成了一个共识:"从民生新闻关注人的生存环境、生存状态、生活需求的内容来看,也包括了构建社会主义和谐社会倡导的民主法治、公平正义、诚信友爱、充满活力、安定有序、人与自然和谐相处等内容。"[2]在这一认识的指导下,不少电视民生新闻将视野转向国计民生大事。

二是视角的选择。以百姓视角关注"大民生",这正是电视民生新闻的特色与优势所在。民生新闻既要体现主流媒体的话语权,又能找到与百姓需求契合的点,因为老百姓最关心的,也是政府最关心的。如天津都市频道的《都市报道 60 分》,该栏目宗旨是关注都市民生,关心都市民生。"发展是最大的民生,但是我们所关注的发展一定是指与老百姓关系最直接、利益最密切的内容。我们不为采访范围和报道内容所限,不管是政治活动和会议,还是重大工程,我们报道的内容一定是就业保障、利益分配、公共事业方面的角度,我们把观众概括性地分为市长、市民、市井阶层。市民、市井就是我们的基本观众群,我们节目就是为他们服务的。在导向正确的主线上,观众要看什么,常常是我们新闻选择的核心与标准,就是配合性报道我们也努力做到争先出巧,有特色,反应快,体现时效性和适宜性。"[3]

3.解决问题,从媒体独家单打到与政府配合形成合力

以往的"民生新闻",在揭露问题和解决问题上,基本上采取独家单打的方式,即与政府有关部门沟通少,媒体像独来独往包打天下的侠客。"极致的表现是湖南经视《都市 1 时间》的'小李飞到'小板块。这个以'帮

---

[1] 李幸:《当前中国电视新闻的出路》,2006 年 2 月 13 日在江苏省电视新闻年会上的发言,紫金网。

[2] 本刊编辑部:《突破"我播你看"民生新闻的现状与大趋势》,《中国广播影视报》2006 年 11月 15 日。

[3] 本刊编辑部:《突破"我播你看"民生新闻的现状与大趋势》,《中国广播影视报》2006 年 11月 15 日。

助需要的人'为立意的板块,把一个电视记者包装为行侠仗义、无所不能的好汉,市民有什么困难,就向小李求助。"①民生新闻这种处理问题的方式,越俎代庖,并不利于问题的解决;同时,它既无形中离间了政府与百姓的关系,也不利于媒体与政府的合作。

从南方电视台《今日一线》近来的报道中可以发现,在处理民生问题上,媒体开始注意与政府配合,从民生角度与政府角度结合起来思考问题。如2008年年底全国有多个城市出现出租车司机聚众怠工事件,广州也有类似情况。《今日一线》报道了广州出租车司机怠工停运事件。报道既反映了出租车行业中存在的一些问题,也报道了政府在这个问题上的积极作为。如得知广州部分出租车司机开始谋划停运,官方对此高度重视。一方面出动警力维持秩序,另一方面加大对非法营运车的打击力度,查处外地车、无牌无证车、报废车营运。这些举措维护了出租车行业的利益。针对出租车司机抱怨出租车公司存有乱收费行为,栏目报道省物价局将重新核定承包费收费标准。栏目对的士司机上厕所难的问题深为同情,同时也报道了广州市将增加200多个临时厕所点,以缓解这一问题。处处将民生困难与政府措施结合起来。这种报道方式,沟通政府与百姓之间的联系,有助于形成和谐的社会氛围,可谓"帮忙不添乱"。

同时,在处理"报料"问题上,媒体不再是有"料"即"报",而是首先考虑如何与政府联动,以政府或职能部门为主导去解决问题。如湖北电视台经济频道《经视直播》总制片人陈剑就说,该节目每天接到的爆料很多,但可以公开报道的却很少,"我们每天固定有两个编辑值班,把信息进行分类,以公函的形式反馈给问题涉及的各部门,然后把职能部门的反馈处理在我们的屏幕上进行滚动播出。当然也遇到过很多职能部门置之不理,我们坚持一次、两次、三次……有些已经坚持了三个月,现在所有涉及

---

① 肖新华:《电视民生新闻还能走多远》,《南方传媒研究(第一辑)》,南方日报出版社2006年版,第226页。

的职能部门,尤其是教育系统、卫生系统,都积极主动配合解决问题。"①

总之,电视民生新闻的发展正处于调整期,民生新闻的前景与未来如何,取决于这一类节目能否与其所处的社会环境相协调。为此必须在与受众紧密结合的基础上,与社会的和谐发展相一致,也就是说在取得良好的经济效益、广泛的关注度的基础上,还要有良好的美誉度和社会效益,这样的民生新闻才是可持续发展的民生新闻。

六、频道专业化的困境与探索

频道专业化是近些年来广播电视界改革的一个热门话题。中央电视台现在就有 11 个频道:新闻、经济、综艺、国际、体育、电影、农业、电视剧、科教、戏曲、外语等。2000 年底,湖南电视台首家成立省级广播影视集团,将原湖南省广播电视厅所辖的几家电视台整合成 7 个专业频道:新闻、经济、都市、文体、生活、影视、信息等。这两家在全国有着重大影响力的电视台所作的改革,进一步引起了业内人士对频道专业化的探讨兴趣。

(一)湖南电视台频道专业化实质分析

频道专业化的理论依据是西方经济学家提出的"市场细分论"。这一理论最早是 1956 年温德尔·R. 史密斯在美国《市场营销杂志》著文提出的。它是根据构成总体市场的不同消费者的需求特点、购买习惯,将他们细分为若干相类似的消费群体,然后针对不同的消费群体,从产品计划、分销渠道、价格政策直至推销宣传,采取相应的整套市场营销战略,使企业商品更符合各个不同消费者阶层和集团的需要,从而在各个细分的小市场中提高竞争能力和市场占有比重。

市场细分化带来的传播学话题就是"窄播论"。这与过去人们关于大众传播媒介是"广播"的观念大相径庭。一些学者干脆声称大众传播媒介

---

① 本刊编辑部:《突破"我播你看"民生新闻的现状与大趋势》,《中国广播影视报》2006 年 11 月 15 日。

从来就没有"广播"过。但是,在市场化背景下,所有的新闻传播媒体都将"收视率"作为媒体传播活力和质量的重要指标甚至唯一的指标。这就使频道专业化的探索一开始就陷入了一种悖论之中。

细分是否即为窄播?这恐怕不能在二者之间简单地画等号。其实,"窄播"的观念早就有之。在计划经济时,我国的一些媒体的定位就有这种例子,如《光明日报》就称是"专为知识分子办的一张报纸"(特别要提出的是,那时我国的知识分子阶层尚属少数)。可以说,窄播在计划经济时做起来更为方便。理由很明显,它不太受"收视率"的影响,不太被经济杠杆这一"无形之手"所操纵。

建立在"市场细分化"理念上的频道专业化探索,在我国,理论界与实践界交出的是截然不同的两份答卷。理论界对此颇为看好,并认为,它解决了电视特定受众对"窄播"、"分众化"的要求,符合市场的规律;同时,它突出频道优势和特色,可以减少节目重复、雷同造成的浪费。实践界由于受到市场的制约,对此颇多踌躇。中央电视台广告经济信息中心副主任汪文斌就说:"专业化和大众化,窄播和广播是电视界最热门的词汇之一,但我觉得现在有些东西是有误区的,因为很多人说到频道专业化、栏目对象化,都认为马上就要专业化要窄播,而不能大众化和广播了。我对此持不同的看法……我们现在真正要做的事情,就是真正实现大众化和广播化。"①

湖南电视台的频道制,并没有像理论界所期待的那样走专业化的路子。它的办台理念求的是"大":"大广播、大电视、大宣传、大产业。"于是就出现了如一些文章中所尖锐批评的那样,"挂专业频道的羊头,卖综合频道的狗肉"。②各专业频道都以有限的人力物力去走综合频道的路线。这样就至少出现了三个方面的问题:其一,节目质量下降,表面上是在"做大",但没有做强,而是如批评者所言,是"虚火"。其二,新闻资源分配失控,新闻报道撞车现象严重,以都市频道与经济频道的两档强力新闻节目

① 《关于〈对话〉的对话——李幸与汪文斌的谈话》,《南方电视学刊》2001年第5期。
② 《虚火的电视湘军》,《环球企业家》2001年第12月号。

为例。《都市第 1 时间》和《经视新闻》的播出时间分别为 18：20 和 18：30。有人做过统计,大多数情况下,两档节目内容的重复率在 30％—40％之间,"有时同一条新闻几乎在所有 5 个频道都有播出,而且互相只差几分钟或十几分钟"①,并且一些报道的画面完全出自同一摄像。其三,节目编排结构雷同,如在 18：00—19：30 的黄金时段,湖南卫视、经视、文体、影视和生活频道,分别推出的是《娱乐无极限》、《娱乐新闻》、《娱乐急先锋》、《娱乐趋势》和《娱乐现场》。

湖南电视台在频道专业化上挂羊头卖狗肉的做法,原因是多方面的。首先是经济上的原因。以收视率来考虑电视台的活力,就难以作出专业化来。这一点,央视—索福瑞媒介研究公司总经理王兰柱说得很明确:"一个总的趋势是:你的频道越综合,观众越杂,你的收视率可能越高;频道越专业化,收视率可能会越低……你广告的前景越不看好。在这种情况下,你去支撑你的专业化频道,成本其实比综合频道的成本还高,这是一个矛盾。"②

其次,大多数栏目的定位并没有"窄播"的意识,大都将受众面定在 18—45 岁这个年龄层。这样做原因有几个:第一,受娱乐性节目定位的惯性影响。魏文彬曾指出,"从社会人口结构来看,我国第一代城镇独生子女已经长大成人,他们普遍接受了较为良好的文化教育,现在已成为广播影视媒体的主要受众群。"湖南电视台的一些娱乐节目如《快乐大本营》颇受青少年欢迎,为这一见解作了很好的注释;第二,这当中有明显的商业考虑,广告业内人士都知道这个年龄段是最具消费实力与消费欲望的群体;第三,这也间接地反映出栏目制片人对频道专业化缺乏信心。这样,所谓分众化只是把最爱看电视的受众给突出出来了。

再次,节目策划层的整体水平跟不上专业化的需要。正如大家所指出的那样,"湖南电视现象"的火爆,最初主要是因为其娱乐、生活类的节目。这些节目大都始于模仿,如名牌栏目"幸运 3721"、"玫瑰之约"是模

---

① 《虚火的电视湘军》,《环球企业家》2001 年第 12 月号。
② 王兰柱:《频道专业化需要注意的几个问题》。

仿港台的,"有话好说"是模仿中央电视台的"实话实说"……这种靠模仿
而作出的东西,没有融进自己多少"大智慧",相反,它的火爆却一定程度
上纵容了模仿者的"小聪明"而越发浅薄。有论者将湖南电视的火爆现象
归功于深厚的湖湘文化底蕴。此说得到了一些人的认同,的确有一定的
道理。但仔细审视之,湖湘文化之厚重、之有个性,与模仿现象是绝不可
同日而语的。恰好相反,我认为湖南电视文化在对湖湘文化的继承与开
掘上还觉悟不够,倒是其他一些兄弟省市的电视节目表现要突出一些,如
浙江台的一些节目,就给人明显的江南之灵气和妩媚之感。

(二)与中央电视台比较看频道专业化

行文至此,不禁要将中央电视台与之作一比较。中央电视台频道数
量差不多是湖南电视台的倍数,大都走的是专业化的路子。以它的经济
频道与体育频道 2002 年 3 月 25 日全天的节目编排为例(按播出时间顺
序)。经济频道:商务电视、证券时间(1)、中国市场信息、健康之路、生活、
欢乐家庭、中国财经报道(1)、金土地、经济半小时、夕阳红、艺术品投资、
证券时间(2)、天天饮食、为您服务、劳动·就业、中国财经报道(2)、生活、
互联时代、地球故事、经济半小时、今日证券、为您服务、欢乐家庭等;体育
频道:篮球赛实况录像、体坛快讯、棋牌乐、足球赛实况录像、NBA 赛场、
现场直播足球彩报、足球天下、体育天下、体育专题、乒乓球赛实况录像、
滑冰赛实况录像等。从节目单就可看出,专业化程度很高,特别是其中不
少名牌栏目,其专业化水平之高,成了高水平、高收视率的品牌。中央电
视台之所以能做到这样,首先是其人员的专业化素质之高。这一点,国外
是特别强调的。有些国家的《新闻法》明文规定:从事工业报道的记者,必
须是工程师水平;从事农业报道的记者,必须是农艺师水平;体育记者要
达到二级运动员水平;卫生记者要达到医师水平。其次,中央电视台拥有
的庞大的专家型智囊团,这是湖南电视台难以望其项背的。湖南电视台
一些栏目,也请过不少专家指点,但大都是急时抱佛脚式的,没有常年的
稳定的智囊队伍。这一点,人称湖南电视业的"总舵主"魏文彬曾说过:
"若说'大广播、大电视、大宣传、大产业'真能成立,那实现它们的基础是

什么呢？实现它们的基础条件之一,应当是要有大学问。"①知易行难,这就是差距。

最后,缺少一批知识型的主播主持。主持主播究竟是取"偶像派"还是"实力派"? 实实在在说,这是有争论的。西方有不少学者指出了大众文化的通俗性、存活的短命性和批量生产的特点。麦克唐纳有句名言:"大众文化的花招很简单——就是尽一切办法让大伙高兴。"②我国电视娱乐人则以"搞笑"二字将这一点说得直截了当。"搞笑"似乎是不需要多少文化底蕴的。这应当说是对大众文化认识的误区。在今天,我国理论界对二者的倾向性已十分明确了。特别是像中央电视台出现了一批以实力著称的播音与主持,如陈铎、赵忠祥、张政、水均益、白岩松、崔永元、张越、王小丫等等,更加让"实力派"有充分的事实依据。但湖南电视台还只能走"偶像派"的路子。正如有文章所指出的:"某频道推出的一群主持人,个个面孔俊俏、衣着时尚,年龄多半不超过 25 岁,然而普遍读书不多,却是这群主持人的致命弱点。缺乏文化素养,就不可能培育出优秀的主持人,而没有优秀的主持人,也不可能办出名牌电视栏目。湖南电视台曾一度陶醉于电视人的年轻化,但年轻化并不等于高素质,如果没有一批高素质的主持人的及时补给,后果肯定不容乐观。"③

从以上比较中可以发现,中央电视台走频道专业化的路子,其探索是比较成功的;而湖南电视台在频道专业化的探索上"挂羊头卖狗肉"的做法,除了经济方面的原因外,还受自身诸多因素的局限。我认为,探索频道专业化,是几点是特别要研究的:一是管理体制的理顺,一方面要受到市场杠杆的作用,另一方面又不能完全以"收视率"来论不同频道的成败。二是频道划分还要更科学化,即既不要受"窄播"论的影响将受众面定得那么"窄"而失去市场竞争力,也不要指望把所有受众都网罗进来。众口难调,难调众口,不同的受众毕竟有不同的收视需求,就像爱吃辣食的人

① 《广播电视需要大学问》,《潇湘声屏》2000 年第 8—9 期。
② 丹尼尔·贝尔:《资本主义文化矛盾》,三联书店 1989 年版,第 91 页。
③ 林娟娟:《反观湖南电视现象》,《中国广播电视学刊》2001 年第 12 期。

选择湘菜与川菜,爱吃甜食者选择江浙风味一样,频道专业化还是要走这条路子。三是电视从业人员的素质还有待提高。专业化除了要求电视人要专业化的知识外,还要特别重视建立一个由专家学者组成的智囊团。电视人常有被"掏空"的感觉,而智囊团恰似一取之不尽用之不竭的活水。总之,频道专业化在我国还是探索阶段,探索中出现问题不足为怪,只要我们正确对待,量力而行,就会走出更新的路子。

七、电视时代文字报道纪实策略探索

在电视媒体诞生之前,文字的纪实功能很少被人怀疑过。通过文字符号的信息编码,大多数情况下都能让人"如临其境"、"如见其人"。有了广播特别是有了电视媒体后,文字的纪实就明显不及图像、音响来得直观。这不得不让人们重新认识文字报道的纪实功能,重新思考文字报道的纪实策略。

在这电视时代,文字报道是否还能纪实?它该应对电视强大的纪实功能的策略是什么?我们从以下四点来作些探讨:

(一)增大纪实的自由度,在电视镜头不及之处抓画面

可以从两个方面来理解之。

首先,文字报道的"纪实",可以把触角伸得比电视镜头更长。这就是西方记者所提倡的"要在电视摄像机镜头顾及不到的地方发现新闻",要把电视镜头捕捉不到的画面记录下来,并将这些内容处理得清晰可视。请看合众国际社记者乔治·弗兰克写的图谋刺杀美国总统福特的报道的前几段:

> 晴空万里,阳光灿烂。一位身穿红衣服的矮个妇女站在人群中,等待着福特总统的到来。
>
> 欢迎者们大都想握一握福特的手。
>
> 那个身穿红衣的女人带着一支手枪。

目击者说,27 岁的林耐蒂·阿莉斯·弗罗莫——她是令人恐怖的查尔斯·曼森家族中有名的"百灵鸟"——悄悄地站在国会大厦中欢迎人群的后面。

"天气多么好啊!"她对人群中一位叫卡仁·斯克尔顿的 14 岁的姑娘说。

"她看起来像个吉卜赛人,"卡仁事后说。

百灵鸟身穿红色长袍,头戴红色头巾,手中拿着一个很大的红色钱包。这些东西与她的红头发是十分相称的。

在她的前额上留着 1971 年在洛斯安赫莱斯审讯中烙下的红十字。在这次审讯中,曼森和其他三位女追随者被证明是杀人犯。

百灵鸟——她到加利福尼亚州北部的萨克拉门托来是为了寻找已被监禁的 41 岁的曼森的——耐心地等待着福特。

在她的钱包里,装着一支上满子弹的零点四五厘米口径的自动手枪……

这位女杀手在暴露之前,谁也没有发现,电视记者是无法捕捉到她的行踪的,报刊记者却可以"独具只眼"跟踪行迹,将她那一身红色描绘得非常醒目。特别是反复提到那把电视记者无法拍摄到的枪。这对于引导读者的注意力是非常有效的,令人想到俄国小说家契诃夫关于叙事技巧的一句话:如果在作品的第一章提到墙上挂着一把枪,那么在后面几章,这把枪一定会开枪。这一引人入胜的效果是电视媒介无法做到的。

其次,文字报道在对现场的还原不受时空限制。从事电视报道的人都有体会,事件发生时,由于记者不在现场,无法拍摄到当时发生的精彩镜头,事后"补镜头"又有造假之嫌。但文字记者却可以轻而易举将这些镜头与画面"还原"。

(二)借鉴电视的纪实手法,作"可视"的努力

报纸新闻文体出现了"视觉新闻"类文体,就是这方面的代表作。按

甘惜分主编的《新闻学大辞典》解释,"视觉新闻"为:"运用形象化的手法来表现事物取得视觉效果的新闻。把概念的表述诉诸充实的具体形象,运用生动的画面,典型的细节来写新闻,可使报道的内容可闻、可见、可触、可感,让人看到所报道的事实的真面貌。它是当今形象化的电视新闻影响越来越大的年代,文字新闻与之竞争的重要手段之一。"它通常包括现场短新闻、目击式新闻、特写式新闻等。电视传播技术中镜头运用技巧,让报纸新闻文体在写作中更注重对一些有表现力的细节、局部加以放大和镜头化,以此来强化读者的视觉效果。

日本学者藤竹晓在《电视的冲击》一书曾举过一个这样的例子:伊丽莎白女王访问日本的最后一天,女王乘坐新干线"日光 100 号",从名古屋到东京。《朝日新闻晨刊》第二天报道此事:

> ……在东京站第十八站台,藤井总裁、东京站长岩渊繁雄等前往迎接。
>
> 菲利浦殿下说:"这是一次愉快的旅行。"
>
> 藤井总裁说:"十天来给您添麻烦啦。今天承蒙乘坐新干线,真是万分荣幸。"
>
> 殿下问:"新干线一天发多少趟车?"
>
> 总裁回答说:"由 16 对机头组成,一天单程约发 120 趟车。"
>
> 在三分钟左右的对话中,女王一直在旁边和蔼地点着头。从远处也可以看到藤井总裁的手和膝盖由于紧张而不停地哆嗦。总裁反复五次鞠躬。

藤竹晓对这篇报道大加赞赏,认为它"是电视时代报纸新闻的典型例子。在这里成功地使用了这样的手法:即向习惯了映像的我们提供具体的线索,让我们去描绘出犹如正在目睹现场的形象。""这则消息只有以电视时代这一社会土壤为前提,才能发挥效果。""如果是在电视时代到来之前的社会部编辑室,这条新闻最后的句子恐怕注定是要删去了。"

为什么后面这短短的一段话引起了这位研究电视的学者的高度重视

呢？藤竹晓解释说，"这是因为，新干线东京车站月台是紧张的，但另一方面又是平静的情景，通过无内容的对话和藤井总裁的惊慌的描写，使读者和具体的画面结合起来。"说到底，还是文字的描绘产生了叙事如画的效果。为什么必须"以电视时代这一社会土壤为前提"呢？设想一个高明的电视记者来拍这条新闻，仅仅是记录双方"无内容的对话"，显然是没有发挥出电视技术的功能，他必定会寻找更有表现力的画面。对于报刊的文字记者来说，这不是一种很好的暗示吗？文字记者借鉴电视镜头的表现形式，出于蓝而胜于蓝。

（三）文字纪实追求形神兼备的"实"，而不是只求形似的"实"

用文字符号来纪实，可以说是创造文字符号、运用文字符号一个极为重要的需求。汉字的象形特性，就来自纪实的需要。当汉字变成越来越抽象的符号时，其纪实功能由简单的图解而趋于会意。人们越来越重视文字的写意传神功能。形与神的关系是一个古老的美学命题。在文学艺术作品中，如何处理好形与神的关系，是颇有争议的。以绘画语言为例。我们知道，绘画的符号系统，其纪实功能远远要比文字的符号来得直观。然而我们知道，在中国画中，写意的思想始终要优于写实的主张。曾经有不少人提出不求形似，只讲传神。苏东坡就说："论画以形似，见与儿童邻"。"谨毛面失貌"的故事更是表明，只注意局部处的"实"，往往会失却整体上的真实。当然，过于重写意，与我们所说的写实是不同的。但在画论中最公允的主张还是讲究"形神兼备"。明代李贽说："画不徒写形，正要形神在。"比起绘画符号来，文字符号在写"形"上显然是劣势，但在写"神"上却毫不逊色，就更有理由在纪实中追求形神兼备了。

电视的纪实功能让我们重新审视文字报道的纪实特色。显然，电视的纪实，长处在于"写形"，而文字报道的纪实，应当是重形似，更重神似的纪实。请看 2006 年中国新闻奖作品《九公里的女人们》中的这段描写：

这 12 位女人，最大的 44 岁，最小的 30 岁，都在宁夏上班。

这些人都特别爱笑。据她们自己说，屁大点儿事儿也要笑上一场。可事后想一想吧,有些事儿其实没啥可笑的。

笑的时候呢,嘴要张得很开,嗓子要捏得很尖,声音要放得很大,表情要很古怪,肢体动作要很放肆,反正跟前没有男人。

"哎呀,这套高级化妆品算是白买了,回家用烙铁(把脸)烫一烫,唉……"于是,所有的人拼命地、前仰后合地笑,笑至不动为止。

"我是个老'窝门(woman)'啦!"众女人:哈哈哈哈,哈哈哈哈……

有人打哈欠。"咋啦? 你们家那位回来了? 睡眠不足了吧?"众人再度大笑。

若此时有男同志经过,女人们迅速低头、捂嘴、红脸、息声。

这段文字,极写女人们的笑,笑中透出粗犷,现出乐观,有幽默,有潇洒,体现了常驻工地、献身事业的一组女工的风采。重形又写神,其纪实效果恐怕是电视画面所不及的。

(四)不作照相式的记录,而应作有所取舍,有所详略的纪实

郑板桥云:"删繁就简三秋树。"有取舍详略的纪实表述更简洁,表现对象更鲜明更突出。而电视画面上,删什么,简什么是不易做到的。请看《侗家厕旁议实事》:

3月柳州,龙潭湖畔,小雨渐沥。广西壮族自治区副主席李振潜与卫生部长陈敏章信步走近山坡上的一幢侗家"竹楼"。

竹楼墙上有副对联,上联是"男女有别来此行方便需认清去向";下联是"大小均可入内得轻松请注意卫生";横批"轻松山房"。

两人都笑了,原来这是公厕。身兼全国爱卫会副主任的陈敏章说:"这联写得风趣。不知'内容'怎样? 进去看看。"

进至厕内,陈敏章连声称道。认为它清洁,处理污水得当,地方政府为少数民族办了很好的实事,既解决了实际问题,又有

远见。

　　陈敏章还说,厕所问题不是小事。肠道传染病的发生和流行,与粪便、污水的处理极有关系。有些沿海经济发展很快的地区,群众富裕后盖了很漂亮的新房,但却不考虑配套建上个厕所,连外观也很不相称。有的渔村大兴土木盖了很气派的龙王庙,却不能集资盖个厕所。卫生习惯的建立虽不是一朝一夕的事,但像柳州从教育、引导、支持入手解决卫生习惯问题,就值得提倡。

这篇短短的报道中,那副对联特别醒目,极具视觉冲击力。在电视报道中,当然也可通过特写等技巧来对某些内容作突出处理,但对"夹杂"在画面中某些内容,却无法对其删除。比方说上述场景,电视拍摄时画面中可能会飞进一只苍蝇;这只苍蝇就成了与画面极不谐和的"杂音"。类似这样的镜头我们在电视报道中不难发现。电视新闻要想去掉这只苍蝇,你只有将整个镜头全部删除,泼脏水时连同孩子一块泼掉了。

　　综上所述,文字的纪实虽不及电视的纪实来得直观,但它独特的优势也是电视镜头所不及的。在多种媒体竞争的时代,如何发挥好某一媒体的特长,是值得我们深入研究的。

八、多媒体时代纸媒与微博互动分析

　　回眸近两年传统新闻媒体特别是纸媒的报道运作,我们会发现较以往有一个重大的变化,那就是它们已深深地受到新兴的社交媒体微博的影响。纸媒与微博互动,既让我们看到了多媒体背景下传统纸媒几多的兴奋,同时也能看出其中又有几多的尴尬。传统纸媒如何在互动中趋利避害? 这是摆在我们面前的一个新课题。

(一)应对:传统纸质媒体或迎来升级机会

据国务院新闻办公室主任王晨提供的最新权威数据,截至 2011 年底,我国网民规模达到 5.13 亿,较 2010 年底增长 6.1%。手机上网用户接近 3.6 亿,有将近半数网民在使用微博,用户数呈现出"爆发"式增长,成为用户增长最快的互联网应用模式。我国网民规模已居世界第一。每天产生的微博客的条数在 1.5 亿左右。①

人类传播史上,一种传播媒介普及 5000 万人,收音机用了 38 年,电视用了 13 年,互联网用了 4 年,而微博(特指新浪微博)只用了 14 个月。除了有成千上万的普通网民基础外,微博还不断吸引和聚拢着社会各行各业的精英加盟,比如传统媒体和记者、企业家、知名学者、知名艺人,以及政府部门和官员。这些精英与普通网民共同构成强大的舆论主体,直接影响舆论的走向,对整个社会舆情产生重大影响。

微博等网络传播形式被定义为"社会性媒体",或称之为"社交媒体"。社会性媒体迅速崛起对传统新闻业形成强烈冲击。

它不完全是新闻媒体,但承载了新闻报道、信息提供的功能。2010 年 9 月,Twitter 业务开发副总裁 Kevin Thau 宣称,Twitter 实际上并不完全是一个社交网站,它也是新闻媒介。Twitter 是新闻,Twitter 是内容,Twitter 是信息。记者们把新闻发布到 Twitter,有的甚至直接在 Twitter 上发"推"。通过提供简单的突发新闻发布机制,Twitter 还让普通用户成为记者。Facebook 也在向用户推荐被其好友"喜欢"("like",Facebook 的一项功能)的大型新闻网站的新闻。据悉,美国的大学已将 Twitter 作为新闻学院学生的必修课。

摩根士丹利中国互联网媒体分析师季卫东认为:"在媒体行业未来的发展中,传统媒体与新媒体的进一步融合是最重要的趋势。新媒体兴起,并不意味着传统媒体就要退出历史舞台,双方只有在内容与传播手段上优势互补,才能形成融合或者成为伙伴。"②从媒体演进的过程来看,当新媒体形式出现后,传统的媒体往往会寻求新的发展模式。微博等新的传播形态的出现,与其说是传统报纸遭遇到了危机,不如说是传统报纸升级

---

① 《并非所有互联网应用都要实名制》,《潇湘晨报》2012 年月 1 月 19 日。
② 张鹏:《融合运用新媒体——传统报业采编改革新方向》,《新闻与写作》2011 年第 6 期。

的绝好机会。

传统媒体积极应对,主动涉入了社交媒体。从世界范围来看,早在2009年起,英、美、加、澳等国的主流传统媒体,如纽约时报、美联社、BBC等就相继任命了专职社交性媒体的编辑。纽约时报网站还推出了一大堆功能强大的API、信息图形、视频和实时数据流。

在中国,已经有许多新闻机构和记者在微博这些社交媒体上传播、分享新鲜信息。据2010年底一项调查统计,我国媒体从业者90%使用微博,其中1/3每天使用,在微博上寻找有价值的信息资源,或与同行交流互动,或发布信息。有些媒体还要求记者必须使用微博配合工作,有些媒体还以此为聘用记者"一票否决"的条件。

(二)兴奋:微博给力传统纸媒

根据上海交通大学舆情研究实验室统计数据显示,2010年72起社会舆情热点事件中,微博首次曝光的事件为22起。大部分社会舆情事件中均有微博的介入,其中微博起到重要作用的事件高达33%。比如舟曲特大泥石流灾害、渭南警察进京抓作者事件、宝马碾压男童案、金浩茶油致癌事件、记者曝上市公司内幕遭网上通缉事件、王鹏遭跨省追捕案、唐骏学历门、方舟子被打事件、江西万载县委书记雷语事件等都是由微博最先曝出的。在这些案例中,62%的事件在1天以内被微博曝光,14%的事件在1—3天被微博曝光。2011年春节前后的"微博打拐"、"微博随手拍"解救乞讨儿童的活动,是报网互动而共同完成的。微博有效动员了广泛的社会力量参与,帮助公安部门破解了一些棘手案件。正如有网友微博所赞:有了微博的积极传播,我们得到那么多真相,得到了社会广泛支持。2011年7.23甬温线动车追尾事件发生后,传统媒体给予了积极报道,但真相的追问,是被微博"逼"出来的。事故发生后,救援过程中诸多荒唐、野蛮之举通过微博文字、视频、图片等得以迅速传播,刺激了中国民众对公权力与公共事务的监督热情。

综观纸媒与微博的互动,纸媒得到的回报主要表现出为以下几点:从微博上获取新闻线索,与微博互动中推动报道深入,通过微博广泛发动舆论参与。

　　毫无疑问,从微博上获取新闻线索,是大多数纸媒记者使用微博的主要动因。我们知道,记者获取新闻线索途径很多,但由于行业竞争之激烈,第一时间获得独家信息源便成了记者和媒体孜孜不倦的追求。网络的出现,加快了信息的流通,自然成了人们当然也包括记者获取信息的重要渠道。同时,网络传播的互动特性,激发了大批网民传播信息的兴趣。不少学者甚至因此而认为"全民记者"时代将到来。而微博的出现,更让记者认识到这是获取新闻线索的重要途径。这与微博的特性是密不可分的。第一,它对新的信息极为敏感,更新快,第一时间传播;第二,它篇幅短,冗余信息少,"线索"意味浓;第三,它的用户广泛,信息来源宽广,真如广告所云,是"E 网打尽"。如此之优势,真可谓天下获取新闻线索最好之途径了。在今天,几乎所有记者都会时时刻刻打开微博关注那些不断涌现出的微博信息,从中筛选可报道之线索。我们不妨以本·拉登死讯的报道为例来展开分析。当天 21:45 白宫媒体主任 Danh Pfeiffer 在 Twitter 上宣布:"美国总统将于东部时间 22:30 发表全国讲话。"这一消息自然引起了传统媒体的关注。据《纽约时报》报道,一些白宫记者同时收到了一封只有三个字的邮件:"Get to work(来上班)。"他们并不知道奥巴马将宣布本·拉登的死讯。但相关猜测却在 Twitter 等社交媒体上开始传开,网络成为人们寻找答案的首要来源。22:25 美国前任国防部长拉姆斯菲尔德任内的参谋长 Keith Urbahn 在 Twitter 上发布:"有个信誉很好的人告诉我,他们杀死了奥萨马·本·拉登。"《纽约时报》视频新闻等媒体迅速播发了这条微博内容。事后,Keith 的这条短消息被认为是最早较完整、明确透露本·拉登已死的突发新闻。数分钟内,五角大楼和白宫的匿名人士开始向外界透露相关信息。

　　与微博互动推进报道深入,这也是近两年来一些纸媒记者的尝试。一方面,微博为传统媒体提供了新闻素材,传统媒体从微博中发现"爆料",深入挖掘,形成全方位的深度报道;另一方面,微博舆论的扩散离不开传统媒体的参与。传统媒体以新闻调查、新闻评论等方式跟进,舆情的传播就发生了质的变化,进入社会热点和公众热议阶段。如广州法制办咆哮哥事件。2010年6月18日就有网友在微博上反映此事,随后该事件又被传播至其他论坛、网站,但此时并未形成广泛关注。直到7月21日《南方都市报》报道此事后,才引起广大社会民众和政府相关部门的重视。媒体报道当日,广州市法制办就从市政府市长热线接到信息,连夜对此事进行认真调查,责成当事人当天晚上作出深刻的检查,并立即成立调查小组,对该事件进行深入调查,极大地推动了舆情事件的解决。

广泛发动舆论参与,包括了对精英层次与草根层次的发动。微博上的精英主要由公众人物组成,他们扮演着意见领袖角色。意见领袖是微博舆论的中心节点,在整个微博形成演变过程中起到至关重要的作用。据有关资料,目前我国报纸发行量过百万的只有19份,而微博粉丝过百万的公众人物远多于此。以新浪微博为例,截至2011年4月18日,粉丝数量超过100万的微博有200多个,公众人物微博占据其中的绝大多数,而粉丝数最多的公众人物拥有700多万粉丝。由于微博特殊的传播机制,意见领袖发布的言论和转载的微博都能迅速获得关注。据上海交通大学舆情研究实验室对2010年影响较大的与微博有关的舆情事件进行的统计,发现有近五成的案例中存在明显的意见领袖。

草根力量的凝聚,最突出表现为"网上造句"。如"我爸是李刚"一句,引发的是网上无数各式各样的造句。又如"轻度体",它来源于新闻直播称上海地铁十号线轻度追尾。随后便有网友造句称:轻度饱了,轻度脑残。姚晨转发地铁追尾新闻的微博称轻度转发。如此等等。造句的意义在于泛化,泛化的结果就是参与度的增多,传播力的增大,充分体现了"长尾"的力量。长尾理论告诉我们,非主流经过整合后具有惊人力量。这些原本势单力薄的非主流项目,在经过组织集约之后,以聚合为有序的组织机体焕发出全新实力。

(三)尴尬:微博互动中之双刃剑效应

对于新闻工作者而言,微博是把双刃剑。如何与之互动,特别要注意以下两点。

　　首先,要警惕微博上的假信息。微博是个低门槛的新型网络交流互动平台。一名网友就能成为新闻的制造者和传播者,每个人都能随时随地向公众发布信息。但低门槛也带来很多问题,其中最主要的是微博信息真实性难以保证,很容易成为滋生谣言的温床,给记者制造一个又一个谣言陷阱。其中最有代表性的莫过于"盐荒",2011 年 3 月 14 日,几条"盐卖光了"的假消息迅速传遍整个微博,数以万计的用户评论转发,人们抱着宁可信其有,不可信其无的态度纷纷加入抢盐的队伍中,致使全国各地掀起一股抢盐囤盐的浪潮。又如,2011 年温州发生动车追尾事故后的 7 月 29 日,腾讯微博实名认证用户郭瑶发微博称:"我的一百天大的孩子在此次事故中不在了(微博中上传了多张孩子的照片),我儿子生前手上戴的小手镯不见了,银色的,上面有波浪花纹,有看见的请通知我一下,希望你们能体会一个母亲的心,做做好事。"这条微博几天内被转发数十万次,包括众多媒体从业人员在内的数百位微博认证用户,也对这条微博进行了转发。很多网友跟帖称,已经给这个郭瑶汇去了慰问金。但细心的《大河报》、央视等媒体的记者发现,这名自称郭瑶的用户,是假冒遇难者家属,借用他人照片发布了微博。照片中婴儿,实际已有 6 个多月大,并未遇难。随后,多家媒体对此事进行了报道,腾讯公司将郭瑶微博账号注销。又据新华网北京 2011 年 12 月 3 日电,国家互联网信息办公室公布,近期网上流传的所谓"新疆籍艾滋病人通过滴血食物传播病毒"等信息,已经有关部门查明均属谣言,多名捏造事实、编造和传播谣言者已被公安部门依法予以治安拘留处罚。同时,近一段时间通过微博流传的所谓"武汉大三女生求职时被割肾"、"玉溪将发生 8.6 级大地震"、"黔西部分乡镇儿童被抢劫盗肾"、"海南支教女学生被灌醉轮奸"等信息,经查证也均属编造,有关部门正在追查编造谣言者的责任,并将依法予以惩处。国家互联网信息办网络新闻宣传局负责人指出,这种在互联网上编造和传播谣言的行为,不仅违反社会公德,扰乱互联网传播秩序,也损害了社会公共利益。在互联网上编造和传播谣言者是破坏网络信息传播正常秩序、损害社会公共环境的害群之马,广大群众对此深恶痛绝。①

　　其次,要警惕被微博上情绪化的舆论左右。美国当代法哲学家、芝加哥大学法学院讲座教授在《网络共和国——网络社会中的民主问题》一书中曾提出"群体极化"(group polarization)现象。他说:"群体极化的定义极其简单:团体成员一开始即有某些偏向,在商议后,人们朝偏向的方向继续移动,最后形成极端的观点。"他注意到:"在网络和新的传播技术的领域里,志同道合的团体会彼此进行沟通讨论,到最后他们的想法和原先一样,只是形式上变得更极端了。"②美国媒体曾通过微博考察中国民众对本·拉登之死的反应,大致可为佐证。《华尔街日报》得出的结论是:"到目前为止,那些关注在中国社交媒体网站上留言的人们应该已经熟悉了这种模式:刚开始围绕一个话题展开讨论时,更多的是极端言论,而到后来则会出现更多深思熟虑的评论。"③因此,传统媒体一定要注意不要一开始就被网上极端议论所左右。2011 年 9 月 5 日,深圳龙岗一牙科诊所医生陈先生向媒体报料称:8 月 19 日刚出生的儿子因腹胀,21 日转入深圳市儿童医院,24 日医院出具病情告知书,告知孩子有肠梗阻、小肠结肠炎,疑为先天性巨结肠。手术费超过 10 万。陈先生拒绝手术,25 日带儿子到广州市儿童医院就诊,称接诊医生开了八毛钱的药,孩子就治好了。陈先生怀疑深圳市儿童医院过度医疗,要求医院撤销科主任,退还3900 元住院费,赔偿 10 万元。此事引发网上热议,基本上都是一边倒地指责医院。事件随后引发医患信任危机,深圳市儿童医院多名患儿因"八毛门"事件影响,患儿家属拒做手术,导致病情恶化。2011 年 10 月 20日,患儿在武汉同济医院小儿外科被证实患先天性巨结肠,已做手术。10月 28 日,患儿父亲陈先生为此事公开致歉。而舆论认为,此事最应该致

---

　　① 《国家互联网信息办有关负责人通报近期查处的网上谣言情况　依法惩处编造传播网络谣言的"害群之马"》,中华人民共和国中央人民政府网,http://www.gov.cn/jrzg/2011-12/03/content_2010022.htm.

　　② 凯斯·桑斯坦:《网络共和国——网络社会中的民主问题》,上海出版集团 2003 年版,第 47页。

　　③ 《中国网友热议拉登之死》,2011 年 5 月 3 日华尔街日报中文版,cn.WSJ.com.

歉的是报道此事的媒体。最应反思的是报道者的非专业操作。如果报道者多一分冷静思考,注意听取医院方的意见,信息选择时努力做到平衡公正,是完全可以避免这样的乌龙事件。

(四)思考:在趋利避害中求发展

在传播史上,任何一种新的传播技术的出现,都会引起传统媒体的重新思考其特长与定位。就微博而言,如前所述,它给传统媒体所带来的革命与挑战是多方位与大幅度的。有人甚至惊呼微博的到来将带来全民记者时代,西方一些纸媒已放弃纸质版而只做电子版了。但也有人认为,微博带来的冲击并不可怕,关键是纸媒要保持好自己的特色,走出自身发展之道。

我认为,身处微博时代,传统的纸媒的发展主要在两个方面:做权威,做深度。

先说做权威。前面已提到,微博上的信息从量上说,那是海量,但从质上说,就鱼龙混杂,真假难辨了。这就给传统纸媒留下了生存空间。微博时代,传统媒体不要与网络比信息量,而应比信息的准确、权威。微博固然能给纸媒提供不少的新闻线索,但传统纸媒作为有公信的媒体,一定要注意对新闻线索的核实。特别是不要不经核实就以讹传讹。

当然,网络本身有个自我净化的问题。《中共中央关于深化文化体制改革推动社会主义文化大发展大繁荣若干重大问题的决定》明确提出,要规范网上信息传播秩序,培育文明理性的网络环境,依法惩处传播有害信息行为,严厉打击网络违法犯罪。国家互联网信息办将继续推动深入开展文明网站创建活动,推动文明办网、文明上网,积极维护互联网信息传播秩序,倡导文明诚信、安全有序的网络空间。希望广大网民共同维护和谐的网上环境,不信谣、不传谣,理性思考,文明表达。网络运营服务企业要自觉履行法律义务和社会责任,加强信息发布管理,坚决不为虚假信息和谣言提供传播渠道。另一方面,从专业角度来说,任何情况下,核实新闻线索是纸媒不可放弃的职责。《华西都市报》副总编辑赵晓梦谈到他的一次经历。某明星转发了一条微博,呼吁微博义工帮助寻找一位来自汶川的走失小孩。此信息被网友迅速转发,短时间里就达 8 万多条。于是他就派了记者去采访。找当事人,找公安部门查证,结果却发现,这样一条"有名有姓有地址有电话有照片还有细节"的信息竟是假消息。于是《华西都市报》马上刊发了记者求证该信息为杜撰的报道。该报道马上被各大网站转发,微博上才停止对原杜撰信息的转发,博主也删除了原微博帖子。此事充分体现了纸媒信息的权威性。这位副总编由此感叹:"一个电话就能证明真假的事,为什么那么多人只乐于转发却不愿意打个电话先核实真假呢?原因在于,以匿名发言居多的网友,围观'热闹'比围观真相更起劲。所以,微博上的许多信息,跟网络论坛、QQ 聊天中的言论一样,假的多真的少,媒体若转载刊发,必须查证核实,否则就会失去公信力。"①可见,微博时代缺的不是信息,而是事实的核证。这是报纸等传统纸质媒体的着力点和优势所在。

《华尔街日报》中文版总编辑曾说过,《华尔街日报》读者相对稳定,靠的就是做权威新闻。所以,那些什么"据传"、"据说"、"可能"等新闻源不确定的新闻应该杜绝,不刊登未经核实的新闻。作为报纸,还应严格规范记者采访流程,记者一定要到现场采访,且应多方采访,通过不同渠道进行相互印证和补充信息源,而在做批评性报道时,更要做到双方说话、权威说话和专家说话。② 这一点是值得传统纸媒高度重视的。

再说做深度。微博虽然具有广泛、灵活、迅速的特性,但 140 个字的信息无法给读者提供多少有深度的内容。这就给了传统的纸媒有了发挥空间。可以说,纸媒传播不必一味地与微博等网络媒体比速度,而要将竞争点放在比深度上。微博传播似乎培养了全民记者,但不管如何,毕竟绝大多数都停留在非专业或业余水平。而传统纸媒拥有大量专业新闻工作者,他们对新闻的敏感度,对新闻的价值判断,对新闻事件的理解水平等专业素养,是普通微博客所不具备的。这就是传统媒体不可替代的优势。传统纸媒不仅能满足对信息的简单传播,可以透过纷繁复杂的表象,进行

---

① 赵晓梦:《一条微博引发的纸媒变革的四点思考》,《中国记者》2010 年第 10 期。

② 李焕泉:《提高纸媒新闻冲击力的几点思考》,《新闻爱好者》2011 年第 9 期。

理性分析和思考,多角度、多层次、多侧面地探索事情发展的原因,突破动态新闻的肤浅和表象化特点。

微博传播走的是"短、平、快"之路,几乎所有论者都注意到了它的"碎片化"传播特征。这一特征既是所长,也是所短。短就短在载体容量有限,传者投入有限,难以深入,难以持续。而对于报纸媒体而言,微博之短,恰恰是其所长。以长补短,报纸媒体不可替代的优势就凸显出来了。在微博的作用下,一条新闻得以即时发布。报纸随后可以以深度报道的形式跟进。报纸记者可以将微博上林林总总、零零碎碎的信息整理,融入专业视角专家观点,将新闻做深、做透。这样的报道,比起微博上无数的短信息来说,就有以少胜多之妙。

实践证明,信息爆炸时代,谁的信息最准确权威,谁对事实的把握最客观深入,谁就最有竞争力。所以,对于传统报业来说,只要在与微博的互动中能有效地趋利避害,就一定能在挑战中求得自身的发展。我们对此持乐观态度。

第四章　方法创新提升传播力

对于新闻传播而言,如果说技术更新是为传播力构建提供了物质上的支持,那么,新闻传播中方法上的变革,则是传播者主观能动性释放的表现。从新闻实践看,一方面,技术的革新呼唤着方法创新以与之适应;另一方面,即使是使用同一技术平台,不同的方法所获产生的传播力是不一样的。

近些年来,我国新闻工作者在传播方法上作出过不少积极而有益的创新实践,大大提升了我国新闻媒体的传播力。但我们也应看到,方法的创新是永无止境的。相对而言,我们在这方面还有巨大的探索空间。

一、从思维方式上提升同题新闻竞争力

进入 21 世纪以来,新闻业竞争日趋激烈。一个地区媒体的密度增大了,同一新闻源通常为多家媒体所用。这就是我们所说的同题新闻竞争。由于这些新闻媒体处于同城空间,它们所覆盖的发行地域或读者群也基本一致。所以,同题新闻竞争,又表现为新闻的同城竞争。

(一)从同题新闻中找独家新闻

同城同题的新闻竞争是不可避免的。首先,同城是别无选择的。新闻竞争有极强的地域性,同在一座城市屋檐下,几家互为对手的新闻媒体更容易短兵相接。"既生亮,何生瑜"之叹是全无用处的。其次,同题是由新闻选择决定的。一桩颇具新闻价值的事实,谁都不会也不应轻易放过。新闻的价值规律迫使你去参与竞争。

153

同城同题的新闻竞争,很容易出现同质化现象,即你的报道与我的报道相同。这种同质化竞争实际上形成彼此排斥,互不相容的局面。从读者的角度来看,他们实在没有必要去买两份内容基本相同的报纸。因此,媒体总是在千方百计思考,如何让我的报道高于他人的报道?且看一家报纸高层人士的感慨:"打开同一城市圈每天的日报、晚报、都市报、晨报,不管是本埠本土新闻,还是国内国际新闻,基本上是你中有我、我中有你。面对相同的新闻事件,谁做得出新出彩技高一筹,谁就能雄视同仁并受到读者青睐,谁就能占有更多的市场份额。今天,同题竞争带给媒体的压力是巨大的,因为直到拿到报纸之前,你无法预见对手究竟会做什么、怎么做。"①

如何做到同城同题不同质,的确已经构成了新闻竞争中的新课题。种种竞争招数中,最具竞争力的是从同题资源中找出独家新闻。

以往对独家新闻的理解为:"由一家新闻机构向外界发布的新闻,是形成、创造报纸(广播、电视)的特色的重要因素。"②然而,在今天这种多家媒体对新闻源激烈竞争的情况下,很难做到一个新闻源会被某一媒体独家占有。也就是说,这样的独家新闻几乎没有了。那么,独家新闻何求?"新闻传媒面对共同的新闻事件、新闻人物或新闻现象,发别人没有的独特见解和独特思考,对新闻事实进行人无我有、人有我新、人有我全、人有我深、人有我精的独创性报道",这一表述可以视为实践界对"独家新闻"的更为务实的理解。③

(二)改变思维方式寻找独家新闻

要学会在同题资源中找寻独家新闻,关键是要改变我们的思维方式。要从思维方式上提升同题新闻竞争力,具体来说,要学会用求异思维、逆向思维、辐射思维来发现新闻。

首先是要学会求异思维。求异思维是指向事物的非似性与差异性的

① 李万寅:《由同题竞争到新闻独创》,《中国记者》2003年第3期。
② 甘惜分:《新闻学大辞典》,见"独家新闻"词条,河南人民出版社1993年版。
③ 李万寅:《由同题竞争到新闻独创》,《中国记者》2003年第3期。

思维方式。它与趋同思维相对,后者是指向事物的相似性与同一性的思维方式。如果说趋同思维是将复杂的事物简单化的话,那么求异思维则是将简单的事物复杂化。为什么这样说呢?因为趋同思维的特点在于将复杂世界的万事万物聚合成若干大类,便于人们归类认识事物。而求异思维往往力求发表与前人、众人相异的见解。当别人习惯于从某些固定的角度去观察某些问题时,求异思维总是设法从新的不同的角度去观察事物。这种另辟蹊径的做法是对人云亦云的做法的挑战,是一种积极的创造性的思维方式。比方说,实践中每年都要对一些"节"和"日"作出报道。如每年三月都要报道学雷锋,"三八"报道妇女节,之后有个植树节,四月有个清明节,"五一"报道劳动节,"五四"又是青年节,"六一"报道儿童节……不仅自家年复一年,别的媒体也不可避免地要报道。在一般人眼里,这些活动都是例行公事式的重复,见不出新意。但善于求异思维的记者总想给读者换换口味。获 2004 年湖南好新闻奖的《雷锋叔叔上卡通》,在学雷锋的日子里抓到了新题材。别人都在报道青年志愿者上街学雷锋,这篇报道独具慧眼,报道了全国首次"雷锋卡通绘画比赛"。记者看到了通过卡通绘画比赛学雷锋,是青少年喜闻乐见的德育教育形式。又如一提到"家庭暴力",我们总是习惯性地想到拳脚相加,大打出手。而在 2004 年的"国际消除对妇女的暴力日",一家媒体提出新的家庭暴力形式——"冷暴力"。这种家庭暴力形式与我们一般所理解的情况大不相同——"不打不骂你,就用感情折磨你"。这一话题就很具新意,发现事物的新变化。

其次要学会逆向思维。逆向思维是与顺向思维相对的思维方式。后者是一种顺从于思维定式的思维方式,它是一种习惯性的常规思维。这种思维对认识对象所采取的是认同的态度,证明其真实正确。而逆向思维恰好相反,它是从相反的方向或角度来考察事物,从而发现人家没有注意到的新闻事物和新颖内容。逆向思维对认识对象所采取的态度是怀疑的,力图去发现其虚假错误或片面。逆向思维常可帮助记者产生新的报道思想,发现新的新闻价值。2006 年妇女节前夕,不少媒体都报道湖南一位78岁的老太怀孕已6个月。但一家媒体对此持怀疑态度,通过核实,写出一条很有影响力的报道正了视听,反而成了独家新闻。又如2004年12月12日,一名新疆孕妇在由昆明飞往上海的航班上突然临产,飞机紧急备降长沙。为了一个即将来到人世间的小生命,天上地下展开了紧急救助行动。长沙数家媒体对此作了较为引人注目的报道,突出了急他人所急的优良社会风气。有一家媒体在几天后发了一篇追踪报道《怀孕9月怎么登机?》。这篇追踪报道对临产孕妇怎么登机提出质疑。通过对专家的采访,对航空公司的相关规定的查阅,报道指出这种情况的出现是违反了乘机规定的,并且是相当危险的。报道还指出航空港安全检查中存在两方面的漏洞,如不采取措施,这样的情况还会发生。最后还提醒乘客注意,"切莫拿两条生命开玩笑,安全才是最重要的。"这篇报道可谓后发制人,高人一筹。何以如此?关键是用了逆向思维,从相反的方向或角度来考察事物,从而发现人家没有注意到的新鲜角度和新颖内容。

最后还要学会辐射思维。辐射思维与辐集思维相对。后者又可称为聚敛思维,而辐射思维又被称为发散思维。它是以一个信息源为中心,把思路向四面扩散,沿着不同的方向、不同的角度思考问题,从众多方面寻找解答问题答案的思维方式。辐射思维最大的意义在于开启人们的思路,让人们从多方面对事物进行观照,多层次对问题作出思考。有专家以曲别针的用途为例,讲解辐射思维的意义。按一般的思维方式,最多能从勾、挂、别、联等角度讲出曲别针的十多种用途。而运用辐射思维后,有人声称可以讲出三千种乃至上万种用途。他首先把曲别针分解成铁质、重量、体积、长度、截面、弹性、直线、颜色、韧性、硬度等十个要素,再就这些要素的各种用途逐个列出。例如,就"长度"这一要素,就能列出它可以各种数学符号,各种音符以及多种外文字母……如此推想下去,人们对曲别针用途的理解时,思路无疑是大大地开阔了。这种思维方式在同题新闻竞争中大有用武之地。如2005年6月26日广州不少媒体都报道了一大学生跳楼事件。大学生从七层楼上跳下,容易成为媒体眼中的新闻;而跳下后竟有人冒死搭救,使得这学生只受了点轻伤,这更是新闻。所以广州所有的媒体都争着报道了此事。但大家都仅限于报道跳楼者被救,只有《南方都市报》一家独家追踪报道《醒来先问跳楼学生安危》,将关注点移至救人者身上,在第二轮报道中抢得了独家新闻。这条报道中,救人者如何受伤,住院后社会又是如何关注他,他的反应如何等等,构成了一篇内容充实的新闻。其新闻价值和宣传价值,比第一轮报道要更为丰富精彩。特别是这位救人英雄醒来后先问跳楼学生安危,更是撼人心灵。新闻采写,就像采矿一样:你有时遇到的是贫矿,有时遇到的是富矿。遇到贫矿不管你如何挖掘,那点新闻含量一掘就完,再掘就免不了成为炒作;遇到富矿,你不善于挖掘,只在表层上做点文章,那就如入宝山,空手而归。同题新闻竞争,从某一个方面来说,争的是新闻资源,反映的是你发现新闻挖掘新闻的能力。所以,我们面对某一题材,一定要习惯性地运用辐射思维思考一下,它的全部价值是否都挖掘到了? 还有什么值得报道的吗?曾连续推出了多篇震惊日本政坛的独家新闻的日本《朝日新闻》社社长崛铁藏说得好:"今天的独家新闻与以往有很大的不同。在多媒体并存的时代,已经报道过的事件中往往隐藏着独家新闻,记者要去揭开已知的事件中尚未公开的秘密,这是当代独家新闻的一大特点。"①

学会运用多种思维方式来观察事物、思考问题,我们就不愁能从同题资源中寻找到独家报道。我们不妨多做点这方面的尝试,提升我们的同题新闻竞争力。

二、以人为本提升工作性报道的魅力

工作性报道与党和政府的工作关联密切,正像研究如何搞好我们的工作一样,研究如何写好我们的工作报道,意义同样重要。

党的十六届三中全会《决定》指出:"坚持以人为本,树立全面、协调、可持续的发展观,促进经济社会和人的全面发展。"以人为本的思想给我

---

① 转引自梁衡:《没有新闻的角落》,人民出版社1998年版,第151页。

们党和政府的工作提出了新的要求。

以人为本,就是要树立全心全意为人民服务的思想和真心实意对人民负责的精神。胡锦涛 2003 年 7 月 1 日《在"三个代表"重要思想理论研讨会上的讲话》中指出:"要始终把群众的利益放在第一位,在各项工作各个环节都细心研究群众的利益,关心群众疾苦,体察群众情绪,努力运用说服教育、示范引导和提供服务等方法,做好新形势下的群众工作,团结带领群众不断前进。"这一重要论述不仅对各级党和政府的工作具有指导意义,对我们写好工作性报道同样具有方法论上的意义。可以说,以人为本,是我们党和政府工作的魅力所在,同样也是工作性报道的魅力所在。以人为本,工作性报道就能将党和政府所关注的,和人民群众所关心的结合起来,做到领导满意与群众满意的统一。以人为本,工作性报道就能既从大局出发关注国计,也能从具体实际出发关注民生,密切了党和政府工作与人民群众利益的关系。以人为本,就能使最广大人民群众成为经济社会发展的主体和动力,把关心人、尊重人、解放人、发展人作为经济社会发展的目的;就能与人民群众平等探讨工作中的问题,商讨工作的对策。

具体来说,要体现出工作性报道的魅力,我认为可以从以下三个方面努力:

(一)选题:要深入基层,情系群众,将报道聚焦在人民群众的关注点上来

工作性报道要为党和政府的工作服务,同样它也必须为人民群众服好务。我国新闻宣传工作强调要将服务大局与服务群众结合起来。服务大局与服务群众二者虽各有侧重,但根本利益是一致的,因为党和政府的大事就是人民群众的大事。人民群众普遍关心的事情也就是党和政府关心的事情。二者的侧重点在于,服务大局是就总体、宏观而言的,服务群众则是直接的、具体的。服务大局强调的是新闻报道的权威性与指导性,服务群众强调的是针对性与实效性。从传播学的角度来看,权威性与指导性是从传者的角度来规定的,而针对性与实效性则是从受者的角度来规定的。不考虑受者的传播,只单方面考虑传者的情况,这不是有效的传播。如同我们党和政府的工作一切是为了群众,一切要依靠群众一样,工作性报道不只是写给少数领导看的,它必须赢得大多数读者,这样的传播才真正是有效的传播。工作性报道如何将服务大局与服务群众结合起来? 新华社总编辑南振中有一段话很具指导意义。他说:"我们在新闻实践过程中应该经常思考四个问题:一是中央有什么重要的方针、政策、法规和重大举措希望广大人民群众知道,需要及时向海内外发布? 不同层次的人对这些方针、政策、法规和重大举措的关注点是什么? 二是实际工作部门有哪些重要情况和具体规定需要广泛地告诉老百姓,听取人民群众的意见? 三是老百姓从切身利益出发,迫切希望了解哪些带有全局性、趋向性的重要情况,希望从主流媒体获得什么样的有效信息,他们对哪些重大决策还不是十分清楚? 重大新闻事件和重大社会热点问题出现后,人民群众的关注点、兴奋点是什么? 人民群众迫切希望主流媒体发布哪些重要信息,做哪些解疑释惑的工作? 四是在现实生活中存在哪些带有普遍性的重要问题,需要向人民群众说清楚,充分发挥主流媒体的桥梁和纽带作用?"[1]这四个方面的思考,落脚点都在人民群众的关注点上,它将政府工作大局与群众切身利益结合得十分紧密。

聚焦人民群众的关注点,工作性报道不仅能反映出人民群众的呼声,同时又可以推动党和政府工作的开展。这样,工作性报道就有了一种前瞻性,因而也就更具权威性与指导性。这类例子有很多。如获2001年度中国新闻奖一等奖的报道《关注食品安全》,抓住了广大市民极为关注的食品安全问题,引起社会公众的强烈反响。在随后召开的北京市"两会"上,代表们和委员们又就此提出多项议案与提案,北京市随即就此陆续出台多项有关食品安全的地方性政策法规。又如获2000年度中国新闻奖二等奖的报道《药价追踪》,反映的是广大群众看病治病药价虚高的问题。这一问题立即得到北京市有关方面的重视,从而推动了全行业的整改,此后,国家还几次宣布降低药价,并出台相关的配套措施。如此等等都表明

---

① 南振中:《密切新闻报道同人民群众的联系》(2004年9月23日)。

了,只要将报道聚焦到人民群众的关注点上来,工作性报道就可以在服务大局和服务群众二者的结合上大有可为。

(二)角度:要从群众需求的角度,将国计与民生结合起来

我们知道,新闻价值中一个重要的要素就是接近性。具有接近性特质的新闻,最容易获得受众的青睐。在接近性中,利益的接近又是最能吸引人的。从群众需求的角度入手,工作性报道无疑就获得了一个最佳的视角。过去,由于受众意识不强,一些报道特别是有关政府工作的报道、经济报道等,纯粹从工作的角度出发报道,结果把一些本来与读者利益息息相关的新闻事实弄得仿佛与之很遥远,读者产生不了兴趣。南振中说:"要遵循舆论引导的'接近性原则',善于从人民群众关心的内容、角度入手,把经济和社会生活中的各种问题同人民群众的关注点有机结合起来。"①范敬宜在担任《人民日报》总编辑时,也多次提到要"从距离群众最近的角度来报道经济工作","找到最贴近群众的那个'点'"。他以《人民日报》上的一个头版头条《节日追踪问菜价》为例,指出从群众最近的角度来报道经济工作是搞活经济宣传的重要一环。像菜价这样的问题,如果单纯从政府工作的角度来报道,也未尝不可,但回答不了实际问题,群众并不欢迎,体现不了与群众的心心相印。②

从群众需求的角度来写工作性报道,实际上是对党和政府的工作提供了一种百姓视角的解读。这种角度,能很自然地将国计与民生结合起来,极有利于密切党与人民群众的感情。今年5月1日起,《道路交通安全法》正式实施。为了揭示这部法律同人民群众利益之间的联系,新华社在授权全文发布这部法律和条例的同时,还以《道路交通安全法》给老百姓带来了什么为重点,推出两个专栏,深入浅出地宣传法案对人的生命的尊重,对守法公民的尊重以及对交通执法人员滥用职权的惩戒。这样,让貌似枯燥的法律宣传贴近了百姓,因而使人在了解新法律的同时感受浓

---

① 南振中:《密切新闻报道同人民群众的联系》(2004年9月23日)。
② 范敬宜:《总编辑手记》,人民日报出版社1998年版,第194页。

郁的人情味。又如 1999 年初湖南主要媒体关于长株潭一体化的报道,不少都是从长沙、株洲、湘潭三城市一体化的规划、设想以及一些政策上的问题、技术上的问题等方面加以报道。这些虽然告诉了人们有关三城市一体化的规划情况,但大都是说的政府行为,普通百姓感到与自身利益关联不大。但另一家不太起眼的报纸却以"三市'融城'究竟能给老百姓带来哪些好处"入手,以系列报道的形式分别告诉读者"居民用电更便利"、"居民出行更便捷"、"居民存取款更快捷"、"拨打电话更简便"、"就业机会更多"等等。[①] 这样老百姓就能感到省委、省政府这一决策是一项造福于民的工程,读者对这样的新闻也就特别关注。

(三)表述:要用人民群众喜闻乐见的形式,调动读者的阅读兴趣

采用人民群众喜闻乐见的形式,能让人产生亲切感,容易营造一种平等交流的气氛,极有利于党和政府与人民群众的沟通,有利于党和政府工作的开展。《人民日报》上曾刊载的《和大家算算"水账"》一文,获得专家与普通读者的广泛好评。这是配合全国农田水利建设会议的,本来很容易写成应景式的工作报道,将会议文件、报告内容重复一下。但作者采取谈心的方式,以拉家常算细账的口吻,把搞好农田水利建设工作的大道理,讲得亲切,让群众听得明白。时任总编辑的范敬宜称其"为工作性评论如何写得为读者喜闻乐见作了很有益的尝试"。[②] 获 2001 年度中国新闻奖的评论《理解、拥护、支持、参与——就农村税费改革与乡村干部拉家常》也是采取"拉家常"的形式,与乡村干部恳谈农村税费改革的意义及如何解决工作中的问题,说理之平和,被专家称为"将说教色彩擦洗得几近于无,将与读者的心理距离拉近得几近于零"。

用人民群众喜闻乐见的形式,绝不是一种标新立异,也不是一种哗众取宠。其本质在于通过形式上的贴近,去尊重人、理解人,从而去接近人、

---

① 郭光华:《舆论引导艺术论》,湖南人民出版社 2000 年版,第 206 页。
② 范敬宜:《总编辑手记》,人民日报出版社 1998 年版,第 199 页。

引导人。我们现在有些报道为了抓人"眼球",往往通过"造势",简单地运用大标题、大图片、粗线条搞"视觉冲击",形式大于内容,这实在是一种误解。传播学理论认为,采取最为受众接受的形式来传播,能达到意想不到的最佳传播效果。所以,在传播家看来,关注"怎么说"比关注"说什么"对于传播效果而言有时更为重要。《经济日报》曾刊载詹国枢写的《从煮饺子说到规模经济》。要跟人民群众讲清为何要发展规模经济,首先得要让人民群众明白什么叫"规模经济"。而如何将这样一个专业性很强的概念讲清楚,这是需要作者动点脑筋的。詹国枢用了一个最有效的办法,从普通老百姓最熟悉的生活写起,先把煮一个饺子与煮多个饺子的关系讲清楚,这样,什么叫规模经济,为什么要发展规模经济,道理一下就说清楚了。这既是一种通俗易懂的形式,也是生活味十足的内容,它让人明了道理,长了知识,还使普通百姓对政府这一工作思想产生了兴趣。

从上面这一例子也可以看出,工作性的报道之所以要用人民群众喜闻乐见的形式,一个重要原因还在于其内容往往过于专业,不易为广大群众所通晓。范敬宜曾批评《人民日报》上发表的《我国杂交小麦育种获重大突破》的写法,他说,这本是一条与亿万人民有密切关系的重要新闻,但是写法上过于专业化,与群众贴得不紧,读起来很枯燥,恐怕很少有人能读完。其实,这样的报道完全可以写得很贴近群众,写得亲切、有味。他还自己示范如何写好这条报道的导语。[①]

"以人为本"的思想为我们党和政府的工作提出了带根本性的指导思想,我们的工作性报道同样要"以人民利益为价值取向,以不断满足人民群众的需要为第一选择","要围绕群众的所思所想、所盼所需来确定宣传报道的选题、选择宣传报道的角度"。[②] 抓住这一点,工作性报道写作中所遇到的难题就会迎刃而解,我们的工作性报道就会魅力无穷,深为广大群众所喜爱。

---

① 范敬宜:《总编辑手记》,人民日报出版社 1998 年版,第 198 页。
② 王晨:《用"三个代表"重要思想统领新闻宣传工作的几点思考》(2004 年 9 月 21 日)。

三、新闻真实的双重实现

我们通常所说的"新闻真实",实际上包括了法律意义上的真实和道义意义上的真实双重含义。法律意义上的真实,就是说新闻所报道的事实必须经得起法律程序的检验。操作时,"不能将信息源的真实可靠简单地等同于新闻事实的真实可靠。批评性报道和新闻中作为反衬的事实材料,除权威部门提供的意见和材料外,都要经多方核实,坚持与当事人见面的原则,最好取得书证物证、视听资料和两人以上的证言,以便发生名誉权纠纷时在法庭上经得起质证。"[①]

道义意义上的真实,与此有所不同。法律上的真实只是认定有无此事,而道义上的真实则考虑此事与事物的整体、本质的联系情况。对社会性较强的内容,这一点尤其重要。西方一些媒体对世妇会的报道,与整个世妇会实质性情况相去甚远,我们虽不便从法律上去起诉它侵犯名誉权,但我们完全可以从道义上去谴责其不负责任的言说。当然,比起法律上的裁决来,道义上的真实更难以认定。新闻真实性的争论,往往都与此有关。如美联社记者穆萨对"北平解放"的报道,程天敏教授认为是不真实的,而周也平先生认定是真实的。[②] 假设穆萨所报道的确有其事,有足够的证据,那么,从法律上来认定,它是真实的。但从道义上来说,我们的确有理由认定它对"中国共产党和中国革命怀有敌意和偏见"。由此可见,法律上的真实和道义上的真实,有时是统一的,但也有分离的时候。

那么,客观报道的出现,对新闻真实作出了多大的贡献?我认为,首先,它能保障报道内容在法律意义上的真实。客观报道强调报道内容的实有性,强调对事实作反复核对和全面把握,力求其准确性。对所报道的事实负责,是客观报道最为可取之处,也是客观报道与客观主义的区别所在。客观主义的"有闻必录",实际上是一种不负责任的记录。

---

① 王福生:《舆论监督怎样避免侵权纠纷》,《新闻出版报》1999 年 1 月 15 日。
② 见《新闻记者》1999 年第 2 期。

对于道义意义上的真实,客观报道能否满足是颇值得讨论的。从理论上讲,客观主义理论实际上也涉及了"新闻从业人员的职业道德和工作态度"[1],追求态度的公正和"不偏不倚、不党不私",按理说是在为求得道义上的真实作努力,但在实践中情况却显得极为复杂。

首先,不带主观色彩的纯客观纪实是无法操作的。一些客观主义理论的鼓吹者,甚至要求新闻报道是"物质的而非心灵的,可被物理标准测定的"[2]。其实,即使是物理世界,德国学者海德堡也提出过"测不准"的理论。观测者对观测对象的观测,本身就是一种介入或干扰。每一个从事新闻报道的人,在选择、理解某一事实时,毫无例外地与他的认识水平、政治立场、个人喜好等诸多主观因素发生着一定程度的关联,要脱离这些因素而超然于世,简直就是拔着自己头发想离开地球。正如《大众传播学诸论》的作者所描述的:"至少在多数西方社会,新闻媒介不是蓄意要制造幻觉或欺骗任何人。相反,新闻界的道德准则强调'客观'、'公正'、'透彻'和'真实'。但这是一场未曾开始就会输掉的游戏。消息的选择性和曲解是记者、编辑、制片人或发行人所控制不了的因素的产物。"[3]

其次,社会是繁复多面的,要想让一篇报道全面认识社会的确是颇有难度的。所以,美国的李普曼在《舆论学》中干脆声称新闻"并不是社会情况的一面镜子,而是一种突出事实的报道"。但是,我们并不能据此就放弃新闻报道反映社会的义务。我们报道一只母鸡一天下三个蛋,但我们并不认为所有的母鸡一天都下三个蛋,因为我们知道母鸡正常的下蛋情况。而世妇会的真实全貌外界不知,新闻记者如果只关注偶然事件,就失去了对必然本质的揭示,是不负责任的。"突出事实"不能成为人们去认识一般事实的误导。也正是因为这样,所以当生命科学揭示出全息现象时,信息科学对此表现出极大的热情,认为"它至少告诉了我们一个事实整体的信息可以以某种方式传递给各组成部分,并在各组成部分上表

---

[1] 李良荣:《西方新闻事业概论》,复旦大学出版社1997年版,第42页。
[2] 李良荣:《西方新闻事业概论》,复旦大学出版社1997年版,第55页。
[3] 梅尔文·德弗勒·桑德拉等:《大众传播学诸论》,新华出版社1990年版,第292页。

现出来,使各组成部分表现出与整体一定程度的相似性和同构性。"①能否让每一个事实都表现出"全息律",还有待于新闻实践的检验。然而,马克思在《摩塞尔记者的辩护》中的一段话,我们应当是记得的:"只要报刊有机地运动着,全部事实就会完整地被揭示出来。最初,这个完整的事实只是以同时发展着的各种观点的形式出现在我们面前,这些观点有时有意地有时无意地揭示出现象的某一方面","报纸就是这样……一步一步地弄清全部事实的。"

基于以上两点,我认为,道义上的真实,难以在每一篇报道中都得以实现,但至少可以作为报刊的努力方向。而客观报道的原则,对于阻止道义上的背道而驰,至少是一种费尔泼赖。人们可以较少地受到煽情式的引导,而把一个经得起法律真实检验的事实,冷静地放在责任和良心的天平上去衡量。

四、非事件性新闻中"言说物"的选择

(一)以点证面、以实写虚是非事件性新闻的重要修辞手法

非事件性新闻,《新闻学大辞典》的解释是:"对一段时间内或若干空间里发生的诸多事实、情况、事件的综合反映,揭示带有分析性、启发性的总体情况、倾向或经验等,非事件性新闻的特点是点面结合,以点证面,以面为主,反映事物发展变化中的阶段性、倾向性、经验性或典型性。典型报道、综合消息、经验消息、述评消息等属之。"②

这其中,"以点证面"非常关键。由以上定义可知,非事件性新闻报道的是某些"总体情况、倾向或经验",属于比较"虚"的信息。按喻国明先生的说法,报道中的单元新闻信息既可以是事实的,也可以是情感、道理、意

① 沙莲香:《传播学》,中国人民大学出版社 1990 年版,第 290 页。
② 甘惜分主编:《新闻学大辞典》,河南人民出版社 1993 年版,第 161—162 页。

境等较抽象的内容。① 我们将前者称为"实信息",后者称为"虚信息"。这个"虚"不是虚无,而是一种思想、一种观点。经验新闻、述评新闻、综合新闻均具有这种性质。所以,非事件性新闻中的"以点证面",实际上就是以实证虚:典型报道、经验消息以大量事实阐述经验是之;综合新闻围绕某一主题来组织材料亦是之;述评消息从具体事实入手,就事论理还是之。

从修辞的层面来看,这种以实写虚的手法,是利用事物之间的联系,通过对此事物的叙写,由此及彼地去间接表现彼事物。之所以如此为之,全由欲表现之物所具有的"虚"的性质决定。清人刘熙载在《艺概·诗概》中说过,山之精神写不出,以烟霞写之;春之精神写不出,以草树写之。非事件性新闻所报道的,就是一些类似"山之精神""春之精神"之物,它必须借助类似"烟霞""草树"之物写之。后者就是本书所说的"言说物"。比方说,我们通常在电视中见到,说某农村的农民今年获得了好的经济效益,生活大有改善,于是就有农民含笑,以较笨拙的动作数着一沓钞票的镜头出现。到年底,领导干部下乡访贫问苦,典型的镜头就是揭起农民家的锅盖看。如此等等,这就是记者们借助的"言说物"。

以"此物"去言说"彼物"的修辞手法,在非事件性新闻中经常运用。特别是电视媒体中,它借助画面的传达,将抽象化为具象,从而满足了电视的可视性要求;同时,在声画二元素的时分时合中产生组合效应,大大增加了报道的信息量,丰满了信息的质感。即使在纸质媒体的文字报道里,它同样作用重要:第一,它以"实信息"来表达"虚信息",符合新闻报道"用事实说话"的基本规律;第二,具体生动的"点"上的材料,大大增强报道的可读性,从而降低报道的宣传痕迹。

但是,当某一"言说物"成了某个思想内容固定的表达物时,它实际上就符号化了。符号化的结果,就会使新闻报道成为新闻八股,它的表达力就会大受损失。如上文提到的,以农民慢腾腾地数着一沓钞票,来表达其生活改善;以干部揭看农家锅盖,显示嘘寒问暖。某种意象符号经常出

---

① 参见喻国明:《嬗变的轨迹——社会变革中的中国新闻传播与新闻理论》,中央编译出版社1996年版,第25页。

现,不仅缺乏表现力,反而会让受众接受心理产生疲劳效应,其效果可能适得其反。

(二)学会从不同的"点"去选择好"言说物"

由上文的分析可见,非事件性新闻以点证面,以实写虚,关键是要选好"言说物",选中那个可以"证面"的"点"。这需要报道者改变思维方式,扩大选择视野。选择的方法,可以从以下三点考虑:

第一,选标志点。所谓标志点,就是某一事实在同类事实中极具代表性,具有标志性的意义。我们说以一叶知全秋,这"一叶"就是"全秋"的标志。生活中,这种标志性的事实比比皆是,它们所蕴涵的信息量是同类事实中最高的。如我国 20 世纪 50 年代的消息名作《上海把最后两辆人力车送进博物馆》。我们知道,人力车是旧中国交通落后的象征,而人力车工人更是生活在旧中国最底层的最贫困者。如今上海最后两辆人力车送进了博物馆,无疑标志着一个旧的时代的结束,一个新的时代的到来。所以这最后两辆人力车,就是一种标志,具有象征性的意义。又如外国名作《150 年来伦敦泰晤士河第一次出现海豹》,报道泰晤士河治污成功。这既可从数据指标中看出(氧气含量达 98％),也可以从 453 个污水处理厂的工作情况看出,还可以从垂钓者和游泳者的行为中反映出来,记者却选择了一只海豹的回游为标志性事实,它标志着泰晤士河已由一条有毒的河彻底变成了水生动物的家园。这类例子不胜枚举。报道所选的标志性的点,往往是衡量某一社会变动内容的尺度。通过它,我们可以直接感受到事物最新发生的质的变化。

第二,选切入点。切入点即记者把握报道对象的一个接触点,犹如医生号脉时的一个触脉点。对生活有着敏锐眼光的记者,往往可以从一些不起眼的小事中感受到时代的巨变。这些小事,不一定是有标志性意义的,但同样与社会某些本质的东西联系在一起。例如关于上海的变化,如果从标志点来选择,其着眼点可能楼高了,地绿了,天蓝了,车快了等等。但《新民晚报》一位记者向范敬宜讲了三件没有上过报纸和荧屏的事:第一,公共汽车在马路上转弯时不再"敲帮"了;第二,公共汽车司乘人员不再推乘客的腰背了;第三,商店里不再喊话,提醒顾客"注意钱包"了。范敬宜说,这三件事虽小,且不易为外地人觉察,其实反映的却是大问题,即上海市的党政领导,确是从大处着眼,从小处着手,扎扎实实地为人民群众排忧解难。这样的新闻完全可以作为报纸和荧屏的头条,很有可能被评为中国好新闻一等奖。① 从艺术的角度来说,切入点的选择就是一种以小见大的手法。新闻报道中以小见大的优势在于,首先,它能将人们身边发生的一些小事(点)与更大范围内(面)发生的大变化密切联系起来,故具有接近性;其次,它将重大的主题巧妙地寓于具体而生动的事实中,故报道内容具体不空泛,可读性强;最后,正因为是以小见大,所以,唯其"小",故篇幅不长,唯其大,故信息重要。这样一来,作品的信息密度增大,更有令人回味之处。寻找一个好的切入点,为的是以一种更巧妙的方式去接近事物的本质。面对同一报道范围,从不同的切入点入手,最终会产生英雄所见略同之妙。

第三,选相关点。相关点或者又叫相关系数,是指两个或两个以上的变数之间所存在的关联性。这种关联性牵制着变数各方,它们互为依存,某一个变数增加或减少,另一个也跟着发生变化。选相关点,就是要利用事物之间的这种联系,写此而及彼。《中国青年报》曾发表小通讯《罗小红帮了省长一个忙》(1996 年 6 月 17 日头版头条)。报道中的罗小红只是一个 15 岁的学生,她帮助一名从乡下进城的老人找弟弟。巧的是,这位老人要找的弟弟,正是当时的湖南省省长。该报为这条报道时所加的编者按说:"罗小红无意间帮了省长杨正午一个忙。对于罗小红来讲,这只是她做过的许多好事中的一件,然而,透过这位 15 岁少女的眼睛,我们似乎可以看到一些更有意味的东西。"这些更有意味的东西是什么?那就是报道中始终未露面的省长身上所表现出的我党的优良传统。报道中虽未直接表现这一主题,但读者但可以从省长的哥哥身上读到这一点。在报道中,我们可以看到这位省长的哥哥"穿得很破旧,提着一个破烂的蛇皮

---

① 范敬宜:《人到晚年学说话》,《中华新闻报》2002 年 6 月 22 日。

袋","从口袋里掏出一张皱巴巴的五角钞票"等等。谁能相信他是省长的哥哥呢？这个相关点的表现力显然远远要强于直接写省长本人。通过相关点去由此及彼报道事实,往往是由小窥大,以具象来现抽象。一个好的相关点如同阿基米德支点。通过这一支点,报道可以四两拨千斤之势,以小角度举重若轻地写出大主题。如解放战争期间的报道《桌上的表》《西瓜兄弟》等,分别以手表、西瓜作为相关物,来表现我军战士爱护群众财产,严守"三大纪律八项注意"的风采,其信息量不亚于一长篇巨著。

(三)在讲故事中通过人物命运言说变化

1993年,中国中央电视台首倡"讲述老百姓自己的故事",以故事的形式反映我们身边的变化,获得了巨大的成功。通过小故事来表现大变化,这同样是一种以点证面、以实写虚的修饰手法。在西方的报纸中,新闻故事化已成为新闻报道的趋势,特别是现在西方的财经媒体。以《华尔街日报》为例,他们的编辑更是要求记者摒弃枯燥、乏味的数据和专业词汇,而是用生动的故事作为线索,增加报道的亲和力、吸引力和可读性。比如,在报道美元汇率下调这样的新闻时,一般的硬新闻只是将一些数据罗列出来,将事实按照重要程度排列在读者面前,告诉人们有这回事,下调了多少,有什么影响,一般的读者很难受到震撼,缺乏金融知识的普通市民更是难以想象事情的严重程度,是否跟自己的生活有关系。但是,如果用故事化的报道方式,选取一些在美元汇率下调中受冲击的典型案例,用叙述的方式将这个信息进行解析,这样一来,读者很容易就把美元汇率下调与自己的生活联系起来,对新闻中的人物产生一定的感情因素(比如同情、羡慕),那么,这个信息的震撼程度就大大不同了。找不到故事,即使材料再多,也如巧妇难为无米之炊。《华尔街日报》资深撰稿人布隆代尔说,通常是,他们的记者"在看过所有的材料之后,他唯一确定的事情就是,有太多的信息还没有找到。由于缺少一个明确的故事主题,他不知该如何下笔,因为他根本不知道该从哪里开始"。①

---

① ［美］威廉·E. 布隆代尔:《〈华尔街日报〉是如何讲故事的》,华夏出版社2006年版,第25页。

　　故事通常与人物命运紧密联系。由故事展示人物命运,由人物命运折射时代变化。2004年,中央电视台以《精彩中国》为总题与各省市电视台合作,制作各地分篇。节目时长30分钟,各地如何选择报道内容的确是颇费踌躇的。《精彩中国·湖南篇》是从两个标志点入手:因为湖南有"鱼米之乡"之谓,所以写了"米院士"袁隆平的杂交水稻工程,写了"鱼院士"刘筠的杂交鲫鱼工程。这当然是个不错的选择。但《精彩中国·上海篇》的选择其思路更开阔,手法更新颖。上海精神如何表现?也许可以讲上海的GDP,讲上海的高楼大厦,讲上海人均GDP已经到了5000美元,如此等等。但都觉得很难说好。最后是写了4个上海人的故事。第1个写的是黄浦江上摆渡工唐恩林,他在黄浦江上摆渡30年,为了不耽误上班,他准备了5个闹钟。这5个闹钟,30年每天早晨3点3刻准时把他叫醒。这个故事写了上海人特别守规矩。第2个写的是一位出租车司机王卫雄,为方便乘客,他花了3年时间,搞了一张上海厕所地图,自费印了不少,免费送给乘客。这个故事写了上海人做事非常专业化。第3个讲一位叫王金海的农业科学家,退休以后到农村培育了一种小西瓜,叫"上海早蜜"。老人的名片上面写着"光脚种田"4个字。人家说他不讲面子。他说实事求是就是面子。这个故事写了上海人的务实的精神状态。第4个写的上海里弄一位61岁的女裁缝,酷爱唱歌,还到电视台去比赛,得了大奖。这个故事写了上海人的优雅。复旦大学赵凯教授说,这4个故事就把上海人的精神写出来了:"上海人讲规则但不保守,上海人讲专业而不狭隘,上海人讲精明而不小气,上海人讲优雅而不张扬。"[①]以4个小人物的故事来写大上海精神,其手法的确令人耳目一新。

　　非事件性新闻以点证面、以实写虚的修辞特点告诉我们,必须重视"言说物"的选择。抓住了这一点,也就抓住了非事件性新闻写作的关键。

---

　　① 赵凯:《正面宣传纵横谈》,《新闻记者》2005年第12期。

五、报道中必要信息与可省信息的选择

2003 年 11 月 3 日的《三湘都市报》报道长沙县委书记李振萼"在完成引资谈判返程星沙时,因座车翻入路边深谷,身受重伤,因公殉职"。而同日《潇湘晨报》则称李是在玩高尔夫球时乘坐球场的电瓶车翻车而"命殒球场"。这两条说法不一的报道一出,立即引起外界猜疑。人民网、雅虎网等网站上马上有文章指出,按照《潇湘晨报》的说法,李之死发生于玩高尔夫球的过程中,不仅"不能算是因公死亡",还"容易导致批评"。据后来的报道证实,李是应外商的邀请去高尔夫球场俱乐部谈判引资项目,事后陪同客人打高尔夫球因"乘坐的会所车辆突发意外"而翻车身亡的。

这一媒体事件再次给我们提出了新闻业务中一个十分重要的问题:新闻报道中,哪些是信息是必要的,哪些信息是可省的。二者区分标准是什么?

(一)必要信息为何不可缺省

新闻报道中的必要信息,是指那些能消除主要信息的不确定因素,明确与主要信息相关内容的信息。必要信息的功能主要表现在两个方面:使事实的新闻价值体现出来,有助于读者对事实意义的理解;使所报道的事实清楚、所传达的信息明白,读者读后不生疑惑。

必要信息是不可缺省的。但在新闻报道实践中,却常常发现必要信息被缺省掉了:有些是有意缺省,有些是无意缺省。

有意缺省,即人们所批评的"媒体障眼法"。2002 年底,北京有媒体报道一位 80 岁的老太,因能歌善舞,又会用英语演讲,报名参加第三届金牌形象大使电视大赛,在百余名竞争者里,老太太技压群芳,以 99 分的成绩获得北京赛区金奖,将赴西安参加全国大赛,争全国的"形象大使"。80岁的老太能"技压群芳"竞争到"形象大使"金牌,的确很有新闻价值。但很快就有人指出,这是媒体使的"障眼法"。原来这次比赛是针对"普通人"的,报名选手无年龄、性别和学历限制,比赛分年龄组进行。这位老太获得的只是她所在年龄组的奖项,不同年龄组共产生了 10 名金奖获得者。① 显然,报道者有意将其他年龄组别产生的同为金奖获得者的另 9 人隐去,以此来凸显其新闻价值。

这种有意缺省必要信息的做法,既改变了事实的价值,也伤害了受众的知情权,违背了新闻报道的客观公正原则。有媒体曾报道杭州市长从西湖里救起落水者。报道说,杭州市市长早晨在西湖边晨练,遇一落水者急忙将其救起。这一消息被国内不少媒体转载,市长救人美名广传。后来有媒体披露"内幕":落水者并不是市长一人救起的,还有一位无显赫地位的普通老人。报道者为了不让"市长救人"这一事实的价值被另一"平常人的不平常事"喧宾夺主,刻意作了如此取舍。另一老人参与救人是否可视为可缺省信息?有人批评报道者"官本位"意识作怪,对于那位同样舍己救人的老人来说是不公道的。其实,这对于信息的接受者来说,同样也是有失公允的。

必要信息的无意缺省,是记者在不自觉情况下的信息遗漏。有些信息对主信息而言必不可少,是因为缺之则事实不清,意义不明。《人民日报》曾报道庐山修成"观瀑路":"为了使游人真切地观看'飞流直下三千尺,疑是银河落九天'的奇景,专门修筑的一条通往庐山秀峰黄岩瀑布的道路,于 5 月中旬完工交付使用。这条观瀑路宽 1.8 米,长 1800 多米,沿此路步行 45 分钟即可到达瀑布崖。"著名语言学家吕叔湘批评它将重要的相关信息忽略了:"这一则报道有两点没交代清楚。首先,这条路光有起点没有终点。1800 米从哪算起?其次,1800 米的路步行要 45 分钟,合 25 分钟 1 公里,如果修的是现代化的道路,步行 1 公里要不了 25 分钟,只要一半时间。如果修的是爬山的石级路,应该说明,免得读者疑惑 45 分钟这个数字有错。"

(二)可省信息为何可缺省

强调必要信息的不可缺省的同时,我们也要学会对新闻事实中某些

---

① 杨耕身:《"金奖"老太与传媒"障眼法"》,《中华新闻报》2002 年 11 月 30 日。

关联不大的信息的缺省。二者是辩证的,缺省不必要信息,是为了突出和强调必要信息。是谓有所失才有所得。

要学会对某些信息的缺省,主要是建立在以下两方面的原因上。

第一,我们知道,客观世界万事万物之间存在千丝万缕的外部联系,从联系的紧密度来看,这种联系总有亲疏之分。对新闻价值不构成影响的信息,是可以省去不交代的,一篇报道在围绕某一主信息选择其他信息时,不可能也不必要将存有联系的诸多信息全盘托出;另一方面,事物内部存在着错综复杂的矛盾,事物在运动过程中,主要矛盾与次要矛盾是不断转换变化的,主要矛盾体现着事物的本质,而次要矛盾,有些与主要矛盾关联密切而必须交代,有些则与事物本质联系较远,故可缺省。曾在京穗两地媒体炒得沸沸扬扬的"五胞胎"事件引起过学界的争论。2002年,北京的媒体率先报道沧州一农妇在北京妇产医院平安降生五胞胎,随后,五胞胎的命运牵动了社会各界的关爱,如内蒙古伊利集团不仅赞助了5万元的医疗费,还承诺提供5个宝宝0到7岁所需的全部奶粉。但广州的媒体则披露了另一事实:"五胞胎"并非是自然受孕的结果,而是夫妻二人在盼儿心切之下吃药所致。于是,有人指责北京的报道有意隐蔽了事实真相,也有指责广州的报道缺乏"人文关怀",让人们对"五胞胎"的关怀转换成了对其父母的指责。[①] 那么,北京媒体是否一定要将"药物受孕"作为必要信息写入报道?我们认为,一个妈妈一次生五个孩子,足以构成新闻价值,缺省"五胞胎"产生的原因并不影响其新闻价值,不能算是"残缺新闻"。

第二,新闻报道的短小性原则要求我们学会对某些信息作出缺省处理。以写短新闻著称的老记者李普是这样介绍其经验的:"一篇稿子,只谈一件事。如果一次采访涉及两方面的内容,就写成两篇稿子,不要墨守'一次采访,一篇报道'的程式。""如果是有关系的几个问题,可以化整为零,写成系列报道。这样,每篇的篇幅就短了。""不要企图一次把话都说

---

① 黄波:《为什么有残缺的新闻?》,《湘声报》2002年6月13日。

完。有些话以后还可以再说。"①我们都熟悉新闻史上的名篇《为了六十一个阶级兄弟》。这篇通讯报道了为了抢救食物中毒的 61 名阶级兄弟，北京、山西等地合作谱写了一曲"一方有难，八方支援"的共产主义精神颂歌。在感动了几代读者之后，最近也有人指出这篇报道隐瞒了一个重要的事实：食物中毒实际上是有人投毒所为，而投毒者恰恰也是一个"阶级兄弟"。因此，这也是一篇缺省了必要信息的"残缺新闻"。对此，我们有不同的看法。我们认为，这篇报道的中心是展示如何"抢救"的，为何中毒不是报道的主旨所在。投毒者同为"阶级兄弟"这一信息，虽然与当年的政治形态有关而会讳莫如深的，但从报道信息的"缺省"上来考虑，即使是今天的报道，也未必一定非要揭这一"老底"不可。在新闻六要素里，何事、如何、为何这三者是实质性的要素，它们分别与人们认识事物的三个层次对应。"何事"是认识事物的具体存在的，"如何"是认识事物的运动轨迹和状态的，"为何"是探寻事物之间的因果联系的。它们分别形成了不同的报道文体的重心。消息类的报道，其重心是关于"何事"的；通讯特写类的报道，其重在"如何"，着重展示事物的运动过程；而解释性的深度报道，其重心则在"为何"上。② 所以说，对于"五胞胎"的事实，京穗两地的报道重心不同，一个侧重于"何事"，一个侧重于"为何"，各有各的立足点，各有各的理由，说不上谁对谁错。同样，《为了六十一个阶级兄弟》的重心在于展示"如何"抢救，而"众人抢救中毒者"这一主信息并非一定要交代谁投的毒这一信息才获得完整的理解；如果人们对为何中毒这一信息感兴趣，可以另外专门写一篇以"为何"为重心的解释性报道。

新闻报道中，信息的缺省处理是很常见的事。美国著名的新闻学者李普曼曾以"探照灯"来比喻新闻报道对信息的取舍情况。探照灯照在哪个事物上，这一部分就进入了人们的视野，而周边的事物则隐而不见了。我们借助他的这一比喻发挥：探照灯的作用是让我们集中视线看清楚某一事物的本质，而那些未被照着的东西，应当不是我们所要搜寻的目标。

---

① 彭正普：《李普同志谈短新闻》，《安徽日报通讯》1982 年第 2 期。
② 参见樊凡主编《中西新闻比较论》，武汉大学出版社 1994 年版，第 229 页。

而事物的必要联系不映照出来,我们还无法看清事物的实质。可见,对于一篇报道来说,处理好信息的取舍是多么的重要。

六、以讲故事的形式处理好软新闻

用讲故事的形式来报道较为软性一点的新闻,在西方新闻报道中较为常见。《华尔街日报》的资深头版撰稿人威廉·E.布隆代尔在他《〈华尔街日报〉是如何讲故事的》一书的引言中说:"因为我们的注意力总是放在了读者对信息的需求上。于是,我们忽视了一个所有读者最普遍的要求,一个所有要求中最基本的要求:给我讲一个故事,看在老天爷的分上,让它有趣一点。"①

(一)讲故事的意义

如果说硬新闻大都从正面直接报道我国的情况,那么,讲故事的方式处理的大都是时效性稍弱一点、题材相对软一点的内容,在方式上也要间接迂回些。正如有人指出的:"如传播内容过分强调'领导形象'、'政府理念'的传达,往往导致传播内容过'硬',缺乏趣味性,难以引起公众的兴趣……如果政府形象传播能从公众爱看、爱听的生活故事入手,从外围培养政府的认知度和美誉度,增强政府形象传播内容的可读性、趣味性,往往能取得意想不到的传播效果。如有些媒体在关于'神六'的新闻报道中,从航天员的个人生活故事入手,以祖国航天事业落后到飞速发展的历史背景为主线,描述了一个从平凡的小兵到英雄的成长故事,浓墨重彩,有血有肉,刻画出一个不断走向强盛的国家形象。"②在西方的报纸中,新闻故事化早就成为新闻报道的整体趋势,特别是现在西方的财经媒体。以《华尔街日报》为例,他们的编辑更是要求记者摒弃枯燥、乏味的数据和专业词汇,而是用生动的故事作为线索,增加报道的亲和力、吸引力和可

---

① 威廉·E.布隆代尔:《〈华尔街日报〉是如何讲故事的》,徐扬译,华夏出版社 2006 年版,引言第 1 页。

② 肖荣春:《"软传播":政府形象传播的一种新思路》,《对外传播》2008 年第 1 期。

读性。

它追求的是"随风潜入夜,润物细无声"的传播效果。

以故事的方式讲新闻,其意义首先在于其感染力。报道通过抓人的情节、大量的细节、形象的人物言行的描写,让读者从一开始阅读就产生了身临其境的感觉,置身于新闻中的场景,很容易被新闻中的人物的命运或者事件的起伏所感动。这种强烈的感染力,是一般硬邦邦的新闻形式所无法达到的。在阅读普通"倒金字塔"式的硬新闻时,读者往往置身事外,只把新闻当成信息在脑中过滤,很少能够主动将新闻内容与自身联系起来。比如,在报道人民币汇率上涨这样的新闻时,一般的硬新闻只是将一些数据罗列出来,将事实按照重要程度排列在读者面前,告诉人们有这回事,上涨了多少,有什么影响,一般的读者很难受到震撼,缺乏金融知识的普通市民更是难以想象事情的严重程度,是否跟自己的生活有关系。但是,如果用故事化的报道方式,选取一些在人民币上涨中受冲击的典型案例,用叙述的方式将这个信息进行解析,这样一来,读者很容易就把人民币上涨与自己的生活联系起来,对新闻中的人物产生一定的感情因素(比如同情、羡慕),那么,这个信息的震撼程度就大大不同了。

故事化新闻的另一意义在于增强新闻的可信度。故事化新闻的"主菜"就是细节,而对细节的深入描写,恰恰证明了新闻事件的真实性。通过对细节的描写,能够更好地重现新闻现场,使读者有身临其境的感觉,自然就对新闻事件更为信服。同时,故事化新闻中往往有新闻事件的当事人或者目击者现身说话,通过直接引语等方式,让读者产生是当事人在对自己诉说的感觉,信服度自然就更高了。

(二)如何讲好故事

李仁臣说,我们要抱着真实地介绍中国的出发点,向他们介绍中国的真实情况,说我们身边发生的事情和变化,讲我们中国人的一些故事。①

---

① 谭震:《为中国的对外传播之路"引航"——全国政协委员热谈对外传播》,《对外大报道》2006 年第 4 期。

美国普利策新闻奖得主富兰克林对新闻故事化的定义是："采用对话、描写和场景设置等,细致入微地展现事件中的情节和细节,突现事件中隐含的能够让人产生兴奋感、富有戏剧性的故事。"我国清华大学新闻学教授李希光在《超越"倒金字塔"》一文中则解释说:"讲故事新闻学不是写这些极端的事件,讲故事新闻学是写新闻的过程,不是写新闻的极端结果;是写人民的日常普通生活。"①

可见,新闻故事化重在讲述,并且在讲述的基础上融入新闻报道的基本特征,写出一则具有新闻基本特征的故事,因此,我们可以对新闻故事下的定义就是:新闻故事是对新近发生的有趣味的事实的讲述。

至于故事化新闻与一般硬新闻之间的差异,李希光用一个表格对此作了比较:②

项目＼类别	硬新闻	讲故事新闻
思维方式	新闻记者	剧本作家
开头	倒金字塔	趣闻逸事
描述	事实(最重要的事实)	场景(最有戏剧性的瞬间)
穿插	引语	对话
内容	新闻的信息	新闻中的故事
追求	事实的准确	生活的真理
采访方式	拦路采访	同车采访
关注焦点	事件	人物
结尾	没结尾(直截了当陈述重要事实)	戏剧性的结尾(用细节制造一种期待情绪,直到最后一段)

故事化的报道手法与一般新闻写法的最大区别就在于,一般的报道注重对新闻五个 W 的展开,而新闻故事则注重表现事件戏剧性的矛盾冲突。这种矛盾冲突就需要依赖对完整情节的铺陈加以体现。

---

① 李希光:《找故事的艺术——在长征路上体验清华新闻学》,清华大学出版社 2003 年版。
② 李希光:《畸变的媒体》,复旦大学出版社 2003 年版,第 85 页。

而情节的构成又依赖于悬念的设置和细节的描写。美国学者罗伯特·赫利尔德认为：一个好的完整的新闻故事应该类似于戏剧表演，"故事中要有明显的矛盾冲突……强调冲突的紧要性"；"时刻保持故事的现场感和紧张感"；"提供给读者任何可能得到的细节"。①

悬念设置可以吊住读者的胃口，让读者跟着记者的思路，一步步走入新闻故事的"现场"。而细节的作用，正是可以深入细致地展现场面环境、事件发展和人物性格。通过对这些生动细节的捕捉，能很容易地感染读者的情绪，让读者产生身临其境的感觉。

针对对外报道中存在的"大而全、大而空"的常见病，《人民日报》海外版在 2007 年开设了一个栏目，叫做"微观中国"，先后派出记者深入中国最底层的每个角落去体验百姓生活，然后把体会写出来，这样就形成了故事。如"跟随农民工回家过年"。报社派一位记者到北京西站，随机找了一位回家的民工，同这位民工一块去他家过年。记者一路体验如何买到车票，怎么艰难地上车，上车后又是如何拥挤，这位民工是如何看待这些，他的喜怒哀乐等等；还有回去以后如何过的年？过完年后又是怎么回到北京的？回报社后，记者写了一篇题为《跟随农民工回家过年》的报道，近7000 字，还附有很多精彩的照片，效果非常好。发表后得到海外读者的好评："我们看到了一个真实的中国，很可爱的中国。"报道虽然反映了农民工的回家之艰难，生存之不易，但他们都是积极向上的。展现在外国读者眼前的是一个真实的、正在发生巨大改变和积极向上的中国形象。又如关于新疆摘棉花的民工的报道。总编辑派记者去甘肃乘火车，在火车上记者随机找到一家人，跟着这家人的两个兄弟、父母一起去新疆，体验摘棉花。写下了《我在新疆收棉花》的报道。类似的报道如《我在上海当空姐》《我在秀水街练摊儿》等等。一个个小故事，虽然说是"微观"式的，但正因为它讲述了老百姓的生存故事，读者在关注人的命运的同时感受

---

① 李希光：《畸变的媒体》，复旦大学出版社 2003 年版，第 81 页。

到了中国的变化。①

以故事的形式来报道软性的新闻,特别要注意人在事件中的命运与感情。2008年中国四川发生大地震,除了直接报道地震造成的损失外,不少媒体还注意以讲故事的方式讲述地震灾难中人物的遭遇。5月16日,新华社对外部编发《幸存孩子:废墟下一起唱歌》,用生动感人的笔触描写了北川一所中学废墟下的几名幸存学生依靠唱歌,相互鼓励支撑,与死神搏斗,坚强乐观地等待救援人员的故事。稿件发出后马上被路透社采用。次日,《中国日报》开辟"求生故事"栏目,专门刊登新华社播出的此类稿件。国外读者通过这些稿件,看到了灾难中的中国百姓乐观向上的一面,既为之同情,又为之鼓舞。

这里要特别说明的是,讲故事的方式虽然不是在直接报道我国的新成就,但仍然在折射出我国所取得的进步。1999年美国K2传媒公司与中央电视台合作拍摄英文版电视片《来自中国的声音》(*In Search China*),用大量的事实向西方观众展示中国经济改革进程中发生的巨大变化。这部片子在美国PBS所属的270家电视台黄金时间同时播出,产生了很好的反响。该版的中文编导李强发现美国人对普通人的经历和命运故事非常关注,就采用了讲故事的办法。如他们为了表现中国股市,就选择了一个叫萧会的股民,这是一个经历独特的老人。在"文化大革命"期间,他被批斗,受到了非人的待遇。但是在改革开放后,萧会以宽容之心待人,在股市波动,不少股民对政府及股市失去信心时,他劝说股民要相信政府,乐观地对待得失。电视片还选取了萧会正在和孙女一起通过收音机学英语的情景。这一人物故事,让美国人看到了中国人乐观向上的积极生活态度,对自己国家的前途充满信心。这样的故事所传递的信息,往往更有说服力。

---

① 参见曹晓娟:《提升传播艺术,让中国故事引起国际共鸣——全国政协委员谈新形势下的对外传播》,《对外传播》2008年第4期。

七、"体验式报道"的困惑与解惑

在提升媒体的传播能力的探索中,一些媒体倡导"体验式报道"。显然,体验式采写活动有助于记者密切联系群众,拉近报道与受众的距离。至于所存在的问题,还应区别对待。

(一)如何看待体验式报道中主观与客观的关系

一般认为,记者的体验是一种主观活动,写入报道中,不符合客观报道的原则。因此,如何看待客观与主观的关系,是理解体验式报道的一个重要问题。

我们知道,认识客观世界,本身就是人类的一种主观活动。照相式的反映是不存在的。从这个意义上来说,我们所认识的客观世界,在一定程度上包含着某些主观色彩。德国物理学家海德堡曾用"测不准原则"来描述粒子观察中主体干扰客体的矛盾。在客观世界中,这一测不准原理同样适用。但这种"测不准"现象并不影响人们对世界的把握。事实上,观察者的理性思考更有助于对客体作一番去粗取精、去伪存真的甄别,使得我们的认识更接近客体本质。

毫无疑问,体验式采写中记者所见所闻可达到的客观程度,相对而言要更高。我们知道,第一手材料具有很强的实证性。而严格意义上的第一手材料,是记者不经任何中转环节直接从他要报道的事实那里得来的材料;而我们平常从当事人和目击者那儿得到的材料,只能称为第二手材料。就权威性和说服力而言,后者不及前者。其次,记者对事实的了解始终是代表着受众的。正如艾丰在《新闻采访方法论》一书中所说,"记者是读者的'耳目'。虽然这个'耳目'往往有自己的倾向性,但他们终归是耳目。"记者是读者的耳目,记者的所见所闻,比起记者从他人那里辗转得来的,自然更为读者所相信。任何采访活动,都会有记者的主观感受参与其中。感受是认识主体对客体的把握与理解。比较而言,体验式采写活动中的感受,不是隔靴搔痒式的感受而是一种切肤贴肉之感。应该说,它对事物的把握会更准确可靠。并且,对他所未能直接参与的内容,更能作揆情度理式的理解。郭超人曾说,由于他对攀登珠峰有过两次实地体验,所以,尽管以后的登山活动他未参加,但登山队员们在7000米以上的情况他能"比较准确地理解和想象得出他们的一切,能比较真实比较生动地把这一切反映出来"(《和英雄的登山队员们在一起》)。

有人认为体验式报道会让记者产生"不识庐山真面目,只缘身在此山中"的弊端,不如做局外人"旁观者清"。其实,局外人并不一定比局中人更能把握真情。关键是体验式报道中的记者要做好善入善出。诚如王国维所言,"入乎此内,故能写之。出乎其外,故能观之。入乎其内,故有生气;出乎其外,故有高致。"体验式报道绝不会影响记者对事物的认识与把握。

(二)写自己,还是写他人

体验式报道因为记者是以角色的身份参与事件,不少报道中都把报道的对象处理成记者本人,把报道的焦点对准记者本人。这的确是目前体验式报道的误区之一。

记者体验生活,为的是更好地理解生活;记者参与事件,为的是更好地报道事件。而近年来一些报纸倡导的体验式报道,其侧重点似乎更多的是写记者本人。从《新民晚报》的"体验式采访札记",到《扬子晚报》的"与你同行",以及到目前正在进行的《三湘都市报》的"记者体验72行"的宗旨是反映各行各业酸甜苦辣,但记者在报道中几乎都把读者的视线往自己身上引。从报道的标题就可见一斑:《深夜,我当了一回巡道工》、《"马路天使"的一天》。这种临时角色对生活的认识与72行中的真正角色对生活的认识,毫无疑问是有很大差距的。如果记者不把读者的视线往自己身上引,对受者了解各行各业的酸甜苦辣,就会产生误导。

虽然报道中可以出现记者自己,但这只应是观察生活的好望角;镜头始终应对准他人。郭超人参与登山活动,他的报道《英雄登上地球之巅》写的就是登山队员,他个人丝毫没有在作品中出现。

(三)酸甜苦辣,为什么苦辣多,甘甜少

读体验式报道就会发现,记者本是去反映各行各业的酸甜苦辣,而写出来的报道却是72行苦辣多,甘甜少。如《三湘都市报》"体验72行"第一篇《深夜,我当了一回巡道工》,将巡道工生活的艰辛渲染得十分厉害:"列车开过的隆隆响声被包在山洞中久久不息,巨大的响声直贯双耳,令耳膜疼痛难受。这难受还未消失,一股呛人的内燃机油烟又扑面而来,我的喉咙中像有一块酸辣椒卡在中间、辣味夹着酸味逼得眼泪直往外冲。"而巡道工作有何乐趣,报道中毫无反映。

客观地说,七十二行,行行都有苦有乐。为什么我们的"体验式报道"会出现这种苦多甜少的偏差?我认为,这与记者观察生活的视角极有关系。视角有俯视、平视、仰视之分。同样是面对七十二行芸芸众生,俯视容易让观察者产生居高临下的心态,对观察对象有种不以为然的感觉,常常是以一种廉价的同情的目光去关注对象;平视则容易让观察者对被观察者取认同态度,可能产生"不识庐山真面目,只缘身在此山中"之弊;而仰视则容易对观察者产生尊敬、景仰之感。显然,我们现在不少"体验式报道"所取的视角,是一种俯视。记者在短暂的体验中虽然和采访对象同吃了一顿饭,同劳动了一天,但是由于没有找到一个合适的视角,角色感情不同而造成隔膜,他们是难以体验和理解到被观察者的乐趣的。郭超人写登山英雄,无疑是取仰视视角,尽管他也写到登山之艰苦,但这只是英雄壮举的衬托,英雄战胜困难的乐趣,始终以耀眼的光芒闪烁其中。

要调整记者体验生活时的视角,我认为唯一的途径还是体验。换言之,一些"体验式报道"中所暴露出的问题,其原因恰恰在于平时体验不够。偶尔为之的体验,有"为赋新词强说愁"之感。当我们的体验由"身入"到达"深入"、"心入"的境界,记者们自然会写出更为真实全面的报道来。鉴于此,体验式报道尚需大力倡导。

下 篇

传播能力构建：
　　　品质与视野

第五章　专业规范与品质打造

俗话说,打铁先得本身硬。传播能力的构建,与传播主体的专业规范十分有关。新闻媒体的影响力和公信力,总是依靠自身长期的专业精神来累积的。无法想象一个公信力很差的媒体能具有什么样的传播力。通过专业规范,打造媒体品质与强化品牌效应,是新闻传播能力自身建设的重要途径。

专业规范,说到底就是要按新闻传播规律办事。专业规范的实现,既有自律的一面,也有他律的一面。不管是自律还是他律,既不能违背规律自行其道,也不能违背规律而强加于人。在自律与他律合力形成下的专业规范,是新闻传播能力打造的必然选择。

一、新闻媒体非规范行为的纠治与规避

无论是中国语境下的"新闻传媒是党和人民的耳目喉舌",还是西方所宣扬的"传媒是社会的公器",都表明了传媒所承担的崇高使命。可见,尽管社会形态不同、价值观念相差悬殊,但中西媒体及其从业人员所承担的都不只是传媒机构自身发展的责任,代表的也不只是某个体或本团体的部门利益。宏观地看,国家立法机关和行政主管部门都会对新闻传媒的行为制定法规规范其职业行为,社会行业协会也会据此制定行业规范并提炼传媒从业人员的职业精神。

由此,当新闻传媒机构或其从业人员以非规范行为从事新闻传播工作时,他们所造成的负面影响,通常都是全社会的,造成社会性负面影响

甚至公害。互为因果的是，新闻传媒所造成的消极负面影响，往往是由传播者或者传播机构的不规范行为引发或促成的。鉴于媒体非规范行为命题的重要性，本书即着眼于对新闻媒体此类行为的表现、危害及其认识误区进行全盘清理，并就治理和规避这些行为建言献策，以期推进和谐社会进程中的和谐媒体建构。

（一）新闻媒体非规范行为及所导致的"公害"

此处所说的"新闻媒体非规范行为"，是指新闻传媒机构/组织及其从业人员在不违反现行法律的前提下，主观故意从事有违行业规则与新闻专业精神的职业行为及交往活动。

新闻媒体非规范行为的施事方首先是新闻传媒机构/组织。由于作为经济组织的媒体有自身的利益诉求，因而它们有时会通过非规范行为的方式谋求小团体利益，偏离社会期许和责任意识，背弃公共利益。

新闻媒体非规范行为的施事方还应包括媒介机构的行为主体——从业人员。因为他们代表组织机构开展职务活动，或以机构的名义开展活动，有时为了谋取个人利益实施寻租，践踏职业良知。

媒体非规范行为是有悖于新闻业的职业道德和新闻专业主义精神的主观故意行为，但是又不明显违反现行法律这一底线。也就是俗称的"灰色地带"和"潜规则"运作。我们提出这一命题，远非为了标新立异、哗众取宠而杜撰新词。而是基于既有命题不足以概括新闻媒体非规范行为的题中应有之义，由此导致对新闻业界的种种失范、越轨只是简单地罗列为不断重复的单个现象，遮蔽了它们背后的本质归因。我们认为新闻媒体非规范行为同新闻界的诸多失范、越轨现象，具有直接因果关系。虽然，我们看到的往往只是非规范行为导致出的后果，不能直接看到幕后行为本身，但为了从根本上把握问题，我们必须从原因上去认识之。

以往人们对于新闻媒体非规范行为的关注，大都集中在对其所导致的不良后果的认识上。最为典型的概括就是提出了新闻业"四大公害"——虚假报道、有偿新闻、低俗之风和不良广告。自2001年起，《新闻记者》每年发起评选年度"十大假新闻"活动，将新闻的伪劣产品——"假新闻"立此存照，产生广泛影响。今年以来，"茶水发炎"、"纸馅包子"等虚假新闻，再次引发举国上下对虚假新闻的声讨。有偿新闻从"有偿"的动机来看，可分为有偿发布和有偿无闻，其本质是贿赂。有偿发布就是利用传媒的放大镜效应，以各种名义为媒体的相关部门或当事人提供礼金（如红包、车马费、劳务费等）礼品或其他贿赂，使新闻媒体按照报道对象的意愿刊发新闻。"报纸上有名有姓，电视上有音有形"，正面媒介形象能够转化为诸多社会资源。有偿无闻则也是通过行贿的方式使报道对象的负面新闻胎死腹中，不见诸新闻媒体。2002年6月22日，山西省繁峙县金矿发生爆炸，造成38人死亡。包括新华社记者在内的11名记者接受矿主和繁峙县有关方面贿送的现金和金元宝后，集体保持可耻的沉默，使这起特大矿难在媒体上一时"无闻"。媒体的低俗之风，尤其在广播电视上愈刮愈烈。今年9月5日、13日、19日，广电总局先后要求停播了四川、湖北、湖南、广东、贵州、海南、成都、宁夏10家广播电台渲染性生活、性经验、性体会、性器官和性药功能的节目。8月15日、23日，重庆电视台的《第一次心动》和广东卫视的《美丽新约》两个栏目因格调低下、血腥恐怖，被广电总局先后叫停。①

当前，新闻媒体非规范行为导致的重要失范表现还包括，新闻炒作以及新闻媒体的错位与越位等。新闻炒作是为了吸引眼球并产生轰动效应，传媒利用自身的放大镜作用，满足受众的偷窥心理而对某一类新闻事件或新闻事件中的某一点大肆报道、片面渲染。其本质是在消费主义思潮的浸染下，新闻真实性原则遭背弃。2007年上半年包括中央电视台在内的全国众多媒体卷入对"杨丽娟追星事件"的推波助澜与出谋划策，使一起极不正常的、病态的追星个案演变为一场全民观赏的传媒假事件。传媒的炒作使"杨丽娟追星事件"的性质发生根本性转变，即个人私事（private affair）演变为一场瞩目的公共事件（public event），由闹剧变为悲剧。新闻传媒的错位与越位是对传媒的使命与功能的片面认识，长期以

---

① 国家广电总局网站：http://www.sarft.gov.cn/catalogs/gldt/index.html.

来传媒滋长一种自恋式的侠义情结,即包治百病,媒介万能,从而导致传媒对其他公共机构的凌驾,甚至包括对执法机关的僭越与取代。媒介逼视、传媒绑架和媒介审判是新闻媒体错位与越位的突出表现。

对新闻业界这些"公害"追剿与讨伐,自 20 世纪 80 年代以来,党和政府以及行业协会已制定出台多种规章限制。1987 年 9 月,中宣部、新闻出版总署和中国记协出台《中国新闻工作者职业道德准则》(草案),对新闻工作者的职业行为进行了严格的规定。1993 年 7 月中宣部、新闻出版总署发出《关于加强新闻队伍职业道德建设,禁止"有偿新闻"的通知》,这一年中央和各级新闻部门开展了一场规模宏大、自上而下的反对有偿新闻的全国运动,新闻界首次以整体的名义向有偿新闻宣战。1997 年 1 月23 日,中宣部、广播电影电视部、新闻出版署、中华全国新闻工作者协会联合发出《关于禁止有偿新闻的若干规定》。2007 年 7 月底国家广电总局下发《关于进一步加强广播电视广告播放管理的通知》,要求各级广播电视播出机构立即停止播放虚假违法、内容不良、格调低下的医疗、药品、保健品广告和各类性暗示广告。9 月 25 日,国家广电总局再次严令禁播八类涉性药品、医疗、保健品广告及有关医疗资讯、电视购物节目。9 月30 日,广电总局发出通知,要求全面彻底地清理检查全国广播电视播出机构违规播出的涉性下流节目。

学界对上述不良现象的纠治与规避的探讨,也用力颇勤。20 世纪 90年代以来每年问世大量研究成果。但是,党政部门、行业协会以及学界通力合作以各种方式对媒体上名目繁多的失范表现进行纠治与讨伐,似乎没有遏制住频发的势头。尽管频频出击,结果还是按住葫芦浮起瓢,媒体不良现象还是此起彼伏、不绝如缕,改变名头以新的面目出现。

(二)有关部门对新闻媒体非规范行为的适当纠治思路

深入分析有关部门和学界对由新闻媒体非规范行为引发的不良现象的纠治方式,我们发现,这些处置方式,绝大多数将矛头都直接集中对准媒介内容或者说媒介产品上,操作性难度极大而成为一纸道德苛求。因为,这种纠治方式在治理对象上存在认识误区。

借鉴拉斯韦尔的 1948 年发表的《传播在社会中的结构与功能》所建立的 5W 模式，我们可以将这种治理思路建构为一个结构性图式（见图 5-1）。由于失范表现以及不良社会影响均由传媒产品产生，因此在此治理结构图式中，媒介内容（Says What）居于结构图中心位置，成为有关部门考量、监管与批评的靶子。正是基于这一思路，2007 年 7 月以来国家广电总局已连续 6 次以上发出禁令或通知停（禁）播一批内容低下的电视节目和不良广告。其实，这是一种头痛医头的简单直线思维，因此有人戏称广电总局"不爱规章爱禁令"。因为，进入文化产业流程的媒介内容产品极易实现工业化的规模复制，以此作为纠治对象并没有击中其要害，势必难以究其穷尽。

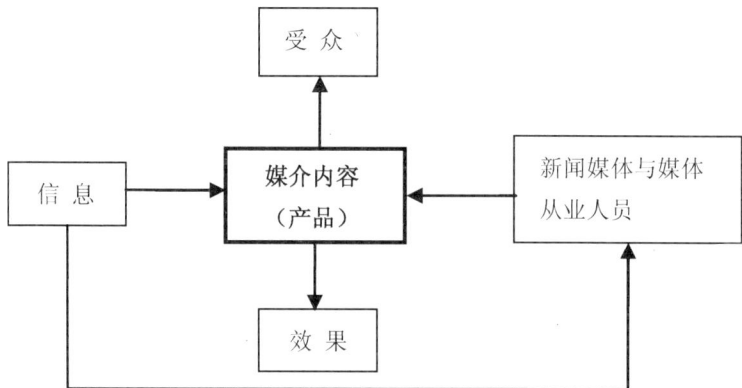

图 5-1：以媒介内容（产品）为惩治中心的结构图

在没有取得普适性立法突破之前，治理和改善由新闻媒体非正常运转所产生的种种失范现象和不良影响的现实出路，在于部门治理。而部门治理的当务之急是理顺传媒监管关系，转换管理思路的。我们认为，治理与监管的中心环节应该由传媒内容（产品）转移到媒体机构及其从业人员的行为上来，也就是对新闻媒体非规范行为本身的治理（见图 5-2）。

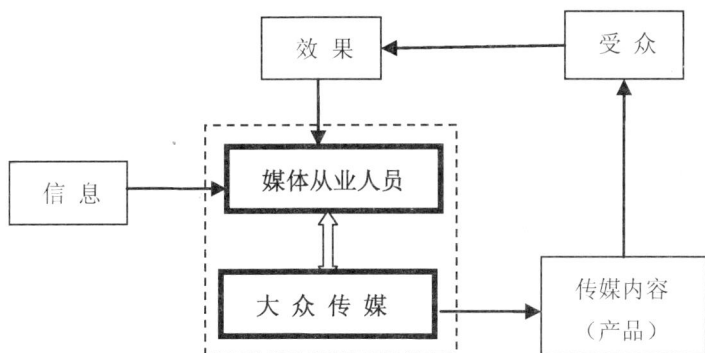

图 5-2：以新闻媒体及其从业人员为中心的监管框架

从传媒产制过程来看，传媒产品众多且刊播的时效性很强，因此对传媒生产的末端——产品的监管难度极大，充满变数令人防不胜防。如果将治理中心环节前移，即通过对媒介机构及其从业人员的监管来规范和治理其非规范行为，则是溯源性的治本措施。因为在新闻生产中，对各种社会信息进行过滤、取舍、加工、改造甚或引发扭曲、变形的中枢环节是由媒介组织及其从业人员来制定并实施的。

其次，传媒主管部门角色定位的调整，由事后刚性惩治转变为常规弹性监管，改变媒体主管部门是媒体遇险后的消防队员的职能与形象。新闻媒体的行政主管部门的合适身份应该是执法者和裁判员，通过出台部门性可操作的行政法规，给媒体组织和从业人员形成有权必履责的恒压态势。同时，重视行业协会的中间人角色，发挥这些机构的缓冲带作用。

再次，完善中国新闻传媒的许可证制度和从业人员资格证制度，建立准入与退出机制。这是决定新闻媒体命运的生死牌。为了用好这张生死牌，行政主管部门有必要制定与之相关的令业界和社会都可以接受的配套游戏规则。传媒主管部门与行业协会可以效仿交管部门交通违规罚分规则的思路，制定一种类似于欧洲传媒自律制度——传媒问责制（Media Accountability System，MAS）。[①] 我们的大致构想如下：1. 建立行业准

---

① 杨德威：《欧洲的"媒体问责制"》，《中国记者》2003 年第 12 期。

入与从业经营的许可证制度,利用行政和行业资源赋予每级新闻媒体相同的信誉分值,例如100分。2.将各种非规范行为及其导致的后果通过分值加权予以量化,制定一个处罚分值的明细规则表。3.建立一个有广泛社会参与的报刊互联网阅评、广播电视监视监听队伍,同时建立公众举报机制,使新闻媒体实时接受监控。媒体一旦出现失范现象,执法机构会同有关专家及时对失范现象进行非规范行为类型与行为责任归属,确认其行为性质与责任主体,根据所违反的条款细则扣减其信誉分值,并定期公布罚分情况。4.当媒体被分配的信誉分值低于某一限度时,例如80分,可以通过行政或行业渠道进行经济制裁,并向社会通报。如果媒体机构继续实施非规范行为而被罚分,当其分值低于60分时,则该栏目或板块自动停办。以电视台为例,当某频道累计有多个栏目因非规范行为被罚分停播,那么可以在下一轮许可证审核时,改组该频道甚至将之淘汰出局。

同理,媒介组织也可以依照同样的治理思路,通过建立从业人员资格准入和信誉记录的方式,将媒体非规范行为导致的不良后果落实到相关责任人。当从业者的信誉分值被减到一定额度时,取消其从业资格证,几年内不得从事媒体工作。若其再进入传媒业,必须按程序接受记者养成教育,重新申请从业资格证。

全面改善包括新闻媒体非规范行为在内的传媒业界整体状况的根本出路,无疑在于法治之路和社会文明程度的提高。然而对于当前比较突出的由媒体非规范行为引发的不容乐观的传媒失范表现,传媒主管部门和行业协会可以通过调整治理思路而更有作为,即通过框架内的规章或办法的制定和调节来改善媒介状况,优化传媒环境。此处设计的治理思路,也许只是众多方案中的一种。它旨在提供一种思路,即对新闻媒体非规范行为的治理需要建立一套长效刚性治理机制——以常规性预防、监管为主,富有弹性空间,同时又具有较强的可操作性。

(三)新闻媒体如何规避非规范行为

如果说上述纠治思路是一种机制性结构治理,是外在强制性的他律,那么此处就新闻媒体自身如何主动规避非规范行为展开论述,即从传媒自律层面进行探讨。下面试从理念与操作两个层面提出一些设想。

从理念层面来说,首先,媒体及其从业者不能见利忘义,要树立新闻专业主义的职业意识。

市场化背景下,媒体的运作很容易受本部门或个人经济利益驱动。在这种情况下,并不是每个媒体从业者都能坚定"铁肩担道义"的职业操守。我们在对媒体从业者的调查中发现,不少情况下,是在利益与道义的博弈中,由于新闻专业主义意识的弱化而导致了非规范行为。复旦大学周胜林先生在《市场经济与"新闻炒作"》一文中说,"新闻媒介炒新闻,是为了以新奇、刺激的内容引起轰动效应,赢得读者、听众、观众,扩大销路、提高收视率,从而增加广告收入,压倒对方。"结果,新闻媒体和新闻记者的独立原则遭到破坏。炒新闻是如此,不少假新闻的出现亦如此。事实上,有不少假新闻的出现都是在传播者已有所觉察的情况下故意为之。"欲得周郎顾,时时误拂弦",说的是三国时周瑜潇洒英俊,又颇通音乐,一女子为了得到他的青睐(用今天的话来说,为了争夺受众的眼球),在为他弹琴时常常故意弹错,以引起他的注意。这种做法今天频频被一些媒体"借鉴",出于经济利益的考虑,媒体不仅对一些很容易识别的骗术不加甄别,以讹传讹,甚至还自己制造一些"错误",做出一些有悖常规的事来引人注目。如2006年妇女节前夕,一些媒体竞相炒作《湖南78岁老妇第九次怀孕》的假新闻。这样明显有悖常识的"新闻",普通读者凭最简单的常识就可以看出真假,而媒体却在极力证明其真实性,并为之津津乐道。我们认为,"78老妇怀孕"考验的不是记者的常识或知识,而是其良知与职业道德。记者明知其假,却故意要以假为真。如果是想辨伪并不难,一可凭常识,二可问专家,三可做检查,方便得很。但媒体宁愿对假新闻采取暧昧态度。① 对此,李希光先生尖锐地指出其中之"技巧":"追求'尖叫'效应的一些传媒,甚至为了制造轰动新闻,即使冒着新闻造假之嫌,也不

---

① 郭光华:《为何媒体对假新闻持暧昧态度?》,《新闻记者》2006年第4期。

惜铤而走险。利益双方认为,在'尖叫'之后,企业的广告信息被充分传播,媒体的知名度(且不管是美名还是恶名)得到大幅提升,双方的利益得到了双赢。"他根据研究得出结论,为吸引"眼球",媒体在选择新闻题材时,对于企业丑闻、名人绯闻、社会传闻、暴力和灾难等新闻偏爱一筹——越是"坏消息",越能成为商业化时代报纸的头条和亮点,在读者"尖叫"声中,发行量高歌猛进,广告纷至沓来。与此同时,媒体日趋商业化,为争抢第一时间报道新闻,还促使偏离传统新闻学的坏新闻在一些媒体涌现:不核实、不准确、不公正、猜测、低级趣味。显然,这个时候,在一些媒体,传媒的使命与现实出现矛盾,发生了畸变。李希光认为,其根源在于商业利益的驱动。[①] 由此想到一些学者正在倡导"绿色收视率",提出不单纯以经济上的获利为唯一目标,而要以综合考虑社会效益,并且要以社会效益为首要考虑指标。这些意见是很有眼光的,有社会责任感的媒体应当以此作为考量标准。

从操作层面来说,要坚守好新闻工作者严谨的工作作风。

真实是新闻的生命所在。这一点虽然是新闻从业者最为起码的常识,但近些年对此有所松懈。虚假报道常见;记者道听途说所得,往往就直接成了报道内容。有人批评现在的记者只"访"不"采"了。特别是有些文字报道记者,不采、不记、不写,靠泡会议、打电话采访,双脚不接"地气"。这些人不深入采访一线,自然只能靠主观臆断,没法准确鉴别。以2005年被媒体炒得沸沸扬扬的湖南某高校开设"新闻炒作学"一课为例。当地一家媒体听湖南师范大学新闻与传播学院一讲师说,他已在学院开了一门"新闻炒作学"的选修课,于是匆忙写出报道。此事引起全国不少媒体的跟进报道。但所有的记者都是电话采访。开始,电话采访当事人,称有此事;后来事情闹大了,学院负责人不得不站出来"辟谣",媒体便又跟着说没有此事。究竟有,还是没有?大家瞎胡闹一场,谁也没搞清楚。新闻从业者应提倡严谨的工作作风,谨防上当受骗,失信于民。

---

① 李杜:《与商业化时代媒体博弈》,《长沙晚报》2005 年 3 月 31 日。

新闻媒体非规范行为已经成为一种较为普遍的现象。它是新闻业"四大公害"——虚假报道、有偿新闻、低俗之风和不良广告产生之源头。从源头治理,有助于问题得到根本性的解决。对此,我们充满信心。

二、新闻改革中学术研究与新闻实践的良性互动

经过 30 多年改革开放的历程,中国的新闻事业也与其他领域一样,发生了很大的变化。回眸变化的历程,我们发现:理论界的探索与新闻业界的积极实践,二者配合默契,常常是前后呼应,彼此合作,一波又一波地推动着新闻改革。具体来说,可以分为理论先行实践随后与实践先行理论跟进两种形态。

(一)由理论界先行引发的实践革命

由理论界先行引发的实践革命,30 多年的改革历程中,影响最大的主要有:信息概念与传播学的引进,新闻商品性的讨论,以及新闻专业主义理念的引介等。

1. 信息概念与传播学的引进

正如关于真理标准的大讨论引发了改革开放的第一次思想大解放一样,新闻界的改革也是先从理论界的探索开始的。打倒"四人帮"后,各领域各行业都提出"拨乱反正"的理念。"正"是什么? 它在哪儿? 客观地说,当时的新闻实践界并没有很好的认识,"反正"在一些人那里成了返回到"文革"之前。这是一个"知"比"行"更难的时候,"摸着石头过河"成了当时的流行语。正当此时,20 世纪 80 年代初中期,理论界引入了"信息"概念及信息理论。现在回过头去看这场讨论,真有"好雨识时节,当春乃发生"之感,毫不夸张地说,具有启蒙意义。

"信息"概念的引进与讨论,并非始于新闻界。当年关于"信息"概念的讨论,内容也涉及方方面面。信息论、系统论、控制论等形成的"老三论"在社科界深入人心,出现了"方法论热"、"方法论年"现象,限于篇幅,当年诸多的讨论观点不便再重复。这里关键的问题是,这一本该最

先由新闻界觉悟到的概念,终于在大讨论中被新闻学界引入到了自己的领域,并由此引发了在其他领域不曾出现的一场观念与实践上的变革。它对中国新闻事业产生的影响意义不可低估,李良荣先生当年从两个方面作了概括:首先,它涉及"对新闻媒介功能的重新定位"问题,"新闻媒介究竟以传播信息为第一功能还是以宣传为第一功能"? 其次,观念的变化引起操作层面的系列变化:一是引起媒介结构的变化,"一大批以提供纯信息,尤其是经济信息为主的报纸纷纷创办,电台电视台也纷纷开出以提供经济信息为主的新频道"。二是媒介内容构成的变化,纯信息的新闻逐步在各新闻媒介占据重要地位。三是新闻报道模式的改变,如出现了预测式报道、深度报道等写作形式。① 潘忠党先生说:"应当补充的一点是,'信息'概念的引进对于恢复媒介广告、并为媒介刊载广告的'正名',起了关键性的作用。"② 新闻业务方面,信息概念所导致的变化还在于:一方面引起了关于新闻作品特征的思考,即"新闻作品的根本功能和职责是传递新闻信息",另一方面,信息概念成为了解新闻文体形成与发展的一把钥匙,即:新闻文体是适应传递新闻信息的需要形成的,"传递新闻信息是新闻文体赖以存在的内在根据"。③ 这些观念的变化直接导致新闻体裁、新闻报道方式、写作方式的变化,使新闻媒介的面目焕然一新。以上诸点,最具革命意义的是改变了过去媒体重宣传轻信息的观念和催生出一大批不以报道新闻为主要功能的专业信息媒体。

李良荣认为信息的引进,首先是对媒体单一的"宣传"使命提出挑战,这一观点是非常准确的。宣传和新闻报道其实都是信息传播,但前者是信息的重复与强化,后者是信息的发现与增量。新闻理论界并没有全面去讨论"信息"、"三论"的内涵,而是如李良荣所说,突出接受的是"信息灵

---

① 李良荣:《十五年新闻改革的回顾与展望》,《新闻大学》1995 年春季号。

② 潘忠党:《大陆新闻改革过程中象征资源之替换形态》,《新闻学研究》第五十四期,1997 年 1 月出版,台湾"国立"政治大学新闻研究所发行。

③ 姚福申:《新时期中国新闻传播评述》,复旦大学出版社 2002 年版,第 9、10 页。

敏"、"信息量大"这些体现新闻信息特征的内涵。新闻业界的理解也是如此。如穆青就说："我认为,能否及时提供大量有价值的信息,是衡量报纸办得好坏的一个主要标准,也是测验报纸是否联系群众的一个重要标志。新闻改革的主攻方向也在这里。"①这一拿来主义的做法,让迷失了方向的新闻实践界找回了新闻本体。

"信息"概念的引进,拓宽了新闻媒体的功能。这让新闻业界茅塞顿开,催生了一大批专以提供各类信息的专业类媒体。如1985年、1993年我国先后出现了两次办报高潮。1981年时全国报纸还只有242种,至1985年猛增至1445种,1993年增至1952种。新增的报纸主要功能就是提供各类信息特别是经济信息,如投资、金融、房地产、证券,还有高科技等。② 这些变化,使得新闻媒体与经济的关系越来越近,为日后的媒介产业、文化产业发展埋下了重要的伏笔。

与"信息"概念的引进几乎同时,新闻理论界开始引进传播学,最初仅限于高校课堂,但理论界很快将其推向实践界。传播学者明安香这样概括传播学的引入给我国新闻学及新闻事业带来的影响："首先是观念上的变化,过去把新闻机构看成阶级斗争的工具,引入传播学后,新闻机构是信息传播媒介。新闻机构的主要功能是信息传播而不是无产阶级专政的工具;其次是对新闻改革产生的重要作用,新闻媒介和新闻工作者更加注重对受众的研究,我们的传播由传播者本位逐步转向了受众本位;第三个变化是注重对效果的研究,对信息本身的研究。"③这一说法大致是准确的,但是我们联系之后发生的变化,就会看到这一评价还比较保守的。我们认为,传播学的引入对我国新闻观念的改变是具有革命性质的。首先,也是最为根本的问题,传播学的引入,为新闻学拓宽了理论视野,将新闻理论与实践与有着深厚理论积淀的传播学紧密结合起来,并且用传播学浓厚的社会科学底蕴武装起学术界与业界人士的头脑,帮助实践界从一

① 穆青:《为群众提供更多的信息》,《中国记者》1992年第8期。
② 梁衡:《新闻原理的思考》,人民出版社1996年版,第132—133页。
③ 袁军等:《传播学在中国——传播学者访谈》,北京广播学院出版社1999年版,第4—5页。

个广阔的视角审视其所从事的新闻传播事业,特别是形成了一种思维定式,即从传播研究的几大基本要素——传播者、传播媒介、传播对象、传播内容、传播效果——出发思考新闻实践中的具体问题,这种改变是观念层面的,更是思想深处的触动。其次,传播(Communication)一词的含义让人明白了,传播必须是双向的、平等的交流。传播学非常注重了解受众的需求意愿。这些理念马上为新闻界所接受。受众调查、注重信息反馈,是当时一些比较开明的媒体比较时髦的做法。但受其影响最大的,是党报的办报理念的改变。过去那种高高在上、发号施令的做法,开始引起反思。如范敬宜在出任人民日报总编辑后,就提出党报应当放下架子,贴近群众、贴近实际、贴近生活。[①] 直到后来新闻工作"三贴近"原则的正式提出,都与传播学的这些观点有着密切关联。第三,实践界更加重视媒介传播效果的考察,传播学关于效果研究的一系列理论与方法在经过学术界的引介后,都被新闻业界广泛吸收,并被应用到受众调查与传播效果评估之中,随着学术界的推广与阐释,读者调查、视听率调查、广告市场监测与效果评估等概念深入业界人心,调查与评估结果直接参与到栏目的设置、改版、兴办等等新闻改革与创新环节中,从新闻业务水平到新闻传播效果,再到媒介经济效益与社会效益各个方面都有很大的提升。

2.新闻商品性的讨论

有关新闻商品性的讨论也是从学术界开始的,1984 年党的十二届三中全会提出实行有计划的商品经济的方针,新闻理论界在随后几年讨论过新闻商品性的问题,只不过当时提的是"商品经济"。1992 年邓小平南方谈话以及党的十四大的召开,可以说是理论界真正开始热烈讨论新闻商品性的政治背景。党的十四大首次提出建立社会主义市场经济体制的改革目标。这不仅是一次重大的经济体制的变革,也是一项巨大的社会变革工程,更是一次深刻的思想革命,直接推动着第二次思想大解放。社会主义市场经济改革以及境外新闻媒介的冲击,使得从来没有面对竞争

---

① 范敬宜:《总编辑手记》,人民日报出版社 1998 年版,第 191、193 页。

压力的中国新闻媒介感受到了前所未有的危机意识,媒介竞争的环境与态势开始发生转变,新闻事业面临着从计划经济向市场经济整体转化的问题。这种转化是前所未有的,必将带来观念上与新闻实务方面的重大变革,首要的问题就是新闻业的自身发展问题。在大多数新闻单位还不适应或者说没有意识到这一点的情况下,学术界开始讨论有关新闻的商品性、媒介产业化、市场化等问题,试图从观念上事先导入。童兵教授发表于 1993 年的论文《从马克思论商品看新闻的商品性》较为权威,文章首先肯定新闻具有一切商品的共性,同时,又指出新闻作为商品的特殊性:新闻是以意识为主呈现的商品,是以智力为主生产的商品,是以信息服务为功能的商品,其使用价值的实现有其特殊的作用机制。为此,新闻单位应当做到:力争最大限度地实现新闻生产适销对路,扩大报道面,加大信息量,不断开拓新闻报道的领域,为新闻记者广开获取新闻的渠道,不断增强新闻的透明度,讲究实际效用,必须持之有据,言之有物,富有切实内容,不能空洞说教,要新鲜及时,应强化竞争意识,提高竞争能力,千方百计争夺受众,争发新闻,扩展新闻覆盖面,在坚持社会效益的前提下,强化经济效益意识,以强有力的经济实力参与竞争,占领市场。[1] 这些观点在当时的讨论中具有一定的代表性,对于正在探索社会主义市场经济体制下的新闻改革方向的新闻媒介而言,承认新闻的商品性,新闻单位的管理体制就有改革的必要,就可以把报社当成企业来办,最大限度地发挥社会主义报纸的商品性,千方百计提高新闻媒体的经济效益。同时,承认新闻的商品性也将会促进新闻媒体在新闻报道业务方面的改进,通过提高新闻报道水平和新闻传播质量,更好地发挥舆论监督职能,从而提高新闻媒体的社会效益。

尽管新闻商品性的讨论存有不同的意见,也有人坚决反对新闻的商品性,甚至将新闻的商品性与有偿新闻、新闻庸俗化等直接联系起来,最终还是在社会主义市场经济改革大潮的推动下基本达成了一致意见。讨

---

① 童兵:《从马克思论商品看新闻的商品性》,《新闻与传播研究》1993 年第 2 期。

论的结果告诉人们,新闻的商品属性虽然是一把双刃剑,但它是符合新闻事业发展的实际情况的。这场讨论对于中国的新闻事业改革而言,意义尤其值得重视。直接推动了新闻业界的改革实践,产生了一系列观念层面的变革。第一,市场观念。它顺应了由计划经济向市场经济转型的潮流。促进了以传者为主的新闻生产格局向受市场左右的受者为主的生产格局转型,为面临"断奶"的部分新闻媒体重新谋到了生存之道。第二,竞争观念。推向市场后的新闻传播业,在市场竞争中大大提升了自身的能力。优胜劣汰,一大批深受百姓欢迎的媒体脱颖而出,如都市报的横空出世。第三,效益观念。追求效益是新闻媒介生存的目的所在,这种效益包括传播效益、社会效益、经济效益等。这就牵涉到很多有关传播方式、传播手段、传播渠道、传播管理等方面的问题,引发了业界的一系列思考,并付诸实践。第四,受众观念。受众的地位进一步得到重视,一度流行颇具商业气息的口号"受众即上帝"(模仿商界"顾客即上帝"之说)让我们清楚地看到了这一点。今天回观之,这一口号虽然具有迎合受众之嫌,但却是对过去那种"唯上"式的办新闻理念的矫枉过正。人们诙谐地称过去办新闻是让"一老"(老干部)满意,现在是要让"三老"(老干部、老百姓、老板)满意。在这一观念的引导下,新闻单位在媒介产业化、市场化甚至集团化方面进行了大胆的尝试,同时在新闻业务层面进行了一系列的回归"受众本位"、"新闻本位"的变革,如 1990 年前后的报纸周末版、扩版潮,1993 年中央台《东方时空》的开播,1994 年后《焦点访谈》、《新闻调查》等纯新闻栏目的开办,1995 年前后的都市报风潮,1996 年的报业集团化改革等。这些在中国新闻改革历史上具有里程碑意义的改革已从实践层面证明了理论界的某些观点,新闻商品性的讨论为后来的媒介产业化、市场化、集团化发展打下了坚实的理论基础,理论界关于媒介市场化、产业化、集团化的讨论不再是能不能的问题,而是如何做,以及如何防止出现偏差的问题。

3.新闻专业主义理念的引介

尽管西方新闻专业主义风靡西方新闻界半个多世纪,中国新闻学术

界对新闻专业主义的关注与引介还是 20 世纪末 21 世纪初的事情。最早
介绍新闻专业主义的是李金铨教授,他在 1997 年发表于《新闻与传播研
究》上的文章《香港媒介专业主义与政治过渡》,对新闻专业主义进行了初
步阐释。① 随后,郭镇之、黄旦、陆晔、潘忠党等学者先后就新闻专业主义
的由来、信念、特征、现状、话语体系以及中国社会转型过程中的新闻专业
主义萌芽进行了系统的引介与梳理②,自此,新闻专业主义开始吸引国内
学者的目光。学术界对于新闻专业主义的引入,无疑具有很强的针对性。
它针对了什么呢? 我们认为,第一,它是对"新闻有学"的迟到的补注。我
国过去流行"新闻无学"说,这很大程度上是因为新闻事业缺乏独立的地
位,总是成为政治的附庸。第二,它有助于新闻工作者的专业定位。在经
受政治、经济潮流轮番冲击下的新闻业,能否独立行事,独善其身,已成为
制约着自身发展的瓶颈。学术界对新闻专业主义的引介与中国式解读,
可以说突破了中国新闻媒介职业化及职业理念的认识盲区,在倡导新闻
从业人员职业道德与职业操守的规范化与自律化,建构新闻职业理想及
媒介职业道德体系方面,起到了积极的推动作用。有学者认为:在中国新
闻改革过程中,"专业主义"的理论与实践,成为重构媒介与新闻从业者的
社会角色与功能、改变新闻从业者群体特征的重要象征资源,具有"解放"
的作用。在传媒职业精神与工作规范、报道风格与形式、专业性与独立性
等方面对中国新闻业具有借鉴意义。③

　　新闻专业主义的引入,从表面上看,并没有导致宏观式的变化,但它
为中国的新闻从业者提供了一种鲜明的可参照的新闻职业化与职业伦理
标准,为他们树立了职业精神标杆。从这一点来说,它具有启蒙意义。特
别是它影响了新闻界的一批精英。这一点我们可以从历年来的一些新闻

---

　　① 李金铨:《香港媒介专业主义与政治过渡》,《新闻与传播研究》1997 年第 4 期。

　　② 参见郭镇之:《舆论监督与西方新闻工作者的专业主义》,《国际新闻界》1999 年第 5 期;黄
旦:《新闻专业主义的建构与消解——对西方大众传播者研究历史的解读》,《新闻与传播研究》2002
年第 2 期;陆晔、潘忠党:《成名的想象——中国社会转型过程中新闻从业者的专业主义》,《新闻学研
究》(台),2002 年第 71 期,第 17—59 页。

　　③ 张立勇:《"新闻专业主义"对于中国新闻业的参考价值》,《对外大传播》2006 年第 6 期。

事件的报道中依稀看到:广西南丹矿难报道、孙志刚事件、"非典"时期新闻从业者的作为,以及刚刚过去的四川地震报道等都是。新闻专业主义的影响在西方社会已渐渐融化于新闻业的各类社会控制体系之中,成为其中的一种媒介控制方式,我们有理由相信,它在中国新闻实践界的作用力还远不止于此。

（二）由业界实践先行而引发理论界的跟进与论证

中国新闻改革是伴随着政治、经济、社会文化层面的改革而前进的,因此新闻改革多多少少受到政治体制改革、经济体制改革、文化体制改革等方面的制约与引导。新闻界的许多改革实践都是在民主政治建设、市场经济改革、文化体制改革的现实语境中展开的,在这方面往往是业界先有实践,继而引发理论界的归纳、总结与探讨。这种情况多体现在媒介平民化变革、民生新闻实践、公共新闻理念以及新媒体技术引发的数字新媒体发展等方面。

1.媒介平民化、民生新闻、公共新闻的实践与理论探讨

媒介平民化可以说是在转型期平民化的社会语境下形成的一种社会风气,平民化代表了 20 世纪 90 年代以来中国文化从精英启蒙向大众文化的转型。平民化理念核心是以人为本,平民化在本质上是社会平等化,它表现为公民的政治参与意识的提高,公共道德观念的增强,等级观念的淡化,人与人之间的关系趋于平等,舆论环境的宽松。[①] 当前新闻媒介使用频繁的一些概念其实就是平民化理念具体化的表现,如"民生为本"、"三贴近"等。在平民化的转型过程中,新闻媒体迅速作出了回应,由原来的唯上与官本位风格向平民生活靠拢。中国新闻业的平民化首先还是从报纸开始的,20 世纪 90 年代前后出现的周末版、扩版潮,开报纸平民化与市场化之先河,被一些学者称为我国传播业的第一次"平民化革命"。[②]随后,中国新闻媒介一步步踏上了平民化的道路:从《东方时空》的开播到

---

① 周自祥:《媒介平民化理念的思考》,《当代传播》2005 年第 2 期。
② 喻国明:《中国媒介产业的现实发展与未来趋势》,《中国人民大学学报》2002 年第 1 期。

各地方台兴起的"焦点"类新闻热潮,再到 1995 年前后出现的都市报风潮,从《中国青年报》的《冰点》栏目到《华西都市报》的"市民生活报"定位,再到时下正在盛行的"民生新闻"热潮,贯穿着中国新闻媒介平民化的进程。新闻业界的每一次平民化实践都得到了学术界的回应,一系列研究论文,或归纳媒介平民化所带来的新闻业务方面的改革,如:报道意识、报道角度、信息取舍、新闻语言等发生的变化;或从传受关系角度评价平民化所彰显出的新闻传播规律的回归。也有研究者从反面警示媒介平民化可能带来的负面效应,以防止新闻业界将平民化曲解成庸俗化,把读者当成追求猎奇煽情的对象,忽视传媒作为"社会公器"的功能,从而使媒介平民化步入媚俗化的困境。总体而言,学术界关于媒介平民化的讨论既可以说是对新闻业界平民化实践的一种理论阐释,同时又以批评者、评价者的立场进行学术监督,学界业界共同推动着新闻媒介平民化的进程。

　　进入 21 世纪后,新闻业界在平民化方面的尝试直接催生了民生新闻的盛行。严格意义上说,民生新闻生长孕育于都市报,发展壮大于电视媒体。早期的党报以及后来的晚报、都市报大都辟有关于民生的新闻版面,特别是 20 世纪 80 年代的晚报和 90 年代中期勃兴的都市报,可以说是民生新闻的最早策源地。但是,真正使"民生新闻"浮出水面并引起广泛关注的,无疑是电视新闻媒体。电视民生新闻兴起一年多后,《现代传播》2003 年第 2 期以个案研究的形式率先开始关注这一新的电视新闻传播现象。李幸教授将民生新闻称为"中国电视的第三次革命",[①]成为学术界对民生新闻较早的积极评价,而有关电视民生新闻的研究也迅速成为新闻传播学研究的一大热点。相关研究论文呈逐年上升之势,各类关于民生新闻的专题讨论、个案研究、专栏文章层出不穷。这些研究论文,有相当一部分是业界人士对民生新闻的创办、发展、繁荣等实践过程的回顾与总结,以及对民生新闻存在问题的反思。业界人士从感性层面到理性认知,从传播理念到实践操作,将电视新闻传播领域出现的这一新样式原

---

① 李幸:《十年来中国电视的第三次革命》,《视听界》2004 年第 1 期。

汁原味地展现出来。学界的研究则更趋于理性,多数研究者以民生新闻的现实文本为研究模板,系统阐释了民生新闻的含义、特征、时代背景、生存环境、价值理念、传播方式、竞争策略、发展现状、未来趋势,以及民生新闻的舆论监督、话语表达、受众群体,民生新闻的社会影响及其负面效应等问题,并指出了今后发展中需要注意的一些关键问题。①

媒介平民化及民生新闻的实践可以说突破了新闻传播的官方视角、传者中心与唯上取向,开启了传播理念与传播行为双重平民化的媒介现实。而关于媒介平民化以及民生新闻的研究,学术界的讨论与业界的实践可谓交相辉映,互为借鉴。一方面,学界的研究对民生新闻实践中的经验进行归纳与总结,对民生新闻出现的问题进行批评与纠正,另一方面,业界不断的创新与实践又为学界的研究提供了鲜活的素材与案例,学界与业界共同审视民生新闻的发展轨迹,共同探寻地方电视新闻媒介的生存发展之路。

由于民生新闻的平民化的传播特点,在经过一轮热潮之后,民生新闻逐渐陷入琐碎化和媚俗的困境,如果要长期生存,必须谋求节目内容与形式的创新。学术界开始引入美国公共新闻理念对民生新闻的未来发展进行构思,认为这是民生新闻发展道路上的一种转变,这种转变也将赋予媒体和观众更加神圣的使命。公共事件的形成、公共话题的产生,培养的不仅仅是有社会责任感、历史传承感的媒体,也将培养观众的社会责任意识和参与意识,这是构建社会主义和谐社会的题中之义。公共新闻理念要求,在报道基本事实的同时,新闻传播者还要以组织者的身份介入公众事务中,发起公民讨论,组织各种活动,寻求解决问题的对策,使公共问题最终得到解决。促使公共新闻成为我国新闻学研究热点的是 2004 年《国际新闻界》刊登了蔡雯的《"公共新闻":发展中的理论与探索中的实践——探析美国"公共新闻"及其研究》,对公共新闻的总体特征作了系统的介绍,使国内学者第一次从理论上比较全面地认识了"公共新闻",迅速展开

---

① 侯迎忠:《电视民生新闻研究综述》,《现代传播》2006 年第 5 期。

对我国媒体自觉或不自觉的公共新闻实践,及其所带来的方方面面的变革,如传播观念、栏目形态、内容生产方式等方面的研究与探讨。多数学者认为从民生新闻到公共新闻或许是一条民生新闻的可持续发展之路,也有不同的意见对"公共新闻"的前景并不乐观。而业界在这方面的实践几乎与理论界的讨论同步进行,江苏卫视《1860 新闻眼》从开播时就标榜要走"公共新闻"道路,并在 2004 年 9 月 27 日对江苏省厅级干部"公推公选"进行现场直播,开国内先河。只不过这种尝试并没有形成一定的气候,导致该栏目主创人员不得不将栏目方向从"公共新闻"调整为"搭建公共平台"。而民生新闻构建公共话语平台的尝试也并未收到奇效,有的干脆已经放弃这方面的努力。目前的民生新闻已经从当初的高峰期进入一个平稳发展的时期,甚至有些地方台的民生新闻已经开始走下坡路,民生新闻面临着结构转型和新一轮的调整,学术界及时提出民生新闻的转型与可持续发展问题,并希望通过学术界的理性思考促进民生新闻的品质提升和品牌延伸。

从某种程度上说,民生新闻的理论研究与业界实践是在一种相互交叉而又各行其道的状态下进行的,也许业界的实践并不完全依赖于理论界的指引,理论界的研究也未必能够清晰而准确地描述民生新闻未来的发展轨迹,但是,也许正是理论界不断的反思、批评、争论、警醒,才会使民生新闻的实践在摇摆中前行,在发展中调整,甚至很多关于民生新闻的基本问题都还在争论探索之中。从这一点来看,学术界之于民生新闻的实践而言,其作用不可轻视。

2.数字化背景下的新媒体发展及相关理论探讨

近年来,随着传播科技的飞速发展,依靠信息技术成长起来的新型传播媒介越来越受到人们的关注,新媒体不仅改变了信息传播的方式,也大大丰富了传播的内容,带给人们生活方式、信息消费方式乃至社会交往方式的多重变化。与此同时,技术的发展又使传播介质不断更新,推动着新媒体样式的不断翻新。从最初的互联网到手机媒体再到博客、播客,从 IPTV 到数字电视再到移动电视,最终发展到现在的多媒体融合态势,技术的更新推动着新闻媒介传播载体与传播形式的更新,成为当今媒介自我发展的主流趋势。新媒体传播形态的变革在业界的繁荣也激发了学界对其研究的热衷,到现在又成为理论界讨论的热门话题,大批研究者随着新媒介技术的进步而开拓出一片崭新的理论空间,新闻传播学专业期刊上纷纷开设"新媒体研究"方面的专栏,有关新媒体研究的专著不断推陈出新。总体来看还是业界的实践带动着学界的研究,从最初互联网兴起的时候,传统媒体开始兴办各自的网络版,学术界就开始关注网络传播这一新的传播模式之于传统媒体传播模式的差异与进步之处,从网络传播的特点、网络传播中的传播者、受众、把关人、传播效果、信息采集加工以及编辑等等方面进行了广泛的探讨,甚至开始比较或验证传统的传播学理论在网络传播中的表现或异同。后来的新媒体层出不穷,使得学术界的研究迅速作出反应,如手机短信的盛行引发人们对于"手机媒体"的思考,由此提出"第五媒体"的概念,随着手机订制、发布新闻信息等新业务的开办,以及后来的手机视频、音频业务等多媒体技术的推广,学术界又开始关注手机媒体的内容生产与信息污染治理问题。在这方面,学界继续扮演着一个解释者、批评者、预言家的角色。

随着数字传播技术的不断发展,媒介融合成为新闻与信息传播的未来发展趋势,西方新闻界已经开始这方面的推广,国内业界也有这方面的实践尝试,学术界及时关注到这一新的变化,开始系统研究媒介融合问题。国内较早开始关注这一问题的学者蔡雯、彭兰、孟建等,对媒介融合条件下新闻传播内容生产与业务拓展、数字技术带来的纸质媒介形态的变化,以及媒介融合对于建构媒介化社会所起到的积极作用等问题进行了深入的探讨。更多的学者是以新媒体研究为主体来探讨媒介融合的实践,对新媒体的产生过程、特点、生存和发展策略等多个方面进行阐释。而业界在传播形态与传播内容方面推陈出新的速度正如数字新媒体技术更新的速度一样,越来越多的业界人士将目光转向数字多媒体融合,并展开这方面的实践。如北京奥运会的报道,广州三大报业集团均采取了报网联合、多媒体融合的报道方式,专门开辟网络平台,滚动新闻、视频直播、传受互动、手机电视等新媒体传播样式大行其道,相信又会为理论界提供更多的新鲜话题。正是理论界对于业界在媒介融合方面的尝试迅速跟进,又形成了媒介融合研究的热潮。从整体来看,无论是新媒体还是媒介融合,抑或是融合媒介,业界的实践都可以说是"风风火火,兴味正浓",而理论界的研究也正在形成热潮。

综观改革开放 30 年来的新闻改革,中国新闻传播事业发生了很大的变化,这一方面是新闻业界不断创新求变的结果,另一方面与理论界的归纳、总结与推动不无联系。学界与业界可以说相互启迪、相互促进,共同推动着中国新闻改革向前发展。

三、文化产业化发展中媒介专业主义与商业主义的制衡

随着中央关于深化文化体制改革方针的确立,我国新闻媒介的发展已经进入文化产业化发展阶段,这是新闻改革进行到一定时候的必然选择,也是新闻媒介信息传播功能、意识形态属性以及文化产业属性进一步具体分化的结果。我国新闻媒介的三重属性早已在多年的"事业单位,企业化管理"以及媒介产业化、市场化改革进程中得以充分体现,这也是中央提出文化体制改革设想的前提条件和现实基础。文化体制改革的推行无疑将会为我国新闻媒介的产业化发展带来新的机遇,同时,也将带来一系列新的问题与矛盾,媒介专业主义与商业主义的制衡便是其中之一。媒介专业主义强调新闻媒介的专业化理念、客观性原则、社会责任意识,体现的是媒介的社会效益。商业主义则强调新闻媒介的商业化、市场化、产业化理念,以具体的经济效益为目标。如何调和媒介的经济效益与社会效益,做到两个效益的双赢,似乎是一个传统的话题。但是,越来越多的现实表明,新闻媒介产业化发展过程中,常常出现过分追求商业利益而违背专业主义原则与理念,损害社会效益的现象,这就面临着文化产业化发展中媒介专业主义与商业主义相互制衡的问题。专业主义作为新闻媒介的核心价值体系,是媒介存在的根本目标,媒介商业化与商业主义必须

服从与服务于专业主义原则,这也是媒介产业化发展的价值源泉。

(一)新闻媒介的专业主义及社会责任意识

新闻业的专业主义是美国政党报纸解体之后,在新闻业同行中发展起来的"公共服务"的信念。正如海林(Hallin D. C)所言:"专业化就是新闻业像其他职业一样遵循'公共服务'的伦理道德体系。"①新闻专业主义的目标是服务于全体人民,而不是某一利益团体。它最突出的特点,是对新闻客观性的信念,相信可以从非党派非团体的立场准确报道新闻事实。就像法律专业的"公正",医学专业的"救死扶伤"一样,新闻专业的信念是:传播事实、真相或真理(truth)。因此,新闻专业主义核心的理念,一是客观新闻学,二是新闻媒介和新闻工作者的独立地位和独特作用。②作为一种理想的新闻业的职业标准、态度和行为,新闻专业主义有着完整的规定性。即:"新闻媒介摆脱外界干涉,摆脱来自政府、广告商甚至公众的干涉;新闻媒介为实现'公众的知晓权'服务;新闻媒介探求真理,反映真理;新闻媒介客观公正地报道事实。"③新闻专业主义强调传媒作为一个独立的社会子系统的收集、整理、传播信息的功能和责任,在此基础上,它还包括一套关于新闻媒介的社会功能的信念,一系列规范新闻工作的职业伦理,一种服从政治和经济权力之外的更高权威的精神和一种服务公众的自觉态度。④ 因此,新闻专业主义实际上是新闻媒介和新闻从业者所追求的一种职业理想和操作理念,包括真实、客观、公正地报道新闻,以服务公众为中心目标,独立于政府、公众、财团,担负独特的社会责任等一系列行为规范和行业标准。这也是新闻媒介推动自身发展与社会发展相结合的原则与标准。

---

① Hallin. D. C(海林),"Commercialism and Professionalism in the American News Media",In James Curran & Michael Gurevitch (eds.)"Mass Media and Society",London New York:A member of the Hodder Headline Groups. p. 220.

② 郭镇之:《舆论监督与西方新闻工作者的专业主义》,《国际新闻界》1999年第5期。

③ 赫伯特·阿特休尔:《权力的媒介》,华夏出版社1989年版,第133页。

④ 陆晔、潘忠党:《成名的想象——中国社会转型过程中新闻从业者的专业主义》,《新闻学研究》(台),2002年第71期,第17—59页。

新闻媒介的社会责任意识在于新闻媒介在享有新闻自由,发展自身产业的同时,应该承担对于社会的道德责任。为此,需要建立一个与社会"分享共同价值"的大众传播体制,这是一个社会责任的体制,在这个体制中,新闻业享有某些权利,同时也承担责任和义务。社会责任论诞生于西方新闻媒介商业化、市场化盛行的年代,正是由于新闻媒介过分商业化而导致新闻自由的滥用,而引起学术界的反思,提出新闻媒介拥有自由的同时,还要承担社会责任与义务,并且这种责任更多地表现为一种道德上的责任。虽然社会责任理论生存的环境与我国新闻媒介的生态环境有着制度层面的差别,但是对于目前中国新闻媒介而言,依然有着重要的参考价值。首先,作为大众传播媒介,不论在哪种制度环境下,都应当对社会公众担负起公正、客观、真实地传播信息的责任,这就是媒介的环境监测功能。同时,还应当担负起传承文明、沟通社会等方面的责任。其次,中国新闻媒介正处于新闻改革与市场经济体制融合的新时期,媒介产业化发展同样存在着西方媒介所面临的过于商业化、市场化的问题,并且有愈演愈烈的趋势。这一点可以从一些媒介的过分娱乐化、媚俗化中找到相当多的例证,这说明我国新闻媒介迫切需要强调社会责任意识。再次,社会主义的新闻业担负着实现经济效益与社会效益的双重任务,尤其是社会效益的实现,更是新时期中国新闻媒介服务社会公众、推动社会进步、建设精神文明的具体体现。因此,媒介的社会责任论对于正处于媒介产业化进程中的我国新闻媒介而言,具有重要的现实指导意义。

(二)文化产业化进程中的媒介商业主义态势

商业化(commercialization)、商业主义(commercialism)这样的名词本质上属于经济学的概念,它们所反映的是经济社会中个人或团体、企业处理人与人、人与企业、企业与社会之间关系的一种准则,也是平衡商业社会经济秩序的无形杠杆。国人对commercialism的理解也是局限于经济学层面的,梁实秋先生主编的《远东英汉大辞典》里将commercialism解释为商业主义、重商主义、利润第一主义、商业精神及商业惯例或用语。颜元叔先生主编的《时代英英—英汉双解大辞典》将其译为商业原则、习惯、方法或精神。① 我们从这样的解释中还是依稀看到一些伦理规范方面的含义,也就是说,商业主义可以看做一种人们处理经济关系的伦理准则。将这一概念引入媒介经营活动,就表明媒介的社会控制系统中又多了一个重要的组成部分,以商业主义原则处理媒介内外各个层面、各个体系的关系,必将对媒介经营、媒介属性、媒介功能的定位产生重大的影响。"商业主义强调赢利,向公众提供新闻只是追求赢利的一种手段"②。媒介在商业主义原则下凸显其经济属性和产业属性,强调其作为企业、产业组织的根本特性。我们应当看到,虽然媒介商业化和商业主义是媒介经济属性和产业属性的现实表现,但是这种表现必须是局限于一定程度的。"如果只以交换价值、收视率、发行量来决定媒介文化产品的价值,支配媒介文化创作,而不以提高民族乃至人类的社会文明程度,即社会效益最高尺度,就会导致文化价值的危机"③。也就是说,新闻媒介对社会责任和道德义务的忽略都会导致过分的商业化和商业主义。媒介过分遵循商业主义原则带给社会和公众的是色情、暴力、庸俗的信息和虚假、煽情新闻,加之新闻传媒激烈的商业竞争机制和部分新闻从业人员个人素质的欠缺,新闻职业道德存在诸多问题,不择手段抢新闻、编造假报道、诱发犯罪、新闻诽谤、侵犯隐私、干扰公正司法等不一而足。而较为严重的莫过于"金元新闻",如近来广受社会关注的山西煤矿"封口费事件"等。

对于公众和媒介从业者而言,永远摆脱不了的一个话题便是,媒介是什么? 在社会政治经济活动的大背景下,媒介功能、角色、地位和作用到底应该怎么样确认? 这就牵涉到一个关系问题,即:新闻专业主义与商业主义的关系。不可否认,新闻专业主义理念的产生、发展,及其在新闻媒介活动中所起到的作用与影响无不有赖于商业化的社会经济环境。专业主义原则所要求的独立性、客观性、公正性与社会责任,多多少少是建立

---

① 梁实秋主编:《远东英汉大辞典》,远东图书公司印行,颜元叔主编:《时代英英—英汉双解大辞典》,万人出版社有限公司(台)1996年版,世界图书出版公司重印。

② 唐绪军:《报业经济与报业经营》,新华出版社1999年版,第59页。

③ 张国良主编:《新闻媒介与社会》,上海人民出版社2001年版,第93页。

在经济基础之上的。就如阿特休尔所言:"客观主义新闻观念的产生是媒介商业竞争的产物,'政治上的中立就是能取得商业上的赢利'。"①可以说,没有商业化的社会环境和媒介商业化、产业化的充分发展,新闻业永远只是政治、经济利益集团的附庸,更不可能完成其"服务公众"的任务。然而,过分的商业化与商业主义也使媒介远离专业主义的初衷,重商主义使媒介丧失其根本。面对西方新闻业中媒介所有权的集中、受众接触媒介几率的减少及受众对媒介依赖度的日益强化,人们不禁要发出这样的疑问:在不受社会制约、公众监督的情况下,西方媒介能给受众提供多少真实客观的信息? 这使我们不能不看到商业主义对新闻媒介作为社会公器的本质功能的强大冲击。同时,也许正是商业主义在媒介活动中的渐行渐盛,才有了人们对专业主义的怀想与追寻。由此而言,专业主义与商业主义是一对既对立又统一的矛盾体,矛盾双方相互排斥又相互制衡,缺一不可。

(三)文化产业化发展过程中新闻媒介专业主义与商业主义的协调与制衡

新闻专业主义与商业主义的冲突是媒介自身角色定位受到社会历史风向标的牵制而发生的左右摇摆。专业主义理念与商业主义原则,对于新闻媒介管理者而言,始终像是对弈者手中的棋子,既是目的,又是手段。在这种目的与手段的交替呈现中,媒介功能、媒介属性及因此而衍生的诸多操作层面的话语体系,构成专业主义与商业主义冲突与融合的特殊的辩证关系。从二者存在的现实基础和追寻的目标来看,这是一对既对立又统一的矛盾。"专业主义要求办报者担负起促进社会进步的职能,向公众提供真实的、公正的、健康的、有思想的新闻报道和其他社会信息。"这是媒介作为"社会公器",新闻记者作为"社会守望者"应担负的责任和义务,体现在现实中就是对社会效益的追求。与此同时,作为现代社会的媒介经营活动,必然与经济效益直接相关,从而使媒介内部出现编辑部和经

---

① 唐绪军:《报业经济与报业经营》,新华出版社1999年版,第59页。

理部两个权责分离又相互牵制的利益代表机构。编辑部负责精心编采、制作优美精良的新闻产品,经理部负责新闻产品的营销、发行。二者的劳动最后通过发行量、收视率和广告额得到验证与评价,缺一不可。这种编辑部与经理部权责分离又相互牵制的运作方式,可以进一步概括、抽象出媒介经营中专业主义与商业主义的互动模式:

职业化、商业化→ 竞争→ 媒介产品质量的提高→ 媒介经济利益的提升→ 媒介经济独立的可能→ 专业主义的保障与可行性→ 媒介权威性、美誉度、品牌形象的整合与提升→ 新闻业两个效益的双赢。

在这个模式中所反映出的几个层次及其前后的因果联系,就像企业的义利关系一样。作为企业,其最终目标是追求利润和投资回报,在实现这一目标的过程中其核心的因素是产品和服务,产品的质量优劣、技术含量影响到市场占有率和营销收益。而领导决策、员工素质、管理水平等各个环节是实现这一目标的各种控制系统。优质的产品、优良的服务、良好的营销策略为企业带来丰厚的利益回报,反过来又为企业产品创新,提高劳动生产率,扩大再生产,提供强大的物质保障。这其中不乏以假冒伪劣获取一时暴利的偶然现象,但市场经济的规范和秩序,最终会将那些有违伦理道德甚至法律的现象自动过滤掉。新闻媒介作为一种企业化经营的事业,也有许多相似的地方。从商业主义的角度来看,利润最大化是媒介追求的经济目标。实现这一目标,除了有赖于良好的经营管理和产品营销策略外,关键还在于媒介的产品质量,即:新闻报道的准确、及时、全面、客观、公正、权威、有价值等要素,这是媒介吸引受众注意力的根本条件,而上述这些要素恰恰又是新闻专业主义所涵盖和强调的。媒介要实现既有受众又有赢利的目标,就必须使专业主义理念与商业主义原则有机结合起来。2001 年,美国"9·11"事件使大部分传媒公司的广告收入减少,而且还不得不追加预算。然而,大多数公司表示,他们将不计算短期的收入损失而看重大规模报道给他们的"新闻品牌"带来的长期价值。美国在线——时代华纳公司首席财务官迈克尔·凯利说:"我们将倾尽所有,客观地报道这场战争,确立自己对此类事件的报道风格。"《纽约时报》集团董事长小阿瑟说:"新闻质量是公司成功与否的关键,我们仍将竭尽全力为用户提供一流的新闻报道。"①

近年来,我国新闻媒介在实践专业主义理念,彰显新闻媒介的社会责任方面也有不俗表现,以《南方周末》和《南方都市报》为代表的南方报系,堪称新闻媒介践行专业主义与社会责任的典范。从 2003 年的孙志刚事件、"非典"期间的新闻报道,到 2008 年初珠三角地区新《劳动法》实施过程中的维权行动,再到近期关注全球金融危机对市民、外来工生活带来的影响,南方报系不仅有大量充实的新闻事件的及时报道,还有时新辛辣的新闻评论,针砭时弊,替民代言,成为市民生活中不可缺少的精神支柱。而以民生新闻为代表的广州电视新闻媒介也表现出强烈的社会责任意识,广州电视台民生新闻栏目《新闻日日睇》在关注民生、体察民情、替民代言的日常报道基础之上,先后策划了《2005,你好广州》、《走进同德围》、《情义广州帮帮珍姐》等多次大型系列报道,对广州居民所面临的交通、医疗、教育等问题进行了全方位、多角度的报道。特别是 2008 年"5·12"汶川大地震发生后,《新闻日日睇》及时组织广州街坊进行爱心捐助,并出动"爱心直通车"将捐助物资直接运送到地震灾区,节目播出后产生了很大的反响,广受好评,这一系列举措都反映出以民生新闻为代表的电视新闻媒介在担当社会责任方面所作的积极努力。南方报系以及民生新闻的一系列新闻报道不仅是专业主义理念的充分体现,而且还通过报道拉近了市民与媒介的距离,提升了媒介影响力,增强了市场竞争力,树立了良好的品牌形象。这一切都为我国新闻传播媒介在事业与商业、义与利、经济效益与社会效益等等矛盾与冲突中寻求化解矛盾、调和冲突的良方提供了较好的参照体。

我国文化体制改革的基本思路就是要将新闻媒介的新闻宣传业务与媒介经营分离开来,也就是事业与商业分开。具体而言,新闻业务与媒介内容制作层面依然按照新闻媒介内容生产环节进行操作,而新闻媒介的

---

① 《一眼盯受众 一眼盯钞票》,《参考消息》2001 年 10 月 24 日。

经营管理层面则可以完全放开,自负盈亏、自我发展,实行完全产业化经营和市场化运作。这样的改革思路是基于中国加入 WTO 以来,全球化的新闻媒介竞争态势日趋明显,我国新闻媒介迫切需要做大做强,壮大实力,以形成独立的民族文化产业优势这样的媒介生态环境。而专业主义理念与社会责任意识始终是文化产业化发展进程中新闻媒介应当遵循与坚守的,这也是以新闻媒介为代表的我国文化产业赖以生存、发展与壮大的根本。

四、建设中的中国特色"新闻批评学"

(一)我国新闻阅评制度的建立

中国的新闻阅评,是由中国共产党各级党委宣传部负责实施的。目前主要在中央、省、地市三级开展。1994 年,中宣部成立新闻阅评小组,最初出刊为《新闻舆论动向》,后改为《新闻阅评》。1996 年 8 月,中宣部在烟台市召开关于加强新闻舆论宏观调控会议。会议要求各地仿效中宣部的做法,建立新闻协调和新闻阅评制度,以利于进一步全面、及时、有效地加强新闻舆论的宏观管理。1997 年 1 月,中共湖南省委宣传部正式建立省级新闻阅评制度,邀请了湖南省委宣传部、湖南日报、湖南广播电视局、湖南新闻出版局的有关管理机关工作人员和高校专家及部分离退休老新闻工作者共 10 余人成立了新闻阅评小组。新闻阅评工作具体由省委宣传部新闻出版处负责,定期出版内部工作简报《新闻阅评简报》。其阅读面为省委主要领导及分管领导、省宣传部领导及相关处室、地市州宣传部、省会主要新闻媒体负责人。

湖南是省级新闻阅评制度建立最早的省份之一,并且是做得最为认真的省份之一。1998 年中宣部召开全国新闻阅评工作经验交流会,湖南省委宣传部在会上作典型发言,得到了中宣部领导的高度评价。2005 年,中宣部在湖南长沙召开省级新闻阅评工作现场会,对湖南的新闻阅评工作给予了高度重视和充分肯定,鼓励其他省份的新闻阅评工作向湖南学习。

雷跃捷教授在 2007 年出版的《媒介批评》中认为："中国社会主义媒介批评实践,其主流是在中国共产党和政府的领导下开展的。"其具体运行体制有："1. 由党委宣传部门、政府主管新闻事业的各职能部门建立的一套完整的阅评制度";"2. 由党委宣传部门和新闻出版、广播影视部门建立的对媒介的管理制度";"3. 新闻媒介内部建立的批评监督机制";"4. 来自社会的自发的,或有组织的批评监督"。[①] 雷教授这一论断是符合实情的:新闻阅评是当下中国最为主流的媒介批评。

(二)新闻阅评制度的实践

1. 新闻阅评的对象与范围

新闻阅评作为一种主流的媒介批评,这从其阅评对象与范围即可看出。首先,它的阅评对象是主流媒体。其次,它的阅评范围是以新闻节目为主,兼及其他内容。湖南省委宣传部于 2002 年在其《新闻阅评简报》出刊 200 期时,选取部分阅评文章,公开出版过《点击传媒——湖南新闻阅评撷英》(湖南大学出版社 2005 年版),在出刊 600 多期时,又以内部资料的方式编印了《守望传媒——湖南新闻阅评选编》。从两书的内容可见其阅评对象与范围。

阅评对象。据 2002 年出版的《点击传媒——湖南新闻阅评撷英》,湖南省内被阅评的新闻媒体有:湖南日报、三湘都市报、潇湘晨报、长沙晚报、东方新报、当代商报、湘声报、今日女报、当代法制报、湖南工人报、家庭导报、文萃周报、科技导报、现代消费报、湖南广播电视报、湖南人民广播电台新闻频道、湖南人民广播电台经济频道、湖南人民广播电台文艺频道、湖南人民广播电台交通频道、湖南电视台卫星频道、湖南电视台经济频道、湖南电视台都市频道、湖南电视台生活频道、湖南电视台文体频道、湖南教育电视台、长沙电视台新闻频道、长沙电视台女性频道、长沙电视台政法频道、长沙人民广播电台、湖南新闻网(红网)等。可见,主要媒体

---

① 雷跃捷:《媒介批评》,北京大学出版社 2007 年版,第 203—208 页。

都包括在内,既有党报、党台性质的媒体,也有都市生活类的媒体,还有专业类的媒体。

阅评范围。这一点,从上述两书的目录可略见一斑。《点击传媒——湖南新闻阅评撷英》共收录 220 条阅评意见,分为 10 个板块,即:一、舆论导向,二、重大报道,三、舆论监督,四、热点引导,五、纪律法规,六、宣传艺术,七、技术要则,八、报道注意,九、名牌精评,十、受众之声。《守望传媒——湖南新闻阅评选编》一书共辑录 133 条阅评意见,分为:舆论导向、重大报道、业务指导、建言献计等 4 大块。其阅评范围很广:既有关于新闻报道中的舆论导向问题、重大报道和热点引导问题、舆论监督问题等的评点,也有关于娱乐类节目、生活类节目,甚至广告内容的批评。其阅评角度,既有从政治标准入手的,也有从报道艺术角度入手的,甚至还有采编技术角度入手的。如此等等,不囿一隅,不拘一格。

2.新闻阅评的指导思想与原则

以湖南的情况为例,我们可以清楚地看到我国的新闻阅评有它明确的指导思想和一贯批评原则。

先说指导思想。新闻阅评制度的产生,本身就是为了全面、及时、有效地加强新闻舆论宏观管理工作,自然地,舆论导向正确与否就成为阅评工作极为重要的指导思想。"新闻工作是党的事业的重要组成部分,如果不坚持正确的舆论导向,就会酿成严重的政治错误,造成不可估量的损失。阅评工作将导向正确与否作为主要阅评任务,阅评意见给新闻单位的把关提供了权威性的依据。"[1]

值得特别指出的是,注重舆论导向,并不是简化为政治标准。舆论导向既包括政治导向,也包括其他导向,如生活导向、消费导向、文化导向等等。以《守望传媒——湖南新闻阅评选编》中"舆论导向"一组所辑的 62 条阅评稿为例分析。完全与政治导向有关的批评不到 1/3,如"在敏感问题的报道上要有全局观念"、"如此宣传里根逝世,政治导向堪忧"、"主持

---

[1]　蒋祖烜主编:《点击传媒——湖南新闻阅评撷英》,湖南大学出版社 2005 年版,第 3 页。

人要增强政治意识和阵地意识"等。涉及生活导向、文化导向的占半数以
上。如"新闻媒体不要炒作社会丑恶现象"、"不应把性丑闻当做'卖点'"、
"色情广告何时休"、"娱乐报道要讲格调"、"岂能又吹低俗风"等。

雷跃捷教授在《媒介批评》一书将媒介批评的标准概括为"求知、求
真、求善、求美"四个方面[1]，这些应该说都体现在新闻阅评的指导思想里
和阅评实践中。

再看阅评原则。至少有以下几条是坚持得非常好的。

——以批语为主的原则。这一原则是从阅评工作一开始就定下的。
具体表述为：表扬与批评的阅评稿要三七开，甚至二八开，要以批评为主。
以公布的 2004 年 6 月的阅评情况为例：[2]

表 5-1：2004 年 6 月湖南各媒体被阅评的情况

单　位	总篇数	批评（篇）	表扬（篇）	其他（篇）
湖南日报	8		7	1
湖南人民广播电台	3	3		
湖南电视台	6	3		3
湖南经济电视台	16	12	2	2
三湘都市报	8	2	5	1
潇湘晨报	14	8	5	1
长沙晚报	8	7	1	
东方新报	14	11	2	1
当代商报	7	4	1	2
红网	1		1	
湖南娱乐频道	1	1		
湖南公共频道	1	1		
长沙电视台政法频道	3	2		1
长沙电视台新闻频道	1	1		

注："其他"是指信息反馈及其他建议等。

从表 5-1 可以看出，批评稿共 54 篇，表扬稿为 25 篇，完全符合"三七
开"的原则。这一情况很具有代表性。当然，媒介批评并不说不要从肯定

① 雷跃捷：《媒介批评》，北京大学出版社 2007 年版，第 15 页。
② 蒋祖烜：《寻求核心表述力》，新华出版社 2005 年版，第 69 页。

的方向去评价,但以批评为主的做法,可以避免那些廉价的吹捧。这正是这一原则确定的初衷。

——直言不讳的原则。强调批评为主,还要强调批评的质量。即如湖南省委宣传部分管阅评工作的蒋祖烜所表述的:"阅评意见要反对钝刀子割肉,要观点鲜明、文字活泼,一针见血、针针见血。"[①]直言无忌的批评可能不那么悦耳,但却是批评应有的品格,最终还是能为人接受。据蒋回忆,"当阅评作为一个新生事物出现的时候,不少新闻部位的负责人对这种直言无忌的批评是难以接受的。为此,我还与当时《长沙晚报》的老总争得面红耳赤。好在很快大家都理解了这种内部的、善意的、建设性的'准权威'批评意见。"[②]

——一事一议的原则。这实际上是实事求是原则的具体化。它从实出发,以实为主;对事不对人,不搞上纲上线。它要通过对典型个案的分析,把道理讲透,以防止既不根据事实又不讲道理的"打棍子"式的批评。一事一议的原则重在抓好个案的典型性,对事不对人。"因为许多问题并不仅是个案,而是媒体中存在一定共性的问题。此举将有利于大家更好地举一反三,进一步提高新闻宣传水平。"[③]

(三)有关新闻阅评的思考

1.值得总结的经验

新闻阅评制度在我国已有 10 多年的历史。它在媒介批评方面所作的探索,是值得好好总结的。它集中体现在"专门性"和"专业化"两方面。

首先,它是以组织的形式从事的专门性批评。不仅媒体批评成了主管部门对媒体的一种日常化的管理;更为重要的是,它使批评意见能有效传达,并得到及时反馈。以湖南省的情况为例,省委宣传部专设新闻小组办公室,有一支比较稳定的阅评队伍,定期编发《新闻阅评简报》。《新闻阅评简报》有专人送达新闻媒体;对主要的批评意见,要求媒体一定要有

---

① 蒋祖烜:《寻求核心表述力》,新华出版社 2005 年版,第 65 页。
② 蒋祖烜:《寻求核心表述力》,新华出版社 2005 年版,第 80 页。
③ 黄建国主编:《守望传媒——湖南新闻阅评选编》,湘新出准字(2005)第 051 号,第 264 页。

整改反馈。为加强批评和整改的及时性,湖南的阅评曾一度要求每个工作日出一期《新闻阅评简报》,并要求在次日一早即送达新闻单位。使之成为媒体主管每天上班必看、先看的文件。

第二,它是媒介批评专业化的一种探索。表面上看,新闻阅评是官方管理部门提供的一个平台,但从事批评的专家是相当专业的。广州市委宣传部聘请的阅评专家,绝大部分是高校从事新闻传播教学研究的教授,少部分是曾在新闻出版部门从事过业务管理的退休专家。湖南省委宣传部的新闻阅评队伍,其人员构成也大抵如此。套用一句陈词:是官方搭台,专家唱戏。

批评的专业化还表现在批评意见的独立性上。这一点是很关键的。照一般的理解,新闻阅评既然是官方对新闻工作管理和调控而为,那就是官方的声音,专家意见不免有"御用"的色彩。实际情况不是这么简单,宣传部实际只起联络与组织作用,意见还是专家说了算。这一点上,我感觉广州市委宣传部的做法更可取。它原封不动地将各位专家的意见汇辑成册,不作任何加权处理。专家的学术眼光是自由的,其学术声音是独立的。从这个意义上来说,我国现行的新闻阅评制度正在培养媒体对专家意见的信赖。

2.需要进一步思考的问题

尽管新闻阅评对我国的媒介批评作出很重要的探索,但也有一些问题值得进一步思考。此处姑且提出两点:

首先,如何建立起批评的权威性?新闻阅评一直在寻求批评的权威性。实际上,比起其他批评形式来说,新闻阅评在这方面已经享有某种特权了——它具有一定的行政约束力在其中。且看蒋祖烜的一段话:"《新闻阅评简报》每天都直接报送省委常委、副省长和省人大、省政协相关领导。省主要领导都亲自看简报,作批示,提意见。省委副院长书记谢康生指出:《新闻阅评简报》我每期必看……新闻单位对阅评意见不能可听可不听,新闻单位的主要负责人也要做到每期必看;对正确意见必须接受,认真整改,以确保导向正确。""权威更强。根据省委领导的指示,要求媒体进一步加强对阅评意见的反馈。各媒体也开始更加认真对待信息的反馈,确定专人收集和反馈。对简报中提出的问题,各单位都高度重视,认真加以整改,问题严重的还及时对当事人进行了严肃处理。"①

可以说,我国现阶段新闻阅评的权威性,实际上是由学术力与行政力两方面构成。虽说媒介批评应当是学术层面的事,但我认为,在我国新闻法尚未出台这一特殊时期,这确实还是很重要的媒体他律方式,也是最有效的他律方式。从世界范围来看,自 1916 年瑞典建立新闻评议制度以后,不少国家纷纷跟进,目前已有 30 多个国家建立了此类组织。这些组织的职责主要是协调媒体及从业者因新闻活动所引起的纠纷,处罚违反新闻职业道德的行为。毕竟,对于超出业务范围的问题而言,学术的约束力是十分有限的。但在学术范围内,当行政力大于学术力时,恐怕就需要警惕可能演变为某种行政干涉。这不是媒介批评的本义了。

我认为,如何树立起新闻阅评的权威性,根本的问题还是要从学术权威上来使劲,以学理服人。此处功夫不在诗外。不妨举一例子说明之。下面是我写的一条阅评意见,为说明问题,不妨全文照录:

抓住细节写活会议报道

11 月 7 日,省政府召开庆功会,庆祝袁隆平院士获世界粮食奖。这件事情是颇具新闻价值的。省会长沙几家媒体都对此作了报道。对于这样的会议新闻,如何报道得更好?不妨对四家媒体的报道作番比较。

先看四家媒体报道突出的是什么?这从其标题即可看出。《长沙晚报》:《50 万元奖给"杂交水稻之父"(主题)省府为袁隆平获世界粮食奖庆功(副题)》。《东方新报》:《湖南 50 万元奖励袁隆平》。《潇湘晨报》:《省长三祝袁隆平(主题)省政府为袁隆平荣获世界粮食奖庆功(副题)》。《三湘都市报》:《袁院士,请您坐中间(主题)省府庆祝袁隆平获世界粮食奖,周伯华省长亲自

---

① 蒋祖烜:《寻求核心表述力》,新华出版社 2005 年版,第 67、68 页。

为功臣换座(副题)》。谁的标题做得最活？《长沙晚报》与《东方新报》强调的是"50万元的奖励"。重奖科学家，当然可以作为报道的价值依据，但如今这样的报道已不鲜见，无新鲜感，何况这一信息已通过所配的大幅照片表现(照片就是袁院士双手接过50万元的大支票)。《潇湘晨报》突出的是"省长三祝"，《三湘都市报》突出的是"省长让座"，倒是给人耳目一新之感。而在"省长三祝"和"省长让座"之间比较，"省长让座"要更胜一筹。

　　从写法上看，《50万元奖给"杂交水稻之父"》完全是按旧式会议报道的写法，导语先说省政府在哪儿开了一个什么会，然后就是说哪些领导参加了，在列举完省领导名单后，才提到"袁隆平以及广大科技人员代表参加了庆功会"。省政府为袁隆平庆功，主角是谁？当然是袁隆平！但这篇报道突出的是省政府的领导。这种主次不分的做法在强调改革会议报道的今天，已经显得很不合时宜。这条报道的主体部分也完全是程式化的会议报道写法，先是报道袁隆平获奖励后发表讲话，然后是领导讲话，最后才用背景材料介绍袁隆平所获奖项的地位。《湖南50万元奖励袁隆平》比起第一篇报道来，虽然也是一种程式化的写法，但它有了些进步。它没有在导语中罗列某某领导参加会议，而是让袁隆平唱了主角，说袁隆平得到了什么奖励等。《省长三祝袁隆平》抓住省长的"三个祝愿"为报道的主信息，比起前两篇来，信息选择上有了新意，它打破了会议报道程式化的老套路。值得注意的是，它的导语中已经有了省长给袁院士让座的内容，可见记者还是能抓住新鲜的事实写入报道，遗憾的是未能将它在标题中突出。《袁院士，请您坐中间》抓住了"让座"这一点，既在导语中突出，又将它作为主标题，算是独具匠心了。

　　"省长让座"何以更有表现力？关键是抓住了细节。细节虽然"细"，却能于细微处见精神。省长让院士坐中间，第一，反映了省长尊重知识、尊重人才、礼待贤能的品德；第二，它与会议的主题——为院士庆功相得益彰,并表现了湖南省重视人才的良好环境。它与报道中的一段话——"为了选拔培养一批像袁隆平一样的世界一流专家院士,湖南的科技工作在资金使用上将突出重点项目,突出重点人才"彼此呼应,很好地传达了整个报道的主信息。

"省长让座"这一细节,把一条原本可能写得枯燥乏味的会议报道写出了现场感。这要求我们的记者当有心人,善于发现那些富具信息量的细节来报道。(2004 年 11 月 14 日)

这则阅评意见刊于湖南省委宣传部 2004 年 11 月 18 日的《新闻阅评简报》(第 161 期),很快就有《长沙晚报》的反馈意见《这则阅评意见水平高》(刊于 11 月 22 日的第 163 期)。反馈意见说:"第 161 期新闻阅评简报《抓住细节写活会议报道》评得好,评得到位,意见非常中肯而且很有水平。《长沙晚报》虽然受到了批评,但我们还是非常感谢。建议阅评简报以后多刊登此类意见,使媒体从中受益……"可见媒体对摆事实讲学理的阅评意见是心悦诚服的。我阅评意见中表扬的《袁院士,请您坐中间》,在当年的湖南省好新闻评比中,获得了一等奖,阅评意见对它的推举,也得到了评委的认可。

第二,如何确立标准的分层?当然,这一问题的前提是,对不同的媒体要不要采取分类指导,以不同的标准去批评之。事实上,改革开放以来,我国的新闻媒体已经完成和正在进行身份的蜕变,即由先前的斗争工具和意识形态建构者(政治属性),向事业属性与产业属性兼具的舆论引导机关与市场主体二元复合体转变,传媒格局悄然变革。就报业而言,专业报蓬勃发展,党报、都市报、晚报风光这边独好;即便都市报内部也出现分化。以广州地区的情况为例,如《南方都市报》迈向主流,《新快报》贴近民生。电视方面,境外 9 套电视节目落地珠三角使本是同根生的广东卫视与南方电视台面临新的、复杂的竞合关系。传媒在履行社会责任方面也呈现出新的内容,与此相关,社会对传媒的角色期待也在发生变化:即传媒应是社会关系协调者、环境监视者、文化建构者与文明传承者。不同的媒体在不同的方面可以有自己的不同的定位与选择。在这种情况下，主管部门对不同的媒体采取分类指导，就是一种实事求是的态度了。新闻阅评对不同的媒体采取不同的批评标准，也是实事求是的做法了。

批评标准的分层，因为首先涉及的是对媒体的分层问题，既是一个系统工程，更是一个政策性和学术性都很强的问题。此处不便深入讨论。但可以肯定的是，不同的媒体的确应当以不同的标准批评之。党报党台党刊等，政治色彩鲜明，在舆论导向中起的是中流砥柱的作用，对其"喉舌"功能上多作要求严作要求是完全应该的；都市类的报刊、台、或者栏目，主要看其生活导向、文化品位，在政治标准上不应与前者要求一致。举例说，近些年兴起的电视民生新闻，多以灾难性报道、负面内容为主，这显然与"以正面宣传为主"的要求相悖。但它又颇受受众欢迎，有较高的收视率。如果不区别对待，后者就不会有立足之地。再比如，党报党刊党台的头版头条通常是政治性强的硬新闻，是正面报道，但都市类的报刊对此早有突破，灾难性的事故、趣味性强的软新闻等，经常成了头版头条。如果用同一标准衡量之，后者同样是有辱使命的。

批评标准的分层问题，其哲学意义在于，既要考虑到批评对象的共性、一般性，也要考虑到批评对象的个性、特殊性。就共性而言，我们应当要求所有的媒体都应引导受众"求知、求真、求善、求美"；就个性而言，某一媒体或者某一栏目，对这些要求完全可以有所倚重，内容与形式也可以以自身的特色展示。如何根据不同的批评对象区别对待之，这方面的任务还十分艰巨。

我国的新闻阅评制度作为一种媒介批评形式，已经开展10多年了，其经验是值得重视的，特别是在今天新闻媒体公信力有所下降之时，其意义就更不待言了。

五、"新闻炒作课"被炒作的背后

2005年3月17日，湖南省会某都市报在A13版显要位置花大篇幅刊登报道:《"炒作学"长沙开课》,称某高校新闻系教师开设"新闻炒作学"一课,"场面火爆",既赢得了学生的追捧,也得到了专家的好评。

此报道很快在网上传播开来,不少报纸也作了转载,或发表了相关评论我国台湾、香港地区的一些媒体、新闻院校对此也十分关注。据《解放日报》报道,我国新闻学界一些著名的专家学者对此提出质疑和批评,他们当中有童兵、周胜林、陈力丹等。复旦大学新闻学院童兵教授明确表示,新闻不能炒作,新闻炒作不符合新闻特性,与"三贴近"原则背道而驰。把"新闻炒作学"弄成一种理论,是荒谬的。

(一)有关"炒作学"开课报道的背景

所谓开设"新闻炒作学"一课程的报道,早在 2003 年底就曾在媒体上闹得沸沸扬扬。

2003 年 12 月 23 日,长沙两家都市类的报纸即作了报道。称"湖南一高校教师正在编撰一本关于《新闻炒作学》的书籍","正准备将刘晓庆的成功炒作案例写进书本,并于明年在大学课堂上进行讲解……已经向学校教务处报批,学校也已经批准了开一门'新闻炒作'的选修课,而他也将把自己的书当成选修课的教材。"

这一消息迅速在网络、报纸等媒体上传播。得知笔者在新闻学院主管教学科研工作,就有记者电话采访我。我当时的确感到愕然。外界已盛传此事,而我却没有接到任何开课的申请,也从未有人向我提过此事。我如实相告,我并不知道要开一门"炒作学"的选修课。并且表示,"新闻炒作"是带有贬义色彩的词,从名称上来看,"炒作学"的提法就不是很严谨,还有待商榷;至于问及有老师要写这方面的书,我认为个人写什么书学校不会干涉,由出版部门把关,但如果要拿到课堂上来讲,学校会把关的。

复旦大学新闻学院周胜林教授知道此事后,将刊登这一消息的报纸剪下,同时将他多年前写的一篇论文《市场经济与"新闻炒作"》一并寄我,并附言表示同意我的表态。他说:"新闻炒作"虽有个别人讲过,但新闻界的共识是:反对"炒作"。周胜林教授认为,如果要开这门课和出这种书,只能叫《新闻炒作批判》,否则会贻笑大方。2004 年 11 月 3 日中央电视台的《实话实说》栏目以《谁在"制造"娱乐新闻》做一期节目,邀请这位被媒体称欲开"炒作学"的教师作场下嘉宾。其间主持人与几位嘉宾谈及"新闻炒作学"。主持人问某娱乐明星刊物主编,他那里要不要学习炒作学的学生,该主编表示:"我们坚决不要这样的人员。"又问新华社一位资深编辑,该编辑说:"新华社肯定不要新闻炒作系毕业的。"这期节目对所谓"炒作学"的否定意味十分明显。

2005 年 1 月 20 日,长沙某报刊登消息《刀郎成炒作教材》,称这位老师出版了两本关于"新闻炒作学"的书《商业策划与新闻炒作》、《炒作致胜——个性经济时代的商业策略》在北京的图书交易会上"炙手可热,销售火爆"。这种夸大其词的报道,仿佛在告诉读者,有关"新闻炒作学"的书已得以出版,受到了读者的追捧,社会上实际已认可了。

《"炒作学"长沙开课》的报道正是在这一背景下出来的。

(二)舆论对媒体炒作的批评

《"炒作学"长沙开课》的报道风靡全国,舆论对开设"新闻炒作学"课程提出了批评。针对湖南省会一些媒体对此事的炒作,湖南省委宣传部给予高度重视。省委宣传部《新闻阅评简报》先后两次发表阅评员文章,对一些媒体不负责的报道作了批评。

2003 年 12 月 26 日的文章题为《失真的"炒作"》。文章中说,"两家报道都是严重失实的。事实上,该校下学期的选修课申报还只是受理阶段,根本不存在'已经向学校教务处报批、学校也已经批准了'这一事实。记者如果想实事求是报道此事,就应找有关部门核实事实,仅凭某个个人的设想就当事实认定,这显然有悖新闻真实最起码的常识。阅评员认为,这两家的报道本身就是一种'新闻炒作'。

由此也可见,'新闻炒作'是一种哗众取宠的做法,连最起码的职业规范都不顾,这样的态度做出来的'新闻',与道听途说的谣言传播有什么两样?"

2005 年 3 月 24 日的文章题为《不要将商业性炒作当新闻》。文章说,某报的《"炒作学"长沙开课》,将商业性炒作当成了新闻策划。报道中所提到的一些所谓的"新闻炒作学"的例子,实际上都是商业行为。新闻事业是党的事业,人民的事业,少数人通过一些所谓的"新闻报道"来达到一些非新闻的商业目的,是新闻的不幸。的确,过去一些媒体有过"炒作"现象,但这一现象已引起了理论界的警惕。"炒作"的结果是:被炒作者渔利,记者上当,读者受骗。我们实在没有必要为其张目。《"炒作学"长沙开课》一文中提到,"炒作"能够进大学课堂,反映了时代的进步和高校教育日益多元化的趋势。这种说法可靠吗?我们开展"三项学习教育",作为新闻媒体的记者和把关人,难道还不能分清楚什么是马克思主义新闻观,什么是非马克思主义新闻观吗?

(三)关于此事的几点思考

"新闻炒作学"开课虽终成泡影,舆论界的议论也逐渐趋于平静,但此事留给我们的思考并没有完结。

1. 记者的采访作风要扎实

整个事件的报道采访,几乎所有的记者都是电话采访,只有上海的《新闻晨报》派了一位刚毕业不久的年轻记者实地采访(《长沙晚报》记者是应邀前来的,不在此列)。实际上,很多内容只要记者来实地采访一下,真相就不难发现。比方说 2003 年 12 月 23 日的两家报纸的报道,其消息来源均只是根据这位"高校教师"个人的设想。其中一家媒体的报道说,这位教师自称"的确有此想法,目前这本书正在编写当中,暂定名为'新闻炒作学',估计明年初会出版,到时可能会作为大学里的选修课教材使用"。事实上,报道发表时,学校选修课的申报工作还只是受理阶段,根本不存在"学校已经批准了"这一事实。记者不仅没有实地采访,连给有关部门打电话核实这一工作都没做。这样如何能保证新闻的真实性?又如关于"新闻炒作学"的书在北京的图书交易会上"炙手可热,销售火爆"的报道,这究竟是记者实地看到的情况,还是轻信了作者一面之词,不幸为之作了广告宣传?

还有,其他媒体在转发这些消息时,居然也没有一家乐意对此进行核实,只是质疑学校为何同意开设此课,甚至质疑学校在自我炒作,却没人质疑这一"新闻"的可靠性,以至于虚假信息迅速传播。在今天新闻媒体特别是网络媒体十分发达的情况下,这种情况是十分危险的。古人说,"三人成虎,众口铄金",众多媒体将"谎言重复一千遍",终于让人弄不明白真相了。

由此想到我国一些媒体的"线人"制度。记者如果缺少对所提供的新闻线索作求证工作,那么虚假新闻的泛滥是可想而知。据清华大学李希光教授披露,目前我国有新闻从业人员逾100万人,其中获得国家有关机构颁发《记者证》的仅15万余人,这意味着在新闻工作者队伍中,靠卖新闻换钱者占了大多数。他认为,正是这些不受约束的"自由人",在为新闻商业化推波助澜。对此,记者应当引起高度重视,谨防上当受骗。

2. 媒体的自律要加强

周胜林先生在《市场经济与"新闻炒作"》中,将"炒新闻"的"炒家"分为两种:"一种是媒介,一种是作者"。他说,"新闻媒介炒新闻,是为了以新奇、刺激的内容引起轰动效应,赢得读者、听众、观众,扩大销路、提高收视率,从而增加广告收入,压倒对方。"结果,新闻媒体和新闻记者的独立原则遭到破坏。

"欲得周郎顾,时时误拂弦",说的是三国时周瑜潇洒英俊,又颇通音乐,一女子为了得到他的青睐(用今天的话来说,为了争夺受众的眼球),在为他弹琴时常常故意弹错,以引起他的注意。这种做法今天频频被一些媒体"借鉴",出于经济利益的考虑,媒体不仅对一些很容易识别的骗术不加甄别,以讹传讹,甚至还自己制造一些"错误",做出一些有悖常规的事来引人关注。李希光先生尖锐地指出其中之"技巧":"追求'尖叫'效应的一些传媒,甚至为了制造轰动新闻,即使冒着新闻造假之嫌,也不惜铤而走险。利益双方认为,在'尖叫'之后,企业的广告信息被充分传播,媒体的知名度(且不管是美名还是恶名)得到大幅提升,双方的利益得到了双赢。"他根据研究得出结论,为吸引"眼球",媒体在选择新闻题材时,对于企业丑闻、名人绯闻、社会传闻、暴力和灾难等新闻偏爱一筹——越是

"坏消息",越能成为商业化时代报纸的头条和亮点,在读者"尖叫"声中,发行量高歌猛进,广告纷至沓来。与此同时,媒体日趋商业化,为争抢第一时间报道新闻,还促使偏离传统新闻学的坏新闻在一些媒体涌现:不核实、不准确、不公正、猜测、低级趣味。显然,这个时候,在一些媒体,传媒的使命与现实出现矛盾,发生了畸变。李希光认为,其根源在于商业利益的驱动。

有消息曾经揭露"点子大王"何阳"涮"了某报。媒体被"涮",显然与自身的不规范操作有关。"曲有误,周郎顾",媒体虽然能争夺受众眼球于一时,但应当看到,媒体所制造这种"误",是以新闻的真实性、新闻事业的纯洁性为代价的。一家经常被"涮"的媒体,其公信力必然会大打折扣。其负面影响是:第一会给某些人利用媒体作别有用心的"炒作"轻而易举地提供方便;第二,滋长一些记者不负责任、不讲职业精神职业道德的做法;第三,它混淆了视听,让人误解事实真相,无端地制造出一些社会问题来。

3.炒作行为与报道策划要严加区分

市场化背景下,一些企业或个人受商业利益驱动,千方百计变着法子来宣传自己,扩大影响,他们必然会策划些事端来,引起媒体关注;有些甚至与媒体合谋,制造出一些噱头,策划出所谓的"新闻",以吸引受众眼球。

综观一些"成功"的炒作事例不难发现,一些媒体有意无意地在模糊炒作行为与报道策划的界限。有关"新闻炒作学"的报道提醒我们,对炒作行为与报道策划严加区分十分有必要。

中国人民大学蔡雯教授对新闻报道策划颇有研究,并从报道客体、报道主旨、报道原则、报道形式选择和报道效果五个方面,对新闻炒作与新闻报道策划作过严格的区别。如在报道客体的区别上,新闻炒作"有时以客观存在的事实为报道依据,但新闻不反映局部和某些细节。有时甚至以主观伪造的'事实'为依据";从报道主旨看,新闻炒作"以夸大或掩盖客观事实的某些因素,取得轰动效应";从报道原则看,新闻炒作"不以新闻传播规律所要求的新闻必须真实、准确、公正为准则,不以新闻职业道德自律,为媒介之私利不惜损害公众利益";从报道形式选择来看,新闻炒作"选择能够夸大、渲染事实中某些因素的报道角度、手法和表现形式,形式的运用与内容的报道价值不相统一";最后,新闻炒作的"效果"是:"受众为某些局部内容所吸引,无法把握事物的全貌和本质,被媒介所误导。这些区分应当说是很全面而准确的,对新闻实践颇有指导意义。

艾丰在《新闻采访方法论》一书中指出,记者的工作与社会上其他职业不同:记者的工作对象与服务对象是分离的。记者的服务对象是受众,他们要求记者做他们的忠实代表,真实地报道事实真相;记者的工作对象即采访对象,他们也要求记者代表他们的利益,说出他们想说的话来。从新闻学角度来说,记者必须"偏向"他的服务对象——读者、听众和观众,必须为满足他们的需要而向采访对象做艰苦细致的工作,乃至必要的"斗争"。在商业化的今天,记者的工作对象对记者的争夺更为激烈,新闻炒作大都与此有关。记者一定要牢记自己的服务宗旨,不辱使命。

六、成见影响新闻事实选择

2004 年 7 月 26 日,长沙发生了一起引人注目的交通事故,一女子驾车连撞 5 辆机动车,撞伤 7 人案。这一事件引起了媒体的极度关注,《长沙晚报》于 7 月 27 日率先报道此事,随后,长沙市几大媒体都从 7 月 28 日起在显著的位置以连续报道的形式对此事作了大篇幅的追踪报道。其报道总量远远超出一般的交通事故报道。究其原因,与报道者受成见影响对新闻事实所作的价值选择偏差有关。

今年以来,涉及高档轿车宝马奔驰的新闻不少,好几次事件都特别引人关注,如年初的哈尔滨"宝马撞人"事件;又如 3 月份西安体彩中心黑幕事件,也与宝马车有关;在长沙,3 月份也发生了宝马车连撞 7 人的事故。在短短几个月的相关报道中,"宝马"不仅仅成了金钱权力的象征,甚至已经成了"为富不仁"的符号。因此,有关"宝马车"的新闻,自然特别引人关注。

7月26日的这场交通事故,《长沙晚报》7月27日的报道题为:《疯了,司机简直疯了!(主题)奔驰车肇事狂逃又连撞5辆机动车,至少4人受伤(副题)》,这篇报道仅仅强调这是一起严重的交通事故,题中虽然提到"奔驰车",但尚未加以特别突出。到7月28日,长沙的几家主要报纸的头版头条一齐将肇事车的商标作重要因素加以突出:

《三湘都市报》:《才开宝马伤7人,又驾奔驰撞6车(引题)"杀手"黄娅妮再度"出镜"(主题)》;

《潇湘晨报》:《3月29日,开宝马车伤7人,7月26日,驾奔驰再伤7人(引题)撞人的又是她!(主题)》;

《东方新报》:《3月29日曾驾宝马连撞7人(引题)神秘女又驾豪车撞7人(主题)》;

《长沙晚报》:《3月份无证驾驶撞伤7人,如今肇事逃逸再伤人(引题)肇事者系"宝马撞人案"主角(主题)》。

从四家媒体的大幅标题可以看出,"宝马"、"奔驰"、"豪车"成了新闻报道中一个十分突出的价值因素。《东方新报》的报道甚至说,肇事者"家中还有多辆高档小轿车"。此外,这些报纸刊登的照片和文字报道都无一例外突出了肇事车的牌号"6888"。豪车加"吉祥"号码,报道者欲表达的潜台词呼之欲出。

各家媒体都将肇事者3月29日曾驾宝马连撞7人一案联系起来。而3月份的报道中,早就将"'宝马'撒野连撞七人"在标题中特别加以突出了。可以说,新的撞人事故的出现,又一次唤醒了人们头脑中关于"'宝马'撒野"的记忆,并且进一步印证了"撒野"之说。

传播学理论认为,不管是传者还是受者,在传播或接受信息时,都不同程度地要受到头脑中已有认识的影响,李普曼在《舆论学》一书中将此称为"固定的成见"。他说:"在非常嘈杂混乱的现实世界中,我们领会我们的文化已经为我们作出了解释的东西,我们倾向于接受我们的文化已经对我们形成了固定的成见的东西。"由此可以看出,诸多媒体在报道这一事实时,特别注意肇事车的标牌也就不足为怪了。

　　注意肇事车的标牌与号码,隐含的深层的成见是什么呢? 正如《红网》上一篇评论所指出的:"如今的人们和社会舆论,对'名车撞人'已经形成习惯性'质疑':肇事者是否是个贪官污吏? 是否是某个高官的亲朋好友? 是否是社会名流、大款? 如属美女,是否是某个贪官的'情人'、'二奶'? 就连黄娅妮驾车撞了人拿出 3 万元医疗费为伤者治伤也得打个问号。"[①]

　　正是因为出于这一成见,一些媒体在报道中对于肇事者黄娅妮的身份特别关注。《东方新报》称之为"神秘女",而一些外地媒体则干脆将肇事者黄娅妮想象成"美女",如 7 月 28 日《华西都市报》转发新闻的标题就是《专开名车撞人,美女太拽了》。一些网民虽然看到了报纸刊载的照片,还要说肇事者"从侧面看像湖南电视台著名主持人王燕",可见其成见之深! 在获知黄娅妮只是一名下岗女工后,对其丈夫(已离婚)的身份又有了种种猜测。一家媒体报道,"黄娅妮丈夫是名商人",另一家媒体在转载这条消息时,变成了"肇事者丈夫是长沙有名商人",还有的报道则说肇事者是"知名企业老总之妻",如此等等,可以看出,传播过程中的偏差与讹传,都明显地受到"固有的成见"的影响。正如李普曼所说:"即使是见证人也带不回真实的情况。因为经验证明,他本人带着一些成见到出事地点去,事后他带回来的多半是他想象的、已经真正改观了的一个事件的报道。"

　　媒体这种带有成见的报道产生了什么样的传播效果?

　　首先,它与受众"固有的成见"一拍即合,并进一步强化了受众的成见。从网上对此事发表的一些评论来看,绝大部分的意见都成了对有钱人的声讨:"部分人有权、有钱就可以乱来,在现在的中国很多地方都存在,不奇怪。""有钱人家的老婆怎么都喜欢开车撞人? 撞人玩!"[②]这些议论无疑与上述报道中的价值选择偏差有关。按照马克思主义的观点,"存在决定意识",人们心中的成见,当然是因为社会上先前存在类似的事实。

---

　　① 孙金栋:《"名车"或"美女"与撞人何干?》,http://www.rednet.com.cn,2004-7-29 0:37:37。

　　② 随意从 2004-08-04 TOM 网论坛上下载的 两则对长沙奔驰撞人事件发表的评论。

要消除成见,首先固然是社会的情况要发生变化,要让产生成见的土壤——某种社会存在消失。但是,成见是有着很强大惯性的定式思维,被强化过的成见是很难轻易地改变的,即使是情况发生了变化,信息接受者还是可能"用老眼光看新问题"。俗话说,一朝被蛇咬,十年怕井绳。说的就是这个道理。

其次,对于新闻工作者而言,如果我们完全让成见主宰我们对世界的认识,那么我们就无法发现新的变动了的信息。正如李普曼所说:"先入之见形成以后,旧的形象就会淹没新的视野,并影射到记忆中的重新出现的世界中去。"这对于求新的新闻来说,无疑是一个致命之伤。如过去一些典型报道中的"模式化"做法,就与此有关。比方说一提起劳模,那就是有病不歇,有假不休,有钱不要,有家不回,一心扑在工作上。这种先入为主的对劳模的认识,让我们难以去发现特别是新时期的劳模的新的时代特征。所以,当年在对上海劳模徐虎的报道中,《徐虎的七情六欲》就给人真实自然、耳目一新的感觉。老科学家袁隆平在武汉同青少年座谈时,有少年问及袁隆平是否只在实验室工作而没有一点生活情趣、没有一点业余爱好,这位老科学家即指出,这完全是媒体报道的误导,生活中的他兴趣广泛,特别是擅长拉小提琴,还可以上台表演。对于黄娅妮开车撞人案的调查结果表明,肇事者既称不上"美女",其已经离婚了的丈夫也称不上"有名的商人"。对于该事件的认识,因为"固有的成见",媒体的确一开始在新闻价值的判断上就出现了偏差。所以,招来一些批评就不足为怪了。如湖南省公安厅宣传处的发言人就指出:"对于长沙奔驰车撞人案,我个人认为报道有点过头了。这就是一起肇事案,但一些媒体对事件的关心有些超越了事件的本身。""希望媒体理性对待此事"。① 又如有律师就说:"黄娅妮现在已经被'妖魔化'了。在事实没有完全调查清楚之前,她就被舆论狂潮吞没了。"②

最后,这种带有成见的报道还有可能混淆视听,遮蔽事实的真相。7

---

① 《长沙宝马奔驰撞人事件后续:传言众多真假待辨》,《新闻晨报》2004 年 8 月 4 日。
② 《偏颇推论影响"黄娅妮"事件》,《新闻晨报》2004 年 8 月 4 日。

月 26 日长沙发生的这起交通事故,由于对新闻事实所作的价值选择的偏差,一定程度上将事件复杂化了,造成了强大的舆论的压力,影响到有关部门对事实真相的调查。湖南省公安厅有关负责人指出,目前有些媒体从一些无关紧要的细节和单方面的说法入手,开始对此案作出推论和结论,这在一定程度上影响了舆论的公正性。至于黄娅妮驾车逃逸是否构成犯罪及其所涉嫌的罪名该如何确定等,尚在进一步调查取证中。[①] 随着有关部门的调查和新闻记者的采访深入,一些媒体很快对最初的认识也有了反思。如 8 月 1 日《潇湘晨报》"湘江评论"就刊载专栏文章《为什么关注"黄娅妮案"》。该文指出:"如果仅仅注目于肇事车的标牌,也许会让我们放弃了对于公正的追问。如果仅仅将事件的关注异化成为对于标签的关注,其结果除了加剧一种对社会了无益处的'仇富情结'之外,也无益于公共安全问题的真正解决。"《三湘都市报》"三湘论坛"也专栏刊出"黄娅妮案"系列评论,强调该案应当按法律处理,指出"以'不治罪难以平民愤'的舆情因素来介入司法的做法,容易影响司法公正,也是我们应该尽力摒弃的。"这些言论,开始显示出媒体有了成熟的理性思考。

"固定的成见"成见影响新闻事实的价值选择,这样的情况并不少见。复旦大学李良荣先生说得好,新闻是一门选择事实的艺术。选择如此重要,我们更要警惕不要让成见模糊了我们的视野,影响新闻报道的准确性。

七、由一同题新闻析媒体心态

2005 年 11 月 5 日,广东外语外贸大学 40 周年校庆,广州的媒体和中央主要媒体都对此作了报道。这次校庆活动,内容丰富,可供记者选择的新闻报道点较多,从媒体报道的情况来看,主要集中在以下两个方面:1.广外迎来 40 华诞,官方政要表示祝贺;2.杨振宁教授携翁帆出席庆典,二人恩爱有加。

---

① 《省市联合调查"奔驰"肇事案,警方希望社会理性看待》,《湖南日报》2004 年 8 月 3 日。

广州各报报道的情况大致如表 5-2。

表 5-2

媒体名称	版次	标题		
		引题	主题	副题
南方日报	头版		广外大庆祝建校 40 周年	张德江、黄华华致信祝贺,陈绍基、王华元等参加庆典
		面对翁帆昔日的老师同学,杨振宁笑言	我被太太拉回娘家	
羊城晚报	头版	今早,"广外大"四十载校庆	张德江致信祝贺 黄华华发来贺词	陈绍基、王华元、仳志广等出席庆典
		今早,本报将"经典合照"当面赠与杨翁伉俪	杨振宁笑纳"惊喜",连赞"羊晚"	
广州日报	第二版	广外迎来 40 岁生日,张德江致信祝贺,黄华华发来贺词,陈绍基、王华元、仳志广等出席庆典	杨振宁、翁帆手拖手出席广外校庆	
南方都市报	头版		广外 40 周年校庆	杨振宁被太太翁帆"拉回"她的母校
	A14 版		广外迎来 40 岁生日	张德江、黄华华致信祝贺,陈绍基、王华元和杨振宁、茅于轼等参加庆典
信息时报	A03 版	出席广外建校 40 周年庆典,由始至终十指相扣大方进出会场	杨振宁夫妇当众秀恩爱	
新快报	头版	杨振宁携翁帆亮相广外	出席翁帆母校 40 周年庆典,两人十指紧扣场面温馨感人	

此外,不少报纸都将杨振宁夫妇出席庆典的照片作醒目处理。如《广州日报》配发的大照片为:"昨日,杨振宁夫妇一起观看广外文艺演出,时时窃窃私语,恩爱之情尽显。"《南方都市报》在头版配发的照片标题为"杨翁二人出席广外校庆"。《信息时报》头版的大照片为"从走进校门到走出校门,杨振宁和妻子翁帆的手始终紧紧地牵在一起"。第三版还配了三张照片,一张为"观看演出的时候,即使被记者团团包围,杨振宁和翁帆依然神态自若地聊天,翁帆更不时拍拍杨振宁的手,窃窃私语",另两张的解说文字为:"台上的杨振宁不时将双手放在额头遮住眼睛,同时向台下张望,

像是在找人;而台下的翁帆也目不转睛地盯着台上的杨振宁,眼神充满关切。"《新快报》在头版较醒目位置配发的大照片为"杨振宁与翁帆有说有笑"。

上述六家媒体的报道,大致可分为三种情况。第一情况为:以广外校庆本身作为报道的主信息,突出的是政府要员出席庆典的情况;对杨翁的出席虽作报道,但不炒作,低调处理。《南方日报》的报道处理即如此。第二种情况是,表面上看去,在"官员出席"与"杨翁出席"二者之间,以前者为主报道,但实际上在"争夺读者眼球"上,后者处理得很为突出,关于"杨翁"的大照片置于主要位置可证明这一点。《羊城晚报》、《广州日报》、《南方都市报》可作为这一类。第三种情况是,完全让"杨翁"唱主角,报道刻意突出的是杨翁二人恩爱之情。像《信息时报》,以《杨振宁夫妇当众秀恩爱》作通栏标题的主题,特别将"恩爱秀"三字作加粗加黑处理,其"争夺眼球"之用意十分明显。

由诸家的报道,可以看出媒体复杂的心态:

第一,面对同一信息源,不同的媒体作出不同的信息选择,这往往是由媒体的定位所决定的。可以说媒体定位影响新闻选择时的心态。上述三种选择,应该说,与这几家媒体的定位比较吻合。《南方日报》的总编辑杨兴锋有一名言:"高度决定影响力。"此处不妨套用一下:心态决定选择。《南方日报》等媒体注重省市领导出席,突出的是庆典之规格,体现了党报对官方意图的重视;而像《信息时报》、《新快报》这类都市生活类的媒体,以校庆庆典为背景,以杨翁情感为事实,主要是出于接近大多数市民口味。

第二,上述的选择,虽然看上去是媒体自身的决定,但是,从深处看,反映了媒体在体现官方意图与迎合百姓趣味之间的博弈选择,其复杂心态跃然纸上。对于党报,我们看得出来其报道对领导人的出席或贺信都看得很重,因为在社会语境中,这是一种规格与重要性的显示。庆典举办方一般都是希望出席的领导人身份越高而越能体现其重要性。所以,主席台上坐的是谁是非常重要的,也是特别希望媒体为其"炫耀"一番。另一方面,对于党报性质的媒体来说,领导人的活动通常是被要求报道的,而且领导人的级别与报道的价值往往成正比。作为地方的党报,很难超脱这种不成文的成规而置领导人的活动而不报。在这方面,媒体与被报道者之间其实是不必约定就心存默契了。所以,从表面上看,党报的这种报道选择,同时满足了报道者与被报道者的心理。但我们仔细分析就会发现,报道者作出这种选择,其实未必完全出于自愿。因为这种选择很难说是按新闻价值来考虑的,而更多的是被某种宣传要求所规定。

有两点可以佐证这一看法:一是上面提到第二种情况的报道,它们既将"官员出席"作为价值点,同时又将"杨翁出席"作为"卖点"。看上去是"鱼与熊掌兼得"了,其实仔细分析就不难发现,他们报道"官员出席"只是按要求做的"规定动作",而选择"杨翁出席"这一点,是媒体能动地做的"自选动作"。规定动作是出于宣传考虑,而自选动作则是真正的新闻所在。所以,他们在对二者的处理上,其实是有所倚重的。从报道的标题这一"心灵的窗户"可窥视到这一点。如《广州日报》的就毫不掩饰地将"杨振宁翁帆手拖手出席广外校庆"做成主标题,则将"官员出席"只是作为引题处理。而《南方都市报》虽然是将"官员出席"和"杨翁出席"都作为副标题处理,但在头版的导读位置,还是选择"杨翁出席"作为"卖点"。并且,这些报道所配发的照片及文字解说,都无一例外地选择的是"杨翁恩爱"的内容。这一复杂心态所反映出深层次内容耐人寻味。可作为佐证另一情况是如《人民日报》的报道。应当说,在所有的报道中,它别有眼光,抓到了真正的新闻——《中外名人聚"广外"》。报道说,广外校庆,最引人注目的是新建的校园广场上的中外名人孔子、马克思等 12 位中外名人的雕像和前来参加庆典的诺贝尔奖获得者杨振宁、著名经济学家茅于轼等一批中外著名学者。《人民日报》是更高一级的党报,省市级领导的活动它可以不为宣传,它的心态就比较超脱。可见,如果不是因为要完成"规定动作","官员出席"原本是可以不作强化处理的。

第三,从上述选择中,我们也可以看出,面对市场的激烈竞争,媒体不同程度地反映一种浮躁心态。为了追求所谓的"卖点",而不惜媚俗降低媒体的品位。不仅都市生活类媒体选择和突出"杨翁"的"恩爱秀",而且部分党报也程度不同、方式不同地对此作了突出报道。这一情况,典型地反映了我国今天多数媒体的"泛娱乐化倾向"。新闻报道的泛娱乐化倾向,突出表现就是硬新闻的软化。这种"软化"主要体现在题材选择上的价值取向。它重趣味性而轻重要性。其实杨振宁教授出席庆典,他在大会上作了一个简短但很有思想的讲话。①他的讲话中对广东的地理位置和历史角色作了精辟阐述,并指出 21 世纪的重要特点就是"全球化",广外作为涉外型的大学,应把握好这一点,在新世纪中发挥好自己的作用。而这些内容都因为有"恩爱秀"这一层挡着而现不出来了。这种泛娱乐化的倾向,虽然能提高报道的"卖点",但对读者来说是一支麻醉剂:得不到真正有重要价值的硬性新闻,头脑中的"硬盘"却早已被"一地鸡毛"式的趣味性内容所占驻塞满。媒体这种做法,与其说是满足了读者的需求,不如说是成全自己的腰包。《美国人和他们的新闻》一书的作者指出:"20世纪八九十年代以来,许多美国新闻机构都转向报道更软、更愚蠢、更不重要的新闻,但社会似乎并没有对此提出抗议。之后,一场不可预测的全国性的灾难(指 9·11——引者注)确实使新闻的提供者和消费者都意识到,好新闻(指严肃新闻——引者注)并非没有吸引力,但却绝对必要。突然,在软新闻和硬新闻、愚蠢新闻和严肃新闻之间的新闻观的选择的结果变得一目了然了。"②美国人在 9·11 爆炸中猛醒,我国过去也有靡靡之音误国之说。我们虽不必把问题说得如此之重,但新闻的泛娱乐化选择倾向至少是阻隔了人们对重要信息的获取,不利于人们准确地了解世界的变化。

不妨直说,市场竞争培养了媒体的浮躁心态,这种心态形诸实践,就是多了几分"叫座"意识,少了几分社会责任感。如何在"叫座"与"叫好"之间找到结合点,这样的问题还值得我们好好研究。

---

① 《南方都市报》的报道《杨振宁被太太拉回"娘家"》中提到了这一点,说:"杨振宁先生的演讲简短,但有深意。"可惜未作突出处理。

② [美]伦纳德·小唐尼等:《美国人和他们的新闻》,中信出版社 2003 年版,第 260 页。

由上面的分析我们可以看出，媒体的复杂心态，其实是受到社会、政治、经济诸多因素的影响的。是否也可以这样说，媒体的心态，实质上是社会心态的反映。这一话题所延伸出的课题是，我们应当如何来优化媒体的生态环境？我们今天的新闻要真正回归到本体还有多远的路，要真正按新闻的价值规律来选择新闻，也并不是一件轻而易举的事。或许，新闻选择历来就是要受到诸多外来因素的制约，这是一种现实的选择。

八、犀利哥的被建构说明了什么

2010年2月23日，在天涯论坛上出现了一个名为《秒杀宇内究极华丽第一极品路人帅哥！帅到刺瞎你的狗眼！求亲们人肉详细资料》的帖子。帖中出现的乞丐被称为"犀利哥"，他神似放荡不羁、穿着不伦不类。帖中对他的描述是："那忧郁的眼神，唏嘘的胡楂子，神乎奇迹的头发，还有那杂乱的头发，都深深地迷住了我。"有网友则对这乞丐的一身打扮如此评论："欧美粗线条搭配中有着日泛儿的细腻，绝对日本混搭风格，绝对不输藤原浩之流。发型是日本最流行的牛郎发型。外着中古店淘来的二手衣服搭配LV最新款的纸袋。绝对谙熟混搭之道，从视觉色彩搭配上讲，腰带绝对是画龙点睛之笔。然而这根腰带绝非那些上班族小白领所得承受得起的，全球限量发行的GUCCIxclot混色系腰带，只有那些敢于为潮流献身的人才能懂得。"有网友惊呼："这个乞丐太有范了。"网友taoo则说："我看到这个帖子就转给同事MM了，她惊呼天人，于是各个群里贴，被无数姐妹狂赞，我知道了一个道理，是金子总要发光的。"网友瑞萱说："这种帅乞丐我也见过，但是没怎么看清楚脸，但是那个身材，那个气质……我当时的第一反应就是'这是不是明星在拍电视'。"[①]

短时间内，这位所谓"犀利哥"迅速走红网络，并且为传统媒体广泛传

---

① 百度知道：《最帅乞丐犀利哥图片》，http://zhidao.baidu.com/question/140953282.html?si=3。

播。不少报纸都不惜巨幅连篇累牍加以转载。很快，"犀利哥"风潮席卷海外，日本媒体、英国多家媒体都给予了大篇幅的报道。

关于"犀利哥"的身世，网上也出现多种猜想版本。越是猜想，他的身世越是神秘。有人甚至认为这位乞丐的举止太过惊世骇俗，竟质疑其乞丐身份。

随着时间的推移，在各种媒体的"人肉搜索"下，"犀利哥"的身世终于露出水面。半个来月构建的"帅乞丐"，竟瞬间轰然解构。有媒体的大标题是：《潮 Look 幻灭，犀利哥做回凡人》。记者近距离拍到的照片，与网上盛传的"犀利哥"形象简直判若两人。照片上的"犀利哥"虽露出笑容，但正如一家报纸的配图文字所说："这一笑颠覆了很多原本对他的印象，也让人感觉有些辛酸。"①

"犀利哥"事件终于尘埃落定。几天时间内，一个略有精神障碍的乞丐无端地迅速成为网络明星，不得不使人们惊叹网络神奇的力量。惊叹之余，本书提出三点反思：

第一，"犀利哥"事件反映出认知者太多的主观"建构"色彩。

"建构"一词，最早出自瑞士心理学家皮亚杰(J. Piaget)。他从儿童的认知过程入手，发现人们对外部世界的认知，不是简单的反映式的获得，而是一个主客体相互作用的过程，从而逐步建构起关于外部世界的知识。依照认知过程中主客体互相作用的不同情况，皮亚杰提出"同化"与"顺应"两种认知模式：同化是指认知主体将客体同化。即认知主体把外部环境中的有关信息吸收进来，整合到自己原有认知结构(也称"图式")内的过程；顺应是指认知主体向客体的转化。当认知主体遇到不能用原有图式来同化新的刺激时，便对原有图式加以修改或重建，以适应环境。可见，同化是认知结构数量的扩充(图式扩充)，而顺应则是认知结构性质的改变(图式改变)。

网民对"犀利哥"的认知，就是一个同化的过程。即以自身头脑中的

---

① 《信息时报》2010 年 3 月 7 日。

已有的图式,在一个乞丐身上建构出"帅"与"范"的形象。李普曼在《舆论学》一书就提出过"刻板的成见"的观点。他说:"先入之见形成以后,旧的形象就会淹没新的视野,并影射到记忆中的重新出现的世界中去。"认知过程中,当认知主体的原有的图式形成了"刻板的成见"后,就会出现认知主体完全只是一厢情愿而无视认知客体实际的极端情况。这显然不利于人们对客观世界的正确把握。皮亚杰意识到了这一点,他认为,人们的认识会不断出现认知主体的自我中心化,它影响了对世界的客观准确的把握。人们对生活的认识一旦被"自我中心"所限制,从其思维定式出发,他所反映的生活其主观色彩愈浓,就有可能距离生活真实愈远。对于"犀利哥",就有网友妄猜:"以我多年的经验来看,此人身材挺拔,神光内敛,面目沧桑,浑身充满着一股不知名的气场,一般人称'男人味',但在我看来,他那却是一种隐隐约约的杀气,所以,我判断,此人有可能是武林某个隐秘门派的世家子弟入世历练,或者是某个大家的传人,因犯下门规,比如与仇人之女相恋而被逐出师门。"①真相表明,这种凭"多年经验"构建出的猜想很是离谱。所以,皮亚杰提出必须"解除自我中心化",就是要重新调整认识事物时主客体的关系,使主体在原有认识结构的基础上重新建立新的更客观的系统,加强认识的客观性。"犀利哥"事件出现时,巧合一则手机短信:"不要迷恋哥,哥只是个传说。"我们不妨也照此说:"别建构哥,哥只是个乞丐。"

第二,"犀利哥"的被建构说明了什么?

按皮亚杰的构建理论,认知构建过程中的同化现象,主要是受认知主体头脑中原有印象的影响。据此,人们不禁会进一步思考,众多网民(甚至包括传统媒体的受众)头脑中的这原有印象又是如何形成的?

从浅层次分析,这与乞丐形象的正面化有关。乞丐形象正面化,与金庸先生的小说有关。有谁统计过金庸笔下出现过多少乞丐?金庸笔下的乞丐,铁肩侠胆,倜傥不羁,一个个都很有"范"。加上电影电视等作品的

---

① 铁血社区:《"最有范儿"乞丐犀利哥受到网友追捧》,http://bbs.tiexue.net/post2_4108023_1.html.

改编,众多英俊靓丽的明星都出演过其中的乞丐,更是推动了乞丐形象的正面化。正如《广州日报》一则新闻报道标题所说:"犀利哥成娱乐圈香饽饽"(2010年3月8日B1)。有网友就感叹:金大侠小说中的丐帮及帮主洪七公的形象,已越来越多地被影视界演义成活生生的公众形象,并迅速被中国的乞丐所接受所崇拜,成为当代丐帮的精神支柱。从某一角度来讲,金大侠的"所作所为"已不知不觉地推动了中国乞丐职业化进程。①同样,这些艺术传播也会影响到人们对乞丐印象的改变和形象的期待。

往深层次分析,"犀利哥"的被建构,是一种后现代主义现象。后现代主义承认人们的认知世界是一个不断解构与不断建构的过程。就解构而言,后现代主义就是要颠覆传统的价值标准,把我们过去形成的认识成果解构掉。在这种思潮的影响下,解构实践处处可见。比方说网络上曾经出现的"一个馒头引起的血案",就是对权威的恶搞与颠覆。解构的积极意义在于可以让人们大胆地突破固有的思维模式进行创新。如解构固有的建筑模式,我们就可以从哥特式教堂建筑物、中国客家围屋、伊斯兰圆顶建筑物等已形成了固定的建筑风格模式走出来,建构出如壳型物的悉尼歌剧院建筑,如鸟巢状的中国奥林匹克运动场等新的建筑。但解构是不可以无限进行下去的;无限进行下去,就有可能造成秩序的失范。于是,人们又会不停地去建构新的模式。超女李宇春,就是对传统美女解构后构建的新的美女偶像。我们是否可以这样认为,"犀利哥"的建构,正是以往对旧的偶像的颠覆之后,新的偶像尚未形成(或者说对新建构的偶像不满意)之时,民意匆匆建构的偶像呢?网友"孤芳不自赏"的人就说:"太man了,星探们都在干什么吃啊?受不了电视上一些自以为帅碰来碰去,傻乎乎的小男人。"②就表明对电视上构建的"小男人"的不满,并期待媒体来建构这位"太man"者形象。

---

① 南方圣人:《金庸小说推动了中国乞丐职业化进程》,http://bbs.66wz.com/thread-41125-1-1.html。

② 百度知道:《最帅乞丐犀利哥图片》,http://zhidao.baidu.com/question/140953282.html?si=3。

如以上的分析能成立的话,那么我们就可以进一步推导出一个命题来:"犀利哥"的被建构,表明现在中国大众文化中,正是一个需要偶像而缺少偶像的时代。换了过去,我们可能会说这是黄钟毁弃瓦釜雷鸣,但后现代主义就是要解构过去的"黄钟",只是在建构新的"黄钟"过程中,出现了乱象。时代啊,从事大众文化传播工作的人们啊,能否给我们构建出一个真实可靠的偶像来呢?

第三,"犀利哥"现象对新闻业务有何警示?

资料显示,2009年最流行的句式就是"被＊＊"。"被"字的流行,反映出弱势者的无奈。这回这位程国荣(犀利哥)是彻底地让网民"被"了一回。足见某些网络舆论的强势与暴力,连一个有精神病的乞丐也不放过。反省一下新闻媒体,新闻报道中的"被"现象多矣!如果说"犀利哥"的被建构是认知主体不自觉行为,那么新闻媒体的某些做法,则是报道者主观意识太强,以自我为中心,以哗众取宠、耸人听闻为目标的强行"建构"行为了。换言之,报道明明知道某物为白色,却为了报道的需要,强制将其"建构"成黑色。远的不说,就说暨南大学新闻学院的董天策教授最近被记者"忽悠"一事。据董教授说,某报记者就"富二代"在校园征婚一事采访他,他本来是相当中立的立场,却被报道说成是"力挺"此事者。为什么这家报纸要把他写成"富二代"征婚的力挺派呢?原来是报道者极力要构造出此事的"拍砖"、"中立"、"力挺"三派,形成"观点激烈碰撞"之势,从报道结构上强化"PK"与"碰撞"效果。董教授批评这种小报做法:断章取义,随意发挥;胡乱搭接,扭曲原意;移花接木,貌似真实。①类似的事例,笔者也经历过不少。你反复强调的东西,他可能认为不合他的写作意图而被忽略,而你并不经意之言可能会被他改头换面加以突出。我曾将这种现象批评为某些记者采写的"加减乘除法":无者加之,有者去之,小者乘之以放大,大者除之以缩小。仿佛记者在采访之前就已经设定好了稿子,你的言论只是去填充他括号里预留的空格。这种强制性的"建构"行

---

① 董天策:《记者岂能如此忽悠采访对象——一名大学教授被"PK"后的喟叹》,《新闻记者》2010年第2期。

为,何以真实报道事实真相?

正是因为主体对客体的认知过程中存在"同化"性的建构现象,西方新闻界的行规中特别强调新闻的客观性,强调事实与观点的分离。目的是防止认知主体陷入"自我中心化"之阱,无意间建构出有悖真相之"事实"。我们知道,新闻报道的失实可分无意失实与有意失实两种。如果说"犀利哥"事件或许还只是网民认知的无意失实,但一些记者在报道中盛行的"加减乘除法",则明显是有意失实了。可见我们一些新闻工作者背离职业行规有多远了。更为严重的是,这样的情况已不仅仅是小报所为了。所以,在反思"犀利哥"事件时,我们更有必要检讨一下我们新闻界的行规自律现状。

九、从"78岁老妇怀孕"报道看新闻异化现象

2006年三八妇女节前夕,境外某媒体登出一条爆炸性新闻:《湖南78岁老妇第九次怀孕》,国内某网站也登消息:《涟源78岁老太出现怀孕反应,自信是老来得子》。一时间,这一离奇的"新闻"迅速引起众多媒体的转发和广大受众的关注。

从境外媒体报道《湖南78岁老妇第九次怀孕》来看,通篇报道都是在营构一种真实可靠的语境:首先是大幅照片,其所配文字为"同龄七十八岁的谢老伯高兴地摸着老婆怀孕的肚子";其次是标题言之凿凿——"湖南78岁老妇第九次怀孕";再看导语,一开头就是"可喜可贺!湖南省涟源市一名七十八岁的老妇朱玉梅第九次怀孕了"。将本该"可疑"的东西当成已认定的事实来贺喜了。并且,"当地计生委"已经在考虑"此次怀孕是否违反计划生育法"。再看主体及结尾,也是努力表明老妇人有妊娠反应,"已怀孕"这一"事实",已经当地医院妇产科"初步确诊",同时也获得了其子女的认可。

某网站上的报道《涟源78岁老太出现怀孕反应,自信是老来得子》同样也是在极力营构真实可靠的语境。不过它的话语策略稍有不同。它交

代了"怀孕"的症状、"怀孕"的原因(与丈夫年前曾经同过房)、当事人的经验(已有过 8 次怀孕生育的历史)判断等等。如果说这些都是从"科学"的角度来解释的话,那么,这条报道中还有写入了一个重要元素,即神的意志:"这是菩萨赐予我的儿子啊!应该是个皇帝命!"这样,报道从唯物论与唯心论两个方面都认证了"事实"的可靠性与可能性。

试想,如果这位老太真的怀孕的话,我们的记者不是真正抓到了一条"大鱼"吗?在这新闻资源稀缺的情况下,这真是可遇而不可求之事啊!

真实是新闻的生命线。这样一桩"事实",难道真是像真假孙悟空那样,须得借助神仙慧眼才能分辨清楚吗?且看网上一则帖子(语言过激,略作删节——引者注):

> 湖南娄底有个曾"生下四儿四女共八个孩子"的老太太怀孕了!此老太,今年 78,刚好是人们祝福她"寿比南山,福如东海"的年龄。
>
> "牛逼啊!"朋友传在 Q 群贴出一张照片,羡慕不已说,"这老太太的老公刮瘦的,功能竟然这么强大!"感慨之余,这朋友连笑三声,在 QQ 上发出"哈哈哈"三个字。
>
> 是啊,她老公也 78 了。78 岁老太怀孕,这到底是谁干的?!"如果是她老公之外的一个年轻人干的,那简直太可恶了!!竟然连 78 岁的老太都不放过。"
>
> 晕晕晕。那么,这到底是谁干的呢!? 我在网上搜搜一下,把我吓得一大滚——老太太怀孕,要么是香港著名的《＊＊报》干的,要么是《＊＊商报》干的!《＊＊商报》语气凿凿地说道:据周老太的儿媳介绍,婆婆一直很胖,在 20 年前就绝经了。可是从去年 10 月份起,婆婆就出现了恶心、呕吐等症状,慢慢地原本干扁的乳房也挺了起来,还常常流出奶水。
>
> 从行文来看,《＊＊商报》的记者、编辑和老总们特别特别特别希望这 78 老太怀孕。但又不好意思明说,所以小心翼翼地借用了 78 老太邻居和儿媳的声音。

而《＊＊报》一开始就笑眯眯地问：这老太是不是违反计划生育法啊？然后，还兴奋地配了张图，并语气确凿地配上文字：同龄七十八岁的谢老伯高兴地摸着老婆怀孕的肚子。

哈哈，老太太还接受了香港《＊＊报》的"探访"，并希望"把孩子生下来"。老太太的子女还希望"申报吉尼斯记录——最年长孕妇"！

好幽默，"吉尼斯纪录"，是为他们的父亲申请呢，还是为《＊＊报》申请啊？

我之所以大段引用网友的评说，是想表明，这样明显有悖常识的"新闻"，普通读者凭最简单的常识就可以看出真假，而媒体何以还信以为真，津津乐道呢？

是媒体与记者的弱智或无知吗？这样的指责，即使记者自己能接受，我们也会有意见的，毕竟我们的媒体还不至于惨到这般程度。是媒体为考验读者的智力故意为之？看来也不是，因为这不是 4 月 1 日西方愚人节时弄出来的东西。

看来，"78 老妇怀孕"考验的不是记者的常识或知识，而是其良知与职业道德。这也是假新闻产生的一个重要原因。假新闻究其实可分为两种，一种是囿于记者认识水平，被假象迷惑所致；一种则是记者与"事实"合谋的产物，他明知其假，却故意要以假为真。像这"78 老妇怀孕"的真假，记者如果是想辨别并不难，一可凭常识，二可问专家，三可做检查。方便得很！3 月 8 日，湖南长沙的《潇湘晨报》就刊发了《78 岁怀孕？假的！医生：肚子鼓胀只是脂肪堆积》的报道，其中说："记者邀请长沙市妇幼保健院 VIP 国际妇产中心主任丁虹来到周玉梅家一探究竟，经过查证，所谓怀孕原来是滋补品作怪，周的肚子鼓胀只是脂肪堆积所致。"识伪全不费工夫！

媒体对假新闻采取的暧昧态度，让我们进一步看到了新闻的异化。什么叫异化？就是主体和客体以某种方式换位或转换。通俗地说，就是自己不再是自己了，从自己的身上分化出来另一个与自己对立的东西，那就是异化了。新闻的产生源于社会的需要。我们需要新闻为我们提供耳目所不及的事实信息。新闻扩大了我们的知情面，它对我们的生存环境起到了很好的监视作用。但是，当新闻行业成为一种产业后，新闻的这一基本功能开始走向异化。一个最基本的变化就是：新闻的需求逐渐由受众需要，变成了媒体记者的第一需要。没有新闻，媒体就没有生存下去的理由。进一步发展，新闻业为吸引读者，不惜以种种手法创造出"新闻"来。这样，人们所创造的新闻业反过来奴役人本身，不仅让人们得不到真正有价值的事实信息，而且还让虚假无聊的信息充斥了人们获取有价值的事实信息的渠道。

新闻的异化由来已久。以美国传媒为例。早期的大众报纸主要依赖非新闻的手法竞争市场。例如在 19 世纪 90 年代美国报纸的黄色新闻之战中，媒体不是以实事求是的态度去报道事实，而用煽情化的手法来吸引读者的阅读兴趣。试看赫斯特的《新闻报》中黄色新闻的做法：

> 当时典型的标题是这样的："货真价实的美国巨兽和大龙"，这是一条考古队发现化石遗骸的新闻的标题；"请看新奇的施药法：将药瓶靠近昏迷的病人，即奏奇效。"这样的标题使医药工作者极为反感；亨利·詹姆斯描写不道德与犯罪行为的新作；大作家令人惊讶地投身于煽情小说！是《新闻报》公布《金屋藏娇》一书出版的方式。还有一些标题，如"杀死小贝西的神秘凶手"、"狂风使儿童丧命"、"是什么使他们偷窃？埃得加·萨尔特斯关于纽约生活的写真"、"凶手投案，请求处以绞刑——触目惊心的供词"。安妮·劳里所写的题材有："年轻姑娘为何寻短见"和"为了爱，女人怪事也做"等。①

类似这样的黄色新闻，标题做足噱头，题材亦无多大意义可言，新闻诉诸的大都只是人的惊奇、恐惧、窥私欲等本能情感。新闻业已不是在忠实地为受众提供事实信息的行业，新闻变成了作者捞钱的产品，读者打发无聊的读

---

① ［美］迈克尔·埃默里等：《美国新闻史》，新华出版社 2001 年版，第 230 页。

物。迈克尔·埃默里等在《美国新闻史》批评说："黄色新闻从最坏处说，是一种没有灵魂的新式新闻思潮。黄色新闻记者在标榜关心'人民'的同时，却用骇人听闻、华而不实、刺激人心和满不在乎的那种新闻阻塞普通人所依赖的新闻渠道，把人生的重大问题变成了廉价的闹剧，把新闻变成最适合报童大声叫卖的东西。最糟糕的是，黄色新闻不仅起不到有效的领导作用，反而为犯罪、性和暴力开脱。"尽管这样的批评不绝如缕，但是黄色新闻所开拓的题材和写作方法，事实上仍然影响着当今的新闻传播活动。

新闻的异化还表现在，媒体的职责已由监视环境安全而报道突发事件，变成为了得到突发事件而渴望天下大乱。一位去某都市报实习的学生初到媒体，其总监即告之："关注民生，奇闻趣事，突发事故，最好是车祸、闹市打架、跳楼、跳桥、火灾等等。"学生感慨，"别人会不会觉得我们的实习好危险，我们的思想很坏呢？我今天才体验到记者唯恐天下不乱这句话原来是真理。大家在骂我们没良心的同时，顺便帮我们祈祷下，保佑工作平安啦。"在这种观念支配下，西方媒体的新闻报道中，性、暴力、绯闻等内容自然占据着非常重要的地位。正如一位西方新闻学者所指出的："'流血就是头条'，在地方新闻中已经成了行规，因为犯罪事件富有戏剧性，能够吸引人们的注意力。"滚石媒体观测公司，是科罗拉多州的媒体监测组织，他们在研究了一个晚上的52个城市的102条新闻之后，在1998年3月发布报告说，"许多犯罪新闻对观众的情绪产生了影响，这些情绪包括恐惧、痛恨或者兴奋等。这种情绪使新闻机构和广告主深深受益。按照预测，每天都有犯罪事件发生，报道犯罪事件就成了每天的内容之一，这对新闻机构来说是一种偷懒的习惯。"①

认识到了新闻的这一异化现象，我们就不难理解为什么这常人一眼就能看出其假的"78老妇怀孕"的"新闻"，媒体和记者不仅不加怀疑，反而还在努力营构一种真实性的语境去叙述之。媒体不去揭穿这"皇帝的新衣"，无非是看中了这假新闻假得太有轰动效应了。

---

① ［美］伦纳德·小唐尼等：《美国人和他们的新闻》，中信出版社2003年版，第210页。

一些学者认为,新闻媒体努力以耸人听闻的"新闻"去满足受众需求,是一种新闻悖论。也就是说,是新闻业与生俱来不可避免的负面现象,它与正当的报道构成了新闻业这一硬币的两面。而我不这样认为,宁愿将它视为一种异化。悖论是难以摆脱的,而异化是可以克服,可以治理的。我们知道,工业污染也是一种异化,人类社会的发展产生了工业,同时带来了污染。但人们一旦发现了污染这一异化现象,就在不断寻求克服的办法。

新闻异化的治理,正如工业污染的治理一样,也是一项系统工程。但核心的问题在于制度。"78老妇怀孕"的"新闻"之所以能为众多媒体采纳,与我们今天对假新闻打击不力有关。在一些媒体从业者心目中,制造一条假新闻,所产生的对媒体的负面影响,要远远小于媒体因此而获得的经济效益。正如一些环保人士在分析我国现阶段环境污染的问题时所说,主要原因是企业治理污染的成本,要远远大于因污染而受罚的付出。所以,一些企业宁肯污染受罚,也不愿投资购买治污设备。假新闻的"待遇"情况大致也是这样。如果一条假新闻能导致一个媒体的倒闭,那么,强烈的"饭碗意识"就会让媒体变得格外谨慎。西方虽然新闻异化现象严重,但他们对异化现象的治理也是非常严厉的。我国在新闻法尚未出台时,更有必要从道德方面加强对媒体从业人员的教育。的确,"78老妇怀孕"这样的报道让我们看到了,新闻从业人员首缺的不是常识或知识,而是其良知与职业道德。

末了,不禁想起名记者郭超人的一段话来:什么人不能当记者,什么人能当记者,什么人能当好记者?人家能看到能想到的,你看不到想不到,这样的人当不了记者;人家能看到能想到的,你也看到了想到了,这样的人能当记者;人家看不到想不到的,你看到了想到了,你就能当好记者。我们试发问,当普通人凭普通常识都能辨别出真伪的"新闻",你分不清,辨不明,这样的人能当记者吗?

第六章　名家名作传播能力分析

名家名作是新闻传播能力构建的楷模之作。本章以中国新闻奖获奖作品与当代新闻名家之作为范本,从实证角度分析具体作品中的传播能力是如何构成的。

一、中国新闻奖作品中人性内容的演进

中国新闻奖自 1990 年开设后已评了 12 届。评奖标准是整个社会改革开放打造的一把尺子,而以这把"尺子"量出来的获奖作品,则准确地体现了社会改革开放与时俱进的过程。

新闻报道中的人性内容,是展示社会开放程度的重要橱窗。这一点,在中国新闻奖获奖作品中可得到典型的反映。

人性,是一个内涵十分丰富的概念。按流行的说法,是指人的自然属性和社会属性的统一。人性的外化,表现人的多方面需求:人的自然属性主要体现为生理需要,诸如食欲、性欲、享受欲、获取欲等;人的社会属性则表现为社会需要,如交往、理解、爱、尊重以及自我实现等。显然,人的社会属性比自然属性更为复杂,涉及个人的需要、家庭的需要,还有个人所属的阶层、阶级、民族、国家的利益等。

马斯洛把人的诸多需求分为自低向高的五个层次,依次为生理需求、安全需求、社交需求、尊重需求、自我实现需求。这并不是说低层次的需求不重要,恰恰相反,他认为高层次的需求只有在低层次的需求满足后才可产生。这正应了马克思的一句名言:焦虑不堪的穷人对最美好的事物

也是无动于衷的。

在过去相当长的一段时期,我们的新闻报道比较注重人的高层次需求,重视人性中较多理性色彩的内容。它与我国传统文化重理性轻亲情、厚英雄气薄儿女情的做法一脉相承,形成了一个时期新闻报道的重要特色。有学者通过对新华社与美联社的比较指出,我国记者特别注意表现人性中积极进取、奋发向上的一面,即使是面对灾难性的报道,也是突出人定胜天的慷慨精神,表现英雄人物的无私无畏的高尚品格。①

从弘扬社会正气的角度来说,人性中健康的高层次的需求体现出强烈的社会意义,富有闪光点。选择这样的内容报道是无可厚非的。但从完整体现人性的角度来说,这样做又是有失偏颇的。并且,过去的新闻报道在表现人性时已经明显地有厚此薄彼的倾向,人的一些正常需求因不够"闪光"而羞于启齿。这样,在新闻报道中的人性内容日趋单一、人的正常需求变得不正常后,新闻报道的真实性,读者对新闻报道的接受性就都不同程度受到了影响。

经历过"文革"的造神运动后,社会上对一味将人性渲染成"高、大、全"的做法已经相当反感。新闻界也在反省过去一些报道中"假、大、空"的做法,新闻报道更加追求真实性。真实性是新闻的生命线,真实性也要求新闻报道全面地报道人性中丰富的内容。这些背景,成了1989年以来中国新闻报道中人性内容变化的一个重要的前提。

新闻报道对丰富的人性内容的宽容,体现了社会的宽容度;认同人的多方面的正当需求,是对人的尊重。更深层次地看,这是一个社会民主与文明程度的体现。我国自1989年以来,改革开放进入新的历史时期,社会观念的变革与时俱进,人的各方面的权利获得普遍尊重。综观12年的中国新闻奖作品,其人性内容呈现出一个日渐开放、日趋丰富的演进态势。它与时代的进步正好保持着一种同步之态,也可以说是审视13年来改革开放的一个重要视角。

①　参见李楠:《历史的追寻,文化的沉思——新华社与美联社新闻写作比较》,《现代传播》1996年第6期。

对于新闻报道而言,关注什么人和如何理解人的需求,是人性内容最为具体的表现。显然,这二者是有密切联系的。英雄的需求与平民的需求、强势群体的需求与弱势群体的需求是有所不同的。考察12年中国新闻奖作品中人性内容的演进,从以上两个方面入手比较容易看得清楚。

概而言之,从关注什么人来看,12年的获奖作品构成了一个从关注英雄到展示平民再到关注弱势群体的演进过程。从如何理解人的需求来看,人性内容的演进表现为:较早的作品对人的低层次需求的理解是有偏颇之处的,表现在将高层次需求与低层次需求对立,彼此难容;随后的作品则表现出对后者有较强的兼容性;进而发展到对人的多方面正常需求的尊重。为叙述方便,我们将这一演进过程分为三个阶段来分析。

(一)第一阶段(1990—1991):关注英雄人物与社会精英,人性中崇高的一面成了唯一的选择

毋庸讳言,1989年的政治风波对这一阶段中国新闻奖的评选标准是有一定影响的。在经历了这场政治风波后,新闻界对舆论导向更为重视,对新闻改革的趋势进入了新的探索期。[1] 在这种情况下,比较稳妥的做法莫过于先回到传统。这是可以理解的。时代正气需要英雄人物的高尚之举来弘扬,社会发展需要精英分子的身体力行作模范。另一方面,我国的改革开放不仅没有因为这场风波而止步,而是更加扩大深化。党的十三届八中全会制定了关于农业和农村工作的一系列重大决策,不久后确定了搞活大中型企业的政策措施。改革开放依然是新闻报道的主旋律。这些,成了新闻报道中的人性描写的最初变化。

这一时期新闻报道的人性内容的特点是:

第一,人物报道的主体以社会精英与英雄人物并重。

这一时期的人物报道较多地突出精英人物在改革开放中的非凡贡

---

[1]　首届评委彭朝丞说:"在平息了北京发生的政治风波之后,我国新闻界在反思舆论导向上曾经过的偏差,于是十年新闻改革的实践便向人们提出这样一个问题:十年新闻改革要不要继续? 如何继续?"见彭朝丞:《现场短新闻写作概要》,人民日报出版社1992年版,第1页。从这话中不难看出新闻界当时的犹豫心态。

献,知识分子如何同工农结合。如《"焊神"的贡献——记上海市"科技精英"、宝钢副总工程师曾乐》(1990)、《勋章背后的未了情——记黄河水利委员会绥德水保站总工程师徐乃民》(1990)、《宫峰学成博士乐当"炉前工"》(1990)、《104 炉长——新毕业的研究生王伟在冶炼第一线》(1990)、《李卫华——青年知识分子的风范》(1990)、《上等兵荣剑研究军事学术展露才华》(1991)《庄稼医生刘本宽》(1991)等,这些作品展现的中心人物莫不是经济、军事、科学各领域的优秀知识分子。选择这样的报道对象,特别是 1990 年的作品中集中突出知识分子的贡献,显然是在"89 事件"后,重新思索并回答社会需要什么样的"精英",知识分子该如何体现自身的价值这样一些问题。《104 号炉长——新毕业的研究生王伟在冶炼第一线》中的一句话为此作了很好的注释:"王伟把所学的知识用到生产实践上,在与工人结合的道路上迈出了坚实的一步。"

同时,党的优秀干部作为优良传统的体现者也是报道的主要对象。《人民呼唤焦裕禄》(1990)再次将一个老共产党员、人民的好县委书记鞠躬尽瘁、死而后已的形象树立,其优良传统再次成为新时期党的干部的一面旗帜。《不私亲属的铁木尔主席》(1990)一文用 700 多字,从廉政建设的大局出发,选择一个党的政府干部的家庭为突破口,抓住"不私亲属"这一点着力刻画。这些社会精英身上均具有身居其位,不谋私利,甘于奉献的光辉一面。

另一方面,和平年代出现的英雄人物也备受关注。他们身上表现的见义勇为的精神更是被大加张扬。《金融卫士》(1990)展示的是金融系统职工"两兰"不怕牺牲同歹徒搏斗的英雄事迹。作品将这两位女英雄比做"刘胡兰式的坚强卫士",并自始至终满怀热情地大声讴歌这种"刘胡兰式"精神:"生,生得伟大;死,死得光荣! 生有价值,死有价值,生生死死都是为国家为人民,我们的共和国需要潘星兰、杨大兰式的坚强卫士。"篇尾更是用了三段回环句式,对英雄进行了史诗般的诵颂。这篇报道有着十分浓烈的英雄色彩,成了当时新闻报道对"英雄"的评判标准:头破血流的见义勇为者是英雄,而艺高胆大、既未受伤也没死去,以智取胜者则由于"业绩"不突出,付出的代价不惨痛,往往就连值不值得报道都颇受争论。"勇"几乎成了唯一的评判标准。如《勇斗歹徒失去高考机会,女中学生杨静被破格录取上大学》(1991),报道的是一个女中学生乘公共汽车时与歹徒的搏斗。在一段时期里,媒体为突出英雄行为,往往对未成年人的英雄行为大加张扬,这显然有些顾此失彼了,这在法律界是有异议的。①从人性内容上来看,这些报道是有其偏颇之处的。

第二,人物高尚的社会性需求往往不能兼容个人的正当情感需求,人性中崇高的一面成了唯一选择。

这一时期的报道,在涉及人物复杂的情感时,往往有简单化倾向,即重视人物舍己奉公、乐于牺牲的一面,将人物的情感需求与价值实现对立起来。舍个人亲情而重对国家及社会的责任,因集体利益而牺牲个人利益成了报道中常见的主题。特别让人可景仰而难以企及的是,这些人物都能用一种非常理性的眼光来对待个人所承受的巨大痛苦和所作出的利益牺牲。这样的情况在这两年的作品中比比皆是。可分为两种情况来讨论。

一种情况是舍小家顾国家,舍亲情顾事业。如《庄稼医生刘本宽》(1991),主人公刘本宽一门心思搞科研,顾不了家务与亲人,当她捧回优秀成果奖回到家时,爱人已临肺癌晚期。她孩子对她的评价是,在植保方面作为一个高级农艺师是当之无愧的,但在家务方面连初级职称都够不上。《妻子、女儿和井》(1991)中的主人公杜尚志在妻子、女儿(代表亲情)和井(代表事业、国家利益)三者的选择中,总是牺牲前者而保全后者。同女儿说好了过年去看奶奶,却又因为"走了井谁管"的理由而放弃了。

在这种价值选择下,人性中个体颇近情理的正当需求要么羞于启齿,要么就被一种高尚的理由否决了。如《李润虎的几幕人生》(1990)其中提到,李润虎准备去打仗离家前一天晚上,妻子对他提及重病在身的父亲的安置问题。李润虎非常理性地说:"爹的棺木板买好了,万一病故你就找

---

① 如关于少年赖宁救火身亡的报道,就引发法律界人士的反思。

亲戚们一起处理,就算替我尽孝道吧!"此言引起其父极大的反应,欲吞安眠药自杀。在这种情况下,李润虎还是不为所动:"男儿取义在疆场,再深的亲情也不能挽留!"这里强调的是个人对祖国的责任,在 100 多字的离别场景中,李润虎身为人子人夫,对父亲的反哺之情、对妻子的难舍之念却一字未着,采写者对这种场合的"羞涩"和回避态度是显而易见的。

另一种情况就是以牺牲个体的身体、生命来换取对国家、事业的热爱。《一场激动人心的报告会》(1991)的主人公张根昌长期带病在第一线工作,直到确诊为晚期肺癌才住进了医院。《"焊神"的贡献——记上海市"科技精英"、宝钢副总工程师曾乐》的主人公是"一个将心焊在事业上的人",身体垮了,夫妻分居 11 年未要求享受一次探亲假,母亲病逝还在工地上。

以李润虎、张根昌等为代表的典型身上,最突出表现了这一阶段新闻报道对人性内容中略为极端的取舍标准。它虽然展示了人性最为光辉的一面,但对人性其他内容的舍弃也明显地带来了一些负面影响。这些负面影响在日后被有识之士逐渐提出。如在后来对"铁法官"谭彦的报道,时任《人民日报》总编辑的范敬宜就指出:"我认为过多地描写了他如何有病不肯休息,不肯治疗坚持工作这一方面。最近有好几个典型人物都突出了这一方面。这在导向上有个问题。一方面我们大力呼吁要保护中青年知识分子、干部的健康,指出近几年内英年早逝的知识分子过多;另一方面却赞颂他们有病不治。这在宣传上是矛盾的……我们不能为了突出一个人的精神而不顾科学啊!总之,我们宣传先进人物,一定要讲科学,讲政策,讲合情合理。分寸上过了头,就会起相反的效果。"①

同样,对于报道中过多渲染人物为事业而置家庭亲人不顾的做法,也有人提出了其不妥之处。如原广播电视部部长孙家正就说:"不要把先进写得不近人情。有的宣传,为了突出先进人物,事业成功,非来个妻离子散。讲一个先进人物,是一个称职的干部、称职的警察、称职的教师,但不

---

① 范敬宜:《总编辑手记》,人民日报出版社 1997 年版,第 251 页。

是一个称职的丈夫、称职的妻子、称职的父亲,这就片面了。从本质上讲,对事业负有高度责任心的人,对家庭、对妻子、对子女同样负有责任感,本质上是统一的。尽管他没有很多时间在家人生病的时候坐在床头,但他的心肯定牵挂着……所以宣传英雄人物、先进人物不要简单化、概念化,要反映他可亲可敬的一面。我认为共产党人是最有人情味的。"①如此等等。人性描写中这方面的偏颇,在以后一段时间内的报道中虽仍可见到,但总的趋势是逐渐克服片面走向全面。

(二)第二阶段(1992—1996):讲述老百姓自己的故事,人性中的情感因素增强

随着社会经济和政治的发展,新闻作品中人性内容的某些不足很快得到弥补,一些偏颇也有了纠正。从1992年开始,这方面的变化就逐渐表现出来了。

1992年对于中国的改革开放来说是非常有意义的一年。邓小平的南方谈话有力地推动了中国的改革开放。1993年,党的十四届三中全会确立建立社会主义市场经济体制,这标志着改革开放和社会主义现代化建设事业进入新的转型期。在其后召开的十四届六中全会上,精神文明建设被提上议程。旨在"唤回一片纯净精神家园"的精神文明建设声势浩大地在全国遍地开花,内容涉及反对封建迷信和伪科学、爱国主义教育、文化下乡、扫黄打非、反腐倡廉、社会公道和伦理道德等方面。扬"真、善、美"、反"假、恶、丑"的主旨无疑是对人性最动情的召唤。

有学者指出,"1993年是中国的改革开放经一段时间的停滞以后重新起步并在某些领域加速发展的一年(其直接的标志和动力是1992年邓小平的南方谈话),是市场经济引发的社会文化转型加深的一年,其直接而重要的表征是中国社会文化的世俗化、商业化程度的加深"。② 这一表述也许不够十分准确,但中国社会文化中的平民化色彩的确是变得非常

---

① 孙家正:《关于正确引导舆论的几个问题》,《求是》1994年第22期。
② 陶东风:《社会转型与当代知识分子》,上海三联书店1999年版,第140页。

醒目了。由计划经济向市场经济转型的社会背景,无疑使得新闻业自身的市场意识增强。过去以传者为中心的传播模式,此时已开始向以受者为中心的传播模式转变,受众本位思想得以确立;新闻的价值取向也跟着发生转变,媒体对普通百姓给予更多的关注。1993 年 5 月 1 日,中央电视台的大型新闻杂志《东方时空》正式开播,1994 年又推出了《焦点访谈》,"讲述老百姓自己的故事"一时成了众多媒体的报道宗旨。记者们用手中的工具记录了百姓们面临的种种困难和问题:贫困问题、住房问题、疾病问题、失学问题⋯⋯用充满人文教化的追求,构造了一部由小人物构成的历史,普通人的命运备受关注,人类生存意义从更多的角度得到表现。这一情况很有点类似西方新闻价值观念的变化:随着传播中受者的中心地位的确立,报道者对新闻的选择标准发生了根本性的转变,早期的报道较多注重报道对象的显著性,后来的报道则更加重视报道的接近性了。

由于改革开放的深入让政治环境更加宽松自由,一些富有强烈责任感的新闻工作者以深切的同情关心民生疾苦,反映百姓呼声。"故事不多,宛如平常一段歌",芸芸众生的喜怒哀乐成为观众的新观点,普通人的欢乐与忧伤,希冀与绝望,抗争与无奈,无一不构成"人性的启示"的真实画面。

这一时期新闻报道的人性内容出现了以下特点:

第一,人物报道的主体转换为老百姓,报道视角有较强的平民化色彩。

由英雄转换为平民,1992 年的获奖作品中,《大寨人走出虎头山》可以说是记录这一转型的发轫之作。过去是全国去大寨"取经",大寨成了计划经济下的一面旗帜;如今大寨人放下架子,走出虎头山,走向全国学习,发展商品经济,下海的下海,办矿的办矿,打工的打工。这不仅是行为发生了变化,更深刻的是心态完全变了。类似的作品还有《教授下海》(1993)传统视野中的高级知识分子也主动积极地搞起了商品经济,一个"下"字,生动地表现了这种角色的转换。

　　对于英雄人物的报道,这一时期的作品其报道视角也出现了新的变化。最为典型的是1993年的获奖作品中关于解放军战士徐洪刚见义勇为、勇斗歹徒的两篇报道:《战士义勇非凡,人民恩重如山》、《人民崇尚这颗星》。徐洪刚与歹徒搏斗的场面十分悲壮,他胸腹部连中14刀,鲜血迸涌,肠子流出体外50厘米。然而报道并未刻意将他当孤胆英雄来表现,耐人寻味的是,两篇报道的焦点都从英雄身上转到了老百姓身上:一篇在人民"恩重如山"上大做文章,将人民战士卫人民的献身精神与人民群众爱英雄的传统美德并重,"汇成了正义与真情相映生辉的时代交响曲"①;一篇则着重写人民对英雄的关爱和崇尚,正如评委阮观荣先生所言:"对徐洪刚英雄事迹的报道,可以有几种角度:一是正面详细报道徐洪刚勇斗歹徒的场面和英雄气概。这也是很感人的;二是把徐洪刚勇斗歹徒的事迹为引子,着重从纵的方面来报道英雄成长的过程;三是从领导机关的角度如何重视、宣传、奖励徐洪刚的英雄事迹。可是作者选取的却是:'人们崇尚这颗星'的角度,即从人们救英雄、颂英雄、学英雄的角度来报道。"②两篇作品的视角变化绝不是简单的巧合,而是由英雄到平民的视角转换使然。

　　英雄转换成了平民,平民自然就更领风骚。这一时期的人物报道中,基本上是普通百姓唱主角。影响较大的有《"军嫂"风采——介绍汶上县农家妇女韩素云支持丈夫安心戍边的事迹》(1994)、《领导干部的楷模——孔繁森》(1995),记叙苗族民办教师田沛发的《师魂》、《田沛发》(1995),报道农艺师李立科爱岗敬业的《旱原情》,记上海市水电修理工徐虎的《把党和政府的温暖送到千家万户》(1996),记北京公共汽车售票员李素丽的报道《岗位作奉献,真情为他人》、《北京有个李素丽》(1996)等。他们中间,除孔繁森是一名援藏干部外,其他报道中的主人公都是默默无

　　① 袁良:《正义与真情相映成辉》,《中国新闻奖作品选(1993年)》,新华出版社1995年版,第24页。
　　② 阮观荣:《选取最佳报道角度》,《中国新闻奖作品选(1993年)》,新华出版社1995年版,第55页。

闻的普通老百姓、小人物。作品也特别突出他们作为一个普通人的身份。如《"军嫂"风采——介绍汶上县农家妇女韩素云支持丈夫安心戍边的事迹》,一开篇就特别提到主人公的身份——"韩素云,一个极其普通的农村妇女",点明她只是一个平常的军人的平常妻子。她同千千万万个军人妻子一样,"用中国妇女传统美德和坚忍品格,默默地支撑起军人的家庭,耕耘田园、孝敬老人、养育儿女,心甘情愿地奉献着"。但在当年初至年底,她却成了广东、广西、山东及中央各新闻媒体争先恐后报道的对象,"一个普普通通的农家妇女为什么能赢得人们如此的钦佩和厚爱?"作品在回答这一问题时,突出的是她作为一个妻子、一个家庭主妇所尽的义务。

这类报道都是"平民视角,实话实说"。特别是像徐虎、李素丽这样的劳模报道,一改过去的写作模式,把读者带入新的思考层次:"劳模、典型,原来是这么可敬啊,原来是这么可亲可爱啊!"①当年评委在谈有关徐虎、李素丽的报道成功原因时说:"两组报道共同的特点是:写普普通通的岗位,普普通通的人,普普通通的服务工作,看来平凡无奇的一举一动、一言一行中蕴藏着崇高的精神,巨大的震撼力……作品的成功恰恰在于写出了活跃在人们身边的朴素无华的生活中的典型。"②

第二,报道中人物的情感呈多向度开放,人性内容有大的拓展。

这一时期的作品对人物情感的描写更加真实,对人性中丰富的多面不仅不回避,而且着意作了新的拓展。按人物情感在作品中表现的情况,我们可以将这些作品分为兼容型与专题型两种。所谓兼容型,就是在表现先进人物的高尚的理性需求的同时,不再将人物的亲情需求与之对立,而是理解与宽容,使之成为人物精神需求的一部分。所谓专题型,就是专以表现人物亲情、爱情、友情的作品。

兼容型的作品有:1994年4篇,即《"军嫂"风采——介绍汶上县农家

---

① 孙月沐:《深、实、细、精》,《中国新闻奖作品选(1996年)》,新华出版社1998年版,第35、36页。

② 张万象:《丰收的喜悦和超长的遗憾》,《中国新闻奖作品选(1996年)》,新华出版社1998年版,第389页。

妇女韩素云支持丈夫安心成边的事迹》、《孤岛守塔人——中华英模之55》、《情牵》、《军营临时家属院》等,1995关于孔繁森的3篇,1996年关于李素丽、徐虎的3篇。而在第一阶段的作品中,仅有1990年获二等奖的《黑脊梁——记广州军区某团连长李邦亮》一篇。这些作品在表现人物高尚的情操的同时,也将人物各种各样的爱,如天伦之乐、夫妻之爱、手足之情、朋友之谊等都一一展现在读者面前。这标志着新闻奖作品对人性中的情感需求有了新的理解,将它们与人物高尚的一面构成一个有机的、相得益彰的整体。《情牵》中就表达出了这一认识:"家,一旦与一种事业融合在一起,那么,在这个家里,即使是最平凡的小事,也蕴涵着一种最质朴的真情。"

在先进人物、典型人物的报道中,亲情、爱情、友情成了理解人物内心世界和成长历程必不可少的因素,人物形象变得更为血肉丰满,可亲可近可敬。如《领导干部的楷模——孔繁森》(1995),是这一时期表现党的干部的典型报道中最为成功的作品。它突出的是孔繁森对西藏人民的爱。二次进藏为的是国家利益。他对小家的依依不舍之情,在报道中同样感人肺腑。当组织上问他再次进藏有什么困难时,他还是那句话:"我是党的干部,服从组织安排。"但他的心里还是在掂量着家中的困难:自己身体状况不如以前,年近九旬的老母生活不能自理,三个尚未成年的孩子需要有人照看,妻子动过几次大手术……所有这些,都让孔繁森有一种负债之感。出发前与母亲辞别一幕更是让人心恸不已:

想到也许这是同年迈多病的老母亲的最后一面,孔繁森再也抑制不住内心的感情,"扑通"跪在母亲面前:"自古忠孝不能两全,娘,您要多保重!"说完,流着泪给母亲深深磕了一个头。

是啊,无情未必真豪杰。一个对家庭、亲人充满爱的人,才有可能充满真情地去爱国家、爱人民。

《把党和政府的温暖送到千家万户》讲的是水电修理工徐虎热爱平凡岗位的故事。为了工作,徐虎有很多时间不能与家人在一起享受天伦之乐,但他和家人还是感到充实和欢愉,正如文中提到的徐虎女儿在一篇作文里的一段话所言:"虽然爸爸没有和我们一起好好过节,但在充满爱心的世界里,我始终感受到父亲伟大的爱。""女儿理解父亲,父母理解儿子","一个充满温馨和理解之情的小家也支撑着徐虎安安心心忙忙碌碌服务着大家。"同样,《岗位作贡献,真情为他人》《北京有个李素丽》中对于典型的刻画,也是十分入情入景、入木三分的,报道中充溢浓醇的情,催人泪下,使人怦然心动。

专题型的作品,专写母子之情、夫妻之情、朋友之情等。在一阶段的作品中,这类报道是没有的。第二阶段的作品中,共有 3 篇:即表现母子亲情的《下辈子,我们还当母子》(1996),表现夫妻爱情的《在最后的日子里——一对中国夫妇的情与爱》(1992),表现师生友情的《壁画后面的故事》(1994)。

《下辈子,我们还当母子》全文用一人称手法,由一个优秀教师许美云自述与其儿子张云峰与病魔搏斗了十几年,关于母与子之间发生的种种故事,充分表现了人间最美好的亲情。在正文之前,记者有一段话:

> 这是记者多年来最动情的一次采访。许老师的叙述是记者流着眼泪记录下来的。记者觉得有一份责任将它告诉所有读者,告诉普天下身为父母的人们。

父母精心照料患了绝症的孩子,因为爱心的呵护,孩子短暂的生命中充满了生机和快乐。记者选用了这个最为平常而又最不平常的事实,只是就母爱与生命的意义展开描写,对于人性作出了很直白的表露。这为精神文明建设提供了一个新的理解角度。这是该类作品在中国新闻奖中的首度露面,令读者耳目一新,人性光辉出现新的色彩。

《在最后的日子里——一对中国夫妇的情与爱》和《壁画后面的故事》,前者叙述一位患有绝症的妻子如何获得家庭的爱和如何将其爱献给丈夫与孩子,后者叙述的是一位壁画家如何关爱一个曾经成为他壁画中的模特、他的一个患有绝症的学生。如果是按以往的写作模式,极有可能将这些爱置于事业之下来打量,但这两篇作品就以这种人间真情为中心展开叙述,靠的是这种真情本身的魅力。正如评委在谈《壁画后面的故事》中主人公时所说:"刘玉安没有唱高调,作为雕塑家,他没有离开艺术的范畴去描述自己的内心世界。而记者也原封不动把这段话放在节目中,告诉观众。他们都是真实的,而且是美的。"①

(三)第三阶段(1997—2002):关注弱者的生存,尊重生命的价值

1997年我国发生了几件大事:小平逝世、香港回归、三峡截流,这些都成了媒体关注的热点。1998年,遍及三江的抗洪救灾,可歌可泣的事迹不少,新闻奖中这些题材的报道占了多数。而1999年又是国庆50周年,相关报道几乎囊括了该年度的特别奖。另一方面,有关人性内容的报道,在获奖作品中仍占有醒目的地位,并且其内涵也在悄悄地发生变化,那就是媒体对人的生存状况,特别是对那些生活困难者的生存状况给予了深切的关注与同情;对人的生命意义有了新的理解和尊重。

1998年的特大洪水,几乎是一夜之间使数以千万计的农民财产受损,其生存权、发展权受到了严重的挑战;而党和国家领导人对灾害的关注,对灾民的关爱,表现出拳拳之亲情,浓浓的人情味。"血浓于水"、"洪水无情人有情"是对这一情况的生动写照。"人是第一个可宝贵的"这句人们熟知的话注入了新的内涵。

同时,随着改革开放的深入,我国居民的就业情况也发生了较大的变化,特别是国家产业结构的调整,一些国有大中型企业工人面临再就业的选择,他们的生存状况、就业状况引起了党和国家领导人以及全社会的深切关注,同样也引起了媒体的广泛关注。不少媒体千方百计以不同的方式去贴近他们,关心他们。1997年,我国不少媒体提倡"体验式报道",一时间,"记者体验七十二行"、"记者与您同行"之类的报道成为时尚。并且,隐匿性采访在实践中大量运用,记者有机会更为直接地了解到一些深

---

① 李春利:《美的追求》,《中国新闻奖作品选(1994年)》,新华出版社1995年版,第124页。

层次的材料。由于采访方式的改变,这些报道对社情民意的感受,对老百姓生存状况的把握,都发生了较大的变化,可谓入乎其内,所感更为真挚,所知更为深刻。

这一时期获奖作品中的人性内容,出现了以下两个方面的变化:

第一,关注弱者的生存权和发展权。

社会上存在着弱势群体,这是一个客观事实。有的是因为个人生理上的缺陷造成的,有的则是由社会发展的不均衡造成的。无疑,对弱势群体的关怀,体现着社会的高度文明。媒体对弱势群体的关注,当然不完全始于这时期。第一、二阶段已有少量的获奖作品涉及①。但第三阶段的作品出现了两大变化:一是数量增多;二是视角向内转。

按粗略的划分,这一时期共有14篇作品涉及这一内容,年平均达2.7篇。而第一、二阶段的 7 年中年平均不足 0.6 篇.这 14 篇作品中,报道党和政府、社会各界对弱势群体关怀的有:《小额信贷由农村引入城市,扶助下岗女工自谋职业》(1998)、《朱总理和我们心连心》(1999)、《土地承包中维护妇女合法权益》(1999)、《棚户生命的痛与希望——本溪市采煤沉陷户区改造纪实》(2000)、《浙江贫困农民依法享有最低生活保障》(2001)等。这些作品都是从党和政府的关怀这一视角出发来报道的。这些弱势群体的生存条件的确是有一定的困难,但他们的发展权和人格尊严是受到了政府的充分尊重的,政府对低收入的工人、农民不断地采取了积极的扶持政策。《朱总理和我们心连心》一文中有一处细节:总理提出要吃再就业的下岗工人做的包子,总理如实付款,用自己买包子之举,表达他对下岗职工的尊重和对他们的再就业表示由衷的欣喜、支持。这一细节给人留下深刻印象。《浙江贫困农民依法享有最低生活保障》是第十二届中国新闻奖中的一等奖作品。它表明贫困农民能享受最低生活保障,这是政府支持下的一创举,用法律形式固定下来,更是一大进步。

---

① 粗略地划分,第一、二阶段的作品中共有 4 篇属于这一范围。它们是:《劳动局长与特困户女儿》(1990)、《黄牛车作证——景县一起虐待老人案》(1993)、《爱心创奇迹》(1996)、《含泪笑唱鲁冰花》(1996)等。

报道视角的向内转,可以说是这一阶段的获奖作品最大的特点。报道的视角不是从外在关怀入手,而是从报道者的内在需求入手。记者直接深入弱势群体之中,体验感受他们的生存状况,"零距离"接触更能真切地体会到他们的脉搏,从而能真切了解他们的需求的愿望,更能唤起社会对他们的关注。这类作品计有:《来自高墙内的哭诉》(1997)、《盲人李飘海》(1997)、《黑户刘婷婷》(1998)、《去年伤残万余人,死亡八十多人,深圳部分外来劳务工劳动安全状况堪忧》(1999)、《我是"蜘蛛人"》(1999)、《我们代表中国》(2000)、《56名女工状告工厂搜身侵权》(2001)等。

《来自高墙内的哭诉》、《去年伤残万余人,死亡八十多人,深圳部分外来劳务工劳动安全状况堪忧》和《56名女工状告工厂搜身侵权》报道的都是在外资、台资等企业的打工者的生存状况。《来自高墙内的哭诉》一文的作者以打工者的身份进入台资企业"半工半查",以体验式的报道方式,通过大量的第一手材料揭发了台湾老板非法体罚、殴打和侮辱员工的行径,唤起工人们拿起法律之剑来维护作为一个劳动者的合法权益,也提请有关部门采取措施保护这些打工仔打工妹的人身尊严和合法权益。《去年伤残万余人,死亡八十多人,深圳部分外来劳务工劳动安全状况堪忧》的作者花了近3个月的时间,隐姓埋名深入采访对象之中,同采访对象生活在一起,从而掌握了大量证据式材料。《56名女工状告工厂搜身侵权》以连续报道的方式,对在外资企业工作的女工遭遇的非法搜身作了深入报道,对工人能用法律武器保护其人格尊严和人身权利予以充分肯定。显然,站在劣势地位的劳动者的角度来唤呼其合法权益和人格尊严,成了这一时期报道中的一个亮点。

对边缘人群生存状况的也有了体验。《我是"蜘蛛人"》体验的是城市高层建筑清洗工的工作生活。作品一开篇就说,这项危险的职业往往被人忽视。"我们经常可以看到他们悬在高空的身影,却从来没人真正关注这群卑微者的生命。当我成为他们当中一员时,我深刻体味到了现实给予我们的苦难、平庸和尊严,还有幸福。"《黑户刘婷婷》倾注了十分精力,陈述了报不上户、22岁仍无法上学的刘婷婷的痛苦经历,对因上层办事不力而导致生存困难的群众投注了同情的目光。通过事实针砭时弊,提出该"怪状"只能从某些民警的工作作风、思想观念和并不健全、形同虚设的管理体制、惩治措施上找根源。报道引起了有关部门对这一社会现象及其弊端的重视,产生了积极的社会反响。

《我们代表中国》、《盲人李飘海》是对残疾人生存状态的观照。前者报道的是中国残疾人艺术团部分演员的特殊艺术魅力。后者报道从小失明的李飘海,靠自己艰苦奋斗、奋发图强的历程。两个作品都对残疾人的生存作了正面引导,积极鼓励。残疾人在整个社会群体中,是最处弱势的,残疾人艺术团的演员和李飘海这样的人物,毕竟是其中的少数。比起正常人来,残疾人的生存之难是可想而知的。如关于张海迪,近期的报道就袒露了她的心声:"我的激情经常被身体的痛苦和麻木所淹没,毕竟我不是一个健康的人,我力不从心。"①这两篇作品的报道视角虽不同于此,但它们为关注残疾人的生存状况开了个好头。

第二,对人的生命更为尊重,作品中的人情味更为浓厚。

2000年获一等奖的人物报道《用生命搏击贫困——铜川市郊区惠家沟村党支书郭秀明追记》,记叙了一位村党支书带领村民致富的事迹。作品特别在"编者按"中指出:

> 当然,我们学习先进人物那种生命不息奋斗不止的精神,绝非提倡不讲生活质量,有病不看,小病拖泥带水变大,更不能违背医学科学地"蛮干"。祈愿我们的基层干部都能有一个好的体魄,带领广大群众,在各自的工作岗位作出优异的成绩。

短短的几句富有人情味的话,道出了对生命的尊重。这与过去的报道中的价值取向已有很大不同了。的确,与过去比较,这一时期的报道对生命的意义看得更重。具体表现为:尊重生命的价值;抒写生活中的人情味。

---

① 见2002年4月24日《南方日报》关于张海迪的专访。

　　刊登在《解放军报》的获奖作品《西部，一个士兵的葬礼》(2000)写的是平凡但饱含的是真情。它报道了只有 3 个多月军旅生涯的 19 岁战士陈才君在训练时，突发"心脑缺氧综合征"而昏迷死去。记者路过这个离乌鲁木齐大约有 1800 公里的地方时，遇上了为他送葬的队伍。"护送的战友们异常悲痛，遗像上是一张年轻的有点稚气却又十分可爱的脸庞，那两只黑黑的眼睛注视着前方。"这是一个普通得不能再普通的战士了，三个月的部队生活还没来得及让他为国为民作出多大成绩。照以往的新闻选择标准，这样的事实是不具备显著性的，更不用说成为获奖之作了。但报道对年轻生命关注所流露的热情与真情，却深深地打动着读者。正如南疆军区副政委丁德福所称赞的，"为普通士兵树碑立传，对部队的教育非常之大，成为干部战士谈论的热门话题。"①作品的感人魅力，就在于对生命的尊重。不以成败论英雄，也不以贡献大小论价值，生命对于每一个人来说都是同样重要的。

　　2001 年的获奖通讯《救救我——一名 12 岁儿童的悲惨遭遇》，是对"法轮功"邪教迫害生命的血泪控诉。12 岁的刘思影，原本是一个人见人爱的漂亮女孩，昵称"开心果"。被痴迷"法轮功"的妈妈带到天安门广场自焚，就这样一个天真活泼的小孩葬送了本该光明的前程。报道通过这样一个幼小生命瞬间地被摧残和这个幼小生命对美好人生的向往，深情呼唤我们每个生命体都应珍惜好自己的生命。

　　人情味在过去很长时期内都被认为是西方资产阶级的东西而进不了获奖之列。其实这完全是偏见。弘扬生命中的人情味，是对人性意义最为通俗的诠释。这一阶段的作品中有两篇特别值得一提。《八个男人换回来的一个生命——大舜号唯一女性幸存者董颖的自述》(1999)，报道客轮沉没时，在生与死的关头，船上的男人采取各种手段与方式，让弱者优先获救。作品以获救者自述的方式来报道，更增强其真实性与感染力："在逃生的过程中，船上的男人们都纷纷把生的希望留给妇女儿童，把死

---

①　《中国新闻奖作品选(2000 年)》，新华出版社 2001 年版，第 217 页。

的结局留给自己,我,就是这种人性光辉照耀下的最大得益者。"

获 2000 年度一等奖的作品《法警背起生病被告》选取了一个特殊的场合来表现人情味。法庭开庭时,法警把一名行动不便的女被告背上三楼的法庭。被告在法警的背上哭了,把脸靠在法警肩膀上。这一场景被记者摄入了镜头,写成了文字。法警的话很朴素:"我没觉得这个举动有啥大不了,她一个老太太,得了病走路很困难,虽然是被告人,但作为法警帮她这个忙是我的职责。"但这平凡的话语中却透露出不一般的信息,用最高人民检察院民事行政检察厅厅长的话来说,这篇报道"反映了我国司法体制改革的进程,更重要的是体现了对人的人格的尊重"。报道中还透露,一些过去写有"坦白从宽,抗拒从严"的墙壁,如今被画上了山水画。一向被人们视为"无情"可言的司法场所,如今是如此地富有人情味,这不同样是对人格、对生命的尊重吗?

综观 12 年中国新闻奖获奖作品,人性内容的变化只是其中诸多变化的一部分。改革开放的一个重要思想,就是要与时俱进。人性内容在新闻作品中的演进变化,体现了时代的进步,社会的发展。

从上面的论述,我们可以得出这样一个结论,获奖新闻作品中所反映出的变化,首先是来自社会的;没有社会的进步,就不会有作品内容的变化。春江水暖鸭先知,新闻工作者只是准确地捕捉到了这些变化,记录下了这些变化。另一方面,评奖对选送作品的取舍厚薄,又成了新闻工作者选择新闻、理解事实的重要价值依据。按传播学中"议程设置"理论,公众的社会视野和日常议程内容,很大程度上是由媒体通过报道来设置的,与时俱进看人性,新闻作品对人性内容的宽容,对人的多种正当需求的广泛尊重,无疑在全面、健康地引导着社会舆论,对整个社会的精神文明建设有着正确的导向,推动着社会主义的文明化进程。新闻报道中人性内容的演进,是社会进步与媒体推动的共同结果,这是一个互动的过程。

我们有理由相信,这种互动作用,将进一步推动我国社会主义精神文明建设,推动社会的文明化进程。

二、中国新闻奖中经济新闻主题的深化与拓展①

中国新闻奖自1990年创立以来迄今已评了十三届了。这十三年,正是我国改革开放、经济建设飞速发展的年代,经济建设成了我国社会主义建设的主战场。与此相对应的是,经济改革与经济建设成了新闻报道的主旋律,自然也就成了中国新闻奖获奖作品中的重头戏。历年的获奖中,经济新闻所占的比重总是最高的。表6-1的统计可反映出这一情况:②

表 6-1

年度	1990	1991	1992	1993	1994	1995	1996	1997	1998	1999	2000	2001	2002	合计
一、二等奖总篇数	60	57	58	58	59	58	60	62	63	61	82	82	81	841
经济新闻所占篇数	23	17	24	29	26	21	21	22	24	21	29	30	31	318
经济新闻占比(%)	38	30	41	50	44	36	35	35	38	34	35	37	38	38

可见,在一、二等奖作品中,经济新闻所占比重,最高达50%,平均达近38%。从评委们公布的数据看,与以上统计也是很接近的,不妨引用作为佐证。如评委阮观荣对1992年的情况如此说:"这一届获奖作品中,反映改革开放、经济建设等重大题材的73件,占获奖作品总数154件的47%。"③又如1994年的评奖,评委会主任邵华泽说:"这次评出的18个一

① 据统计,13年共评出2080各类作品。本书仅以新华出版社历年出版的《中国新闻奖作品选》为研究对象。该书只收集获特等奖和一、二等奖的作品。特等奖因其特殊性,不在本书的研究范围之内。

② 本表中一、二等奖数字只统计报纸、广播、电视媒体上的文字类作品,包括消息、通讯、专题和言论,但不包括摄影、漫画及版面、节目编排类作品,故少于实际获奖数。百分比计算按四舍五入取整数。

③ 阮观荣:《高扬时代的主旋律——"中国新闻奖"的导向作用》,《中国新闻奖作品选(1992年)》,新华出版社1993年版,第4页。

等奖作品中,反映经济建设方面内容的占40%。"[①]而1991年的获奖作品中,经济新闻所占比重相对来说最小,接近30%。评委中的核心人物之一唐非先生抱怨说:"我们新闻报道要为经济建设这个中心服务,那么,经济新闻也就成了新闻界内外关注的焦点。从这次评选看,获一、二等奖的作品里,经济新闻没几篇。"[②]两相对照,由此可见评委期待视野中经济新闻应占的比重当有多大。

综观13年获奖的经济新闻作品,可以看出它们与我国经济改革与经济建设关联密切。春江水暖鸭先知,13年的经济新闻获奖作品对我国经济改革与建设起到重要的导向性作用,同时它们也反映了我国经济改革与建设中所取得的成绩与成就,记载着我国经济改革与建设过程中所面临的困难和为此作出的探索。这13年获奖的经济作品的主题是不断拓展与深化的。以下分四个方面论述之。

(一)解放思想,更新观念,促进经济改革的步伐

众所周知,改革开放以来,我国社会主义建设出现了两次历史性大的转机。一次是党的十一届三中全会确立了党的中心工作由政治转入经济。这一点,实际上也就同时确立了经济新闻在新时期新闻报道中的主流地位。第二次是1992年10月党的十四大召开和1993年召开的党的十四届三中全会,前者确立了我国经济体制由计划经济向市场经济的转型,后者确立了建设和发展社会主义市场经济的一系列方针政策。这给经济新闻的写作提出了新的课题和新的思路。

由于历史的原因,我国社会主义经济建设走过了不少弯路。新的建设征途上,不仅没有现成的模式可资借鉴,甚至还要遇到旧的观念的束缚与阻力,并且,新的经济建设中还会出现新问题新课题需要我们去思考。因此,解放思想,开启思路,更新观念始终是获奖经济新闻中一个十分突出的主题。

---

① 邵华泽:《促进新闻界多出精品多出人才——写在第五届"中国新闻奖"评选圆满结束时》,《中国新闻奖作品选(1994年)》,新华出版社1993年版,第2页。

② 唐非:《不断有所创新,形成自己特色》,《中国新闻奖作品选(1991年)》,第4页。

　　这一主题大致可以从两个方面来分析：

　　第一，呼唤开拓经济改革新思路，加强市场意识与商品意识。进入20世纪90年代，我国经济建设也进入了一个关键时期，新的一轮改革正在酝酿之中。1991年获一等奖的五篇作品，正是这一轮改革的先声。《解放日报》发表的皇甫平的言论《改革开放要有新思路》及早地传播了我国改革开放总设计师邓小平的思想，提出"改革开放要开拓新思路，经济建设要开创新局面。""九十年代新一轮深层次的改革则应把重点转到经济机制的转换上来"。特别是针对当时人们对市场经济的模糊认识，指出"计划和市场只是资源配置的两种手段和形式，而不是划分社会主义与资本主义的标志"。这篇言论被评委称为"犹如滚滚春雷，催人惊醒，促人深思"①。《醒来，铜陵！》的副标题就表明这是为参与"理思路、抓落实、奔小康"大讨论而作的。正如这篇报道中所说："思想的解放常常是正确行动的先导。1978年全国范围的关于真理标准的大讨论，赢得了人们思想的大解放，赢得了全国十多年的大发展。历史已经证明并将继续证明，经济要开放，首先思想要解放。"它解剖铜陵经济发展中的问题，指出"思想还不够解放、观念未及时更新、精神还不够振奋、商品经济意识淡薄、改革意识不浓、对外开放观念差"是其发展滞后的原因，从而发出了"加快经济发展、加快改革开放"的强音。《"东北现象"引起各方关注》、《金牌不是名牌》、《补上市场意识这一课》三篇，都是将视点放在我国重工业重镇东北，前两篇考察的是工业企业的问题，后一篇分析的是商业部门的问题，调整经济结构，增强市场意识成了其共同的主题。此外，像《粮食生产要有经营观念》(1991)、《北京的名牌产品为什么纷纷落马》(1992)、《开封缘何不"开封"》(1994)等等，都从分析旧观念造成的落后入手，让人们更深刻地看到解放思想，增强市场观念的重要性。

　　要搞活经济，繁荣市场，加强市场意识与商品意识无疑是十分必要的。由于长期计划经济的习惯，这方面的意识的确十分薄弱。在沿海较

---

　　①　陶铠：《有胆有识》，《中国新闻奖作品选(1991年)》，新华出版社1992年版，第36页。

开放的地区,市场意识的增强已让人初尝甜头。《荣成渔民跨海赶集,中国活鱼蹦上日本早市》(1991)敏锐地捕捉到了山东省荣成渔民注重市场参与国际竞争激发的活力。但是,在内地不少地方,市场意识与商品意识的确还有待"补课"。在早期少数的获奖作品中可以看出这一点。如《革命圣地延安无铁路的历史结束》(1991),虽然提到铁路的修建能促进陕北经济的发展,但报道更强调的是它的政治意义:"方便人民群众到革命圣地参观学习,将产生强大的政治感召力。"又如《"女麦客王"出征陕甘宁》(1991)报道陕西农民自筹资金买收割机,业务遍及20多个县。报道援引她的话说:"我买收割机联合作业,想让乡亲们从繁忙的体力劳动中解放出来。"报道重言义而羞于言利,未挖掘出农民的经营意识,其时代局限性十分明显。由此可见,呼唤增强市场意识与商品意识,在当时是多么必要、多么及时。

第二,倡导人的思想观念的转变,重视经济发展中人的因素。思想的解放,观念的更新,是发展经济的重要前提。经济的改革,同时也是从事各行各业的人们思想深处的一场革命。获奖作品中对农民与工人两个阶层人群的观念更新给予了更多的关注。

农村是我国改革开放最先涉及的领域,农民思想观念的转变,对于经济改革的意义尤为重要。一方面,要鼓励农民走出旧的生存模式,大胆涉足市场经济。《三千苗胞出山,招财进宝百万》(1991)是较早报道偏僻山区农民走向城市走向全国经商的报道。《大寨人走出虎头山》(1993)报道吃惯了计划经济"大锅饭"的大寨农民,"从只念土地一本经到全方位发展商品经济,从封闭的虎头山到全方位打开寨门,他们终于迈开了观念更新的坚实一步"。《取下神像挂地图》(1994)报道豫南农民过去指望求神拜佛来脱贫,然而神仙求遍了,依然是穷得叮当响。如今改变观念,大胆地投身市场,生意越做越大,越做越广:"地图把东黑河与外面的世界拉得越来越近,东黑河人的腿也越来越长。"另一方面,还要帮助农民克服不良的生活习惯,培养正确的致富观念。《少生孩子多栽树》(1990)、《帮助农民少生孩子》(1995)两篇,主要针对农民中最突出的旧的生育观念,分析妨碍农民致富的重要原因。《农民要减轻自己的负担》(1993)、《人情猛于虎》(1996)把视角对准了存在于农村中的不良消费行为。前者指出,要减轻农民的负担,除外在的原因之外,还有农民自身的问题,这就是千百年以来,不少农民由于受"旧传统、旧风俗、旧习惯的影响,愚昧性的消费还相当严重",这种人情风、迷信风,是套在农民身上的一个无形枷锁。后者"站在了新的高度,指出这种根深蒂固存在于农民脑海中的人情意识,已经直接威胁到了农民的生存与命运,寓意是相当深刻的"。[①]

国有企业的调整改革,是我国经济改革的重中之重,改革带来的一个突出的矛盾,就是下岗的再就业问题。这是一项涉及方方面面的系统工程。除社会应承担的责任外,下岗者自身就业观念的更新同样重要。习惯了计划经济下的就业机制,如何面对和适应改革带来的冲击,的确是摆在工人阶级面前一个新的课题。正如《待业记》中所说:"旧的体制已经把一些人养懒了,养散了。他们不愿意离开已经适应和习惯的'安乐窝',惧怕在严格、紧张的环境中工作,这也是一些人……的心理障碍。"《择业与创业》(1991)、《待业记》(1994)、《劳动者,该有怎样的就业观》(1997)、《下岗不失志,创业更辉煌》(1997)、《从劳模到再就业明星》(1997)、《树立新的择业观》(1998)、《朱镕基副总理倡导择业新观念》(1998)、《14名下岗工竞得道路保洁权》(1998)、《"爸爸妈妈,昂起头来"——一个女中学生鼓励下岗父母再创业的故事》(1999)等作品,从不同的角度,以不同的方式,或典型引路,或言论引导,或动之以情,或晓之以理,孜孜不倦地呼唤下岗者怎样正确面对现实,树立正确的就业观,创造新的人生辉煌。

(二)对外开放,对内搞活,探索经济建设的思路

改革开放对于过去的闭关自守来说无疑是一场深刻的革命。中国经济要腾飞,既要苦练内功,还必须坚定不移地走开放之路。"对外开放,对内搞活",成了探索经济改革与经济建设思路最为简洁明快的口号。

---

① 谢洪涛:《谈〈人情猛于虎〉的创作艺术》,《中国新闻奖作品选(1996年)》,新华出版社1997年版,第161页。

这一主题内涵十分丰富,我们按"对外开放,对内搞活"所概括的两个方面来阐述:

第一,正面引导,重新塑造中国经济改革对外开放的形象。众所周知,经历过 1989 年的政治风波,西方国家对我国实行了经济制裁,世界对中国改革开放的政策也产生了怀疑。重塑中国经济改革开放的新形象,不仅有正视听之功效,还有利于外资的引进。这方面的内容,在前几届的获奖作品中最为明显。《百家"三资"企业调查表明:在华投资大有可为》(1990)、《欧共体决定立即恢复同中国的关系》(1990)、《钱外长说,在中国召开联合国"亚太经社会"第 48 届会议具有现实和历史意义》(1992)等作品,都有利于我国的对外形象;而《上海证券交易所与国际接轨》(1992)、《江海联运货船首航》(1992)、《我 2000 企业获国际市场通行证》(1992)、《二连浩特"手语市场"》(1992)、《诺和诺德的最终选择》(1994)等,展示了我国经济与世界经济对接的活跃的一面。如果说前几篇报道还只是对外表明我国回归世界经济圈的迫切之情的话,那么,后几篇报道则已开始"用事实说话",表明我国良好的投资环境,外商在此的确大有可为。像《诺和诺德的最终选择》,报道丹麦客商有感于天津良好的投资环境,最终选择在天津建厂,投资 2.43 个亿,成了天津开发区建区以来最大的项目。

与此相呼应的是,一批获奖作品对经济开放的产物——经济开发区所取得的成绩,给予了热情讴歌。我们发现,以上海经济开发为题材的报道,占了这部分作品中的很大比例。《彩虹在浦东升起》(1990)、《访上海浦东开发区》(1990)、《上海黄浦江上建桥的梦成为现实》(1991)、《来自浦东的报道》(1992)、《上海打出中华牌》(1992)、《徐匡迪说,上海要有"海纳百川"的气度》(1994)、《陆家嘴经贸区一派沸腾》(1994)、《外滩:悄然崛起的上海金融街》(1994)、《上海出现一位"洋菜农"》(1994)、《上海的辉煌 祖国的辉煌》(2001)等等。这无疑是由上海在经济开发中的龙头地位所决定的。报道其他地区在经济开发中所取得的成绩的作品,也在获奖作品中占有一定的比例。如《中国投巨资加快长江沿岸地区开发》(1993)、《海尔阔步走向世界》(2001)等等。

　　第二,剖析典型,寻找搞活国有大中型企业的新思路。国有企业是计划经济制度下国家经济的主力军。对内搞活,首先自然要去寻求激活这些企业的思路。大中型企业的改革,关键在于产品和产业结构的调整。这一点最先进入一批获奖作品的视野中。《舍孔雀而取凤尾》(1990)抓住南京轧钢厂在产业结构调整中的做法进行解剖,指出产业结构调整中应树立正确的取舍观。《"东北现象"引起各方关注》在分析我国老工业的落后状况时,除指出其思想解放不够外,重点指出了它在产业结构上的不合理,振兴东北老工业基地的关键还是个产业调整的问题。《和"锅巴王"谈产品结构调整》(1990)、《少数企业"死"不了 多数企业"活"不好》(1991)分别从不同角度强调了产业结构调整的必要性与可行性。后者更是尖锐地指出了一条搞活大中型企业的"无情规律":"少数企业'死'不了,多数企业就'活'不好。"

　　产业结构调整不是一朝一夕可以完成的。随着改革的深化,这一课题探讨在实践中也在不断深入。《武钢近 7 万人不再吃"钢铁饭"》(1993)、《武钢转变经营战略》(1995)报道武钢调整"九五"计划投资,缩短基本建设战线,集中优势兵力打歼灭战,把有限的财力、物力放在主攻品种、质量、效益上。《南京四"鹤"难齐飞》(1997)其引题为"石化四兄弟,婆婆各不同;协作难上难,自顾大而全"。报道指出企业发展中普遍存在的"大而全",重复建设,资源利用不充分的弊端,已经严重影响了企业的发展,到了非解决不可的地步了。《凋零与崛起的背后》(1998),通过青岛三大家电集团海尔、海信和澳柯玛的崛起,看青岛产业结构调整。青岛过去引为自豪的"老三件"——金鹿自行车、金锚手表、鹰轮缝纫机,如今已经被海尔、海信和澳柯玛三大集团的冰箱、彩电、空调取代。这正是青岛产业结构升级与产业结构调整结出的硕果。处于世界性的产业结构调整热潮这样一个背景,这种调整增强了中国企业国际竞争的能力。《"大桥经济热"中的"冷思考"》(1999)对江苏江阴、靖江、张家港三市所构成的"小金三角"出现的区域性产业结构雷同、低水平重复建设的问题,作了一番精辟的分析,并且指出,各地在制定跨世纪发展规划时,要放到一个更大的区域范围来研究,以本地的比较优势,去构筑自身的竞争力。

(三)监督偏差,关注矛盾,规范经济建设的发展

由以政治为中心到以经济为中心,由计划经济到市场经济,这是一个充满探索,"摸着石头过河"的社会转型期。经济发展过程中,各种矛盾伴随而至。特别是由于受利益的驱动,一些不规范的经济行为频频发生。一些地方或个人,以牺牲全局利益换取局部利益,以牺牲长远利益换取眼前利益,以牺牲他人利益换取个人利益。因此,当经济建设进入快车道后,如何在发展中求规范、求协调,成了全社会面临的新课题。邓小平及时敏锐提出"两手抓,两手都要硬"的战略思想,是规范市场经济健康发展的重要保障。新闻媒体极富使命感地担负了舆论监督的角色,而守望社会,监督偏差,关注矛盾,规范市场经济的健康发展,也就成了经济报道中的另一重大主题。在获奖作品中,这一主题特别引人注目。

经济中出现的各种矛盾,从大的方面来说,可以概括为人与人的矛盾、人与自然的矛盾两个方面。获奖作品对各种矛盾的关注,也可以从这两方面入手。

关注人与人的矛盾,主要表现为监督人在经济活动中的各种不规范行为。具体来说,又可以从三个方面来分析之。

第一是"治乱"。所谓"乱",就是不规范;不规范就得治理。治理"三乱"(乱收费、乱罚款、乱摊派)是一个时期内经济建设中的一个热点。这一内容的获奖作品主要有:《八百里跟车记》(1992),揭露车辆运输中遭遇到的乱罚款、乱收费的严重现象,可谓是"一路关卡一路罚,农民运销难又怕"。《一个经常挨批评的文明火车站》(1993)从正面肯定了常州火车站不乱收费的文明行为,但它为此而"经常挨批评"的现象,同样引起人们的深思。这一正常的现象或许可以从《黄河大桥贪污案引出的问号》(1990)中找到答案。该文揭露公路收费站"不按规定乱收'买路钱',借机敲诈过往车辆"的做法,其中引用了邓小平的一段话:"制度好可以使坏人无法任意横行,制度不好可以使好人无法充分做好事,甚至会走向反面。"

"三乱"主要还限于行业行为,而金融、流通、市场方面出现的混乱行

为涉及整个社会,因而更须治理整顿。《为什么要整顿金融秩序》(1993)、《陕西省率先整顿金融秩序》(1993)是对中央关于整顿金融秩序的直接呼应。前者开门见山指出:"对于一个国家来说,金融运转是否正常影响到经济全局",强调了金融秩序的重要性。《"翻牌公司"与改革目标背道而驰》(1993)、《房地产一级市场亟待整顿》(1993)、《反暴利,在南昌为何难以展开》(1994)、《当农资价格飙升的时候》(1994)、《诱人的广告背后——来自永嘉的报道》(1990)等等,分别从不同方面揭露了市场和流通领域中的不规范行为。

不规范的市场行为,是法律与道德的缺失所造成的。强调法制,呼唤诚信是"治乱"内容中的一个重要方面。《法制日报》评论员文章《市场经济就是法制经济》(1992)是最早一篇强调用法制手段来规范市场经济的获奖之作。它强调:"市场经济必须是一种法制经济,这是市场经济走向成熟的一个重要标志。"《万家诉讼》(1994)、《不许用人质手段来处理经济纠纷》(1994)、《大屋陈乡"鸭官司"发人深思》(1996)、《"罚"要依法》(1997)等等,都是强调用法律手段来解决经济活动中的矛盾和规范经济活动中的行为。《色情服务,法理不容》(1993)、《禹作敏触犯刑律被判刑》(1993)等,更是从法律的严肃性上明确了不规范行为的性质。2001年度的一等奖作品《信用为本,道德为先》,其意义尤为特殊,它指出"市场经济是法制经济,又是信用经济","考察当前经济秩序混乱的种种表现,可以看出,制假售假、商业欺诈、走私贩私、骗税、骗汇等等不法行为,本质上都是没有履行对社会的承诺和责任,是一种信用上的缺失、道德上的滑坡。所反映的,是当前市场交易行为中的一个突出问题,就是不讲信用、道德失范"。这就对"治乱"有了更为全面的认识。

第二是"打假"。通过打假来规范市场,可以说是13年的获奖作品中最为突出、比例最大的一个内容。首先是它的篇目多,几乎年年都有报道"打假"的作品得奖,最多一年达3篇,13年来共达18篇。其次是内容广,涉及方方面面、各个领域中的造假现象。小到一双鞋,如《商业部长买鞋上当记》(1990)、《走遍天下的劣质鞋》(1991),大到政府部门造假,虚报政绩,数字"渗水",如《扣扣"政绩"里的"水儿"》(1994)、《编出来的小康村》(1998)、《粮"满仓"的真相》(1998)、《挤"水分"》(1999)、《湖北省英山县"数字造假"系列报道》(2001)、《兴华乡的形象工程掺了多少水》(2002),等等。

"打假"之所以成了历届获奖作品中一个不衰的话题,原因至少有二:一是假冒伪劣制品几乎无处不在,不处不有。它对人民群众的生命财产造成的危害是多方面的。"劣质鞋"、"假种子"(1992年的《兰溪农民受假种子坑害叫苦不迭》)、"掺假煤"(1993年的《淮南煤炭掺假曝光》)、"劣质水泥"(1995年的《劣质水泥酿祸端》)、"假酒"(1998年的《山西假酒案》)、"有毒大米"、"掺假棉花"(2000年的《两起假货案带给河南的警示》)、"霉变的月饼馅"(2001年的《南京冠生园:年年出炉新月饼,周而复始陈馅料》)、"劣质词典"(2001年的《劣质词典频频涉世引发的思考》)等等,可以说是遍布我们的吃、穿、住、行、用方方面面,真是防不胜防,打不胜打。第二个原因便是制假行为正向政府行为蔓延,成了某些地方官员夸大经济建设成绩、捞取政治资本的手段。除前面提到一些作品外,这方面的作品还有:《高唐县要建电话村》(2000)、《形象工程伤农害农》(2000)、《"三万亩香蕉计划"的背后》(2000)、《干部图政绩,普九变儿戏》(2001)、《异地扶贫也要打假》(2001),等等,这种虚假之风,由于凭借了行政之权力,对老百姓造成的危害更烈更广。

第三是"反腐"。可以说,"假"、"乱"与"腐"是联系最为密切的孪生兄弟。更确切地说,它们之间是互为因果的关系。所以,打假、治乱,必然也会要反腐。13年的获奖作品中,这方面的作品主要有:《黄河大桥贪污案引出的问号》(1990),报道的是公路乱收费导致的腐败。《江西出了个"吃铁办"》报道江西个别地区、个别单位侵占国家利益,以支援京九铁路为名,行吃铁路、坑京九之实。《方丈富、寺庙穷——国有企业重庆垫江水泥厂破产的启示》,报道该厂领导层的腐败问题。指出如果不铲除腐败现象,国有企业改革就不会有进展。

总观13年的获奖作品,关于"反腐"主题的报道相对来说还是比较少的。随着党中央反腐力度的加大,我们有理由相信,在今后的获奖作品里,这类主题的作品所占的比重会有所加大的。

关注人与自然的矛盾,主要表现为监督各地在经济建设中能否正确处理好人与自然和谐发展的问题。主要表现在两个方面:

首先是经济发展与环境保护的矛盾。纵览13年的获奖作品,这方面的主题始终是评委们的兴奋点所在。中央电视台的《洋河污染导致大批农田绝收》(1993),是较早涉及这一主题之作。而《农民谷成个人出资200万元搞环保》(1994)则从正面引导如何保护好生态环境。这类作品较为集中在我国加快西部开发的步伐之际,西部开发与环境保护的矛盾,更是成了获奖作品的重要主题。如《莫引污染企业"走西口"》(2000)、《警惕污染企业"走西口"》(2002)就直接对西部的污染问题亮起了红灯。《消失的哈拉海》(1999)、《林蛙不归路》(2000)、《守望家园——"三北"生态纪行》(2000)、《苏尼特——不应消逝的草原》(2001)等作品,都是对生态环境受到破坏提出的警告。党的十六届三中全会提出要统筹人与自然的和谐发展,相信这方面的主题会在今后的获奖作品中更多地出现。

其次是经济开发与可持续发展的矛盾。20世纪90年代初,当时全国各地都出现开发区热,而一些开发区的盲目圈地,大量占用农田,影响了农业的发展,不利于可持续发展。《溧阳兴办开发区杜绝盲目乱圈地》是地方报纸《常州日报》选送的作品,它敏锐地抓住了这一矛盾,产生了全局性的意义,获得了在1992年的一等奖中名列第二位的荣誉,被评委称为"研究和解决新问题的佳作"。《一次艰难的采访——吴川市4000亩耕地撂荒调查见闻》(1997)从一侧面提出了片面"开发"给农民带来的伤害。1994年关于马永顺的两篇报道《马永顺,无愧于大森林》、《昔日伐木建功,今朝栽树"还债"》,以及《变兄妹开荒为兄妹造林》(1999),是从可持续发展的角度来正面引导的。《不吃发菜,少穿羊绒,行不行》(2000),是对内蒙古、甘肃、宁夏等地区破坏生态环境,追求短期经济效益行为的思考。文章指出,"用巨大的甚至是无法挽回的生态环境损失来换取区区经济效益,实在不值得!""许多被破坏的东西是今后无论花多少钱也弥补不了的。"《请过路吧,亲爱的藏羚羊》(2002)报道的是青藏铁路建设中,设计者们充分为藏羚羊等野生动物考虑,宁愿多花些钱,也要为这些动物留条通道。国家重点建设项目能将野生动物的生存因素考虑进去,为野生动物让路,这在过去几乎是不可思议的。而在今天,藏羚羊已被人们作为"亲爱的"生存伙伴而受到尊重。这是一种全新的、文明的发展观。

(四)余论:两个不平衡表明,获奖作品中经济报道主题尚需进一步拓宽

综观 13 年获奖的经济报道,我们发现有两个不平衡现象:即地域上的不平衡与经济体制上的不平衡。这是今后获奖经济报道主题尚需进一步拓展与深化之处。

先看地域上的不平衡。大部分的获奖经济新闻都集中在对东部经济发达地区的报道上,相对来说,有关西部经济的报道,获奖的比例就明显太少。据我们的大致统计,与西部地区的省份比较,其反差一目了然,详见表 6-2[1]:

表 6-2

地区	上海	江苏	山东	浙江	贵州	广西	宁夏	云南
篇数	23	19	17	14	2	2	2	2

这一现象正好说明,经济越是活跃的地区,越是引起人们的关注。这类报道的导向性意义,成了获奖的一个重要元素。我们发现,以上海经济开发为题材的报道,占了这部分作品中的很大比例。这无疑是由上海在经济开发中的龙头地位所决定的。上海作为经济改革与开放的龙头地区,它对全国经济具有极强的辐射性作用,其显著性价值十分突出。

我们也注意到,近些年来,随着国家关于西部大开发战略的实施,有关西部地区的经济报道进入评奖视野正呈上升趋势。像有关宁夏、内蒙古、青海、西藏、新疆等地的获奖报道正逐年增多。国务院总理温家宝在

---

① 其他西部省市情况大致如此,不多罗列。

接受《华盛顿邮报》总编采访时说,东西部经济发展的不平衡情况,就如一个人一条腿长一条腿短一样,不利于国家的整体发展,同样,经济报道获奖作品中重东部轻西部的局面,一定会在今后的获奖中有所改变。

东西部地域上的不平衡问题,还表现在另一个方面,那就是关于东部的经济报道大都是正面报道,以展示成就,树立典型为主。像上海浦东开放所取得的成绩,成了获奖作品中一个十分引人注目的亮点。而在为数不多的关于西部经济的报道中,题材中负面的内容所占比重较大,不少是属批评揭露性质的。如前面提到《不吃发菜,少穿羊绒,行不行》、《莫引污染企业"走西口"》、《警惕污染企业"走西口"》等等,都不是报道经济建设中的成绩,而是提醒人们注意西部经济开发中出现的问题。如果说有少数获奖作品是从正面开展报道的,大多是以西部农村治穷为主题的。以贵州省为例,13 年的获奖经济报道中,以贵州省为地域的共占 2 篇:分别为《大关村的壮举——一个极贫村的奋斗史》(1996)、《天地之间有杆秤——赫章县面对脱贫越线的答卷》(1998),都是关于农村脱贫治穷的主题的。通过这一点,我们也可以看出东西部经济发展上的差异。

西部地区经济相对落后是事实,如何去发现这些地区经济活跃的因子,应当是今后经济新闻报道的重要主题;同样,对于那些能发现这些地区经济活跃因子的报道,也应当是中国新闻奖的评委们需要特别关照的。在 2003 年的人大、政协两会上,全国人大代表、陕西省安康市市长黄玮呼吁,全面实现小康社会,离不开西部的小康。西部实现小康,离不开新闻媒体的有力支持。西部不但有丰富的自然资源,而且还有丰富的新闻资源,随着国家西部大开发战略的实施,西部地区的新闻变化越来越多,也越来越感受到信息交流沟通的重要。近年来,西部地区经济增长速度加快,西部地区的基础设施建设、生态建设都取得了很大进展,但和这些变化相比,在新闻媒体的各种报道中,对西部地区的新闻报道还略显不足,关注得还不够。①

---

① 王锡松:《西部需要媒体更多关注》,《中华新闻报》2003 年 3 月 14 日。

　　第二个不平衡,是关于经济体制上的。就是说,对国有企业关注得多,对民营企业、个体经济关注得少。按粗略的统计,13年的中国新闻奖一、二等奖经济报道中,共有关于国企的报道40多篇,而涉及民营企业、个体经济的只有13篇,也就是说13年中国有企业的报道总量是民营企业、个体经济的报道总量的3倍多。

　　这一不平衡现象首先是由国有企业与民营企业、个体经济在经济体制中的关系所决定的。就20世纪90年代以来我国经济体制实行的一系列的改革而言,国企改革始终是体制改革的重头戏,是经济体制改革的中心环节。《上海国有工业仍居主导地位》(1994)的获奖表明,仅凭强调国有工业占主导地位这一点,就可以成为一个重要的获奖因子。由此反观非公有制经济的从属和补充地位,其不平衡性可见一斑。《鲁冠球笑谈"猴子"与"老虎"》(1991)表明,尽管乡镇企业比国有企业更有市场竞争力。但它是"猴子",只能处从属地位,作为"老虎"的国有大中型企业才是正统的、主流的。

　　上述不平衡现象还表现在获奖作品中对公有制经济和非公有制经济所采取的两种不同的报道视角上。简要地说,对于国有企业的报道,都是从经济的视角入手,思考其摆脱困境的途径,宣传其激活经济活力的经验,讴歌其在经济建设上取得的成就。而对于非公有制经济的报道,则较多地从政治的视角,考察其政治意义,恰恰忽略了它们的经济意义。

　　《"毛家饭店"的女主人》(1990)报道的是农村妇女汤瑞仁在毛泽东的家乡开饭店并富裕起来的事儿。该报道中更多的是对于党的富民政策的表达。如记者的提问和店老板的回答都被框定在这样一个大的政策叙事之下了,作品并没有去挖掘这一题材具有的经济上的意义。与此相似,《"女麦客"出征陕甘宁》(1991)本也是发展个体经济的题材,但报道突出的却是"我买收割机联合作业,想让乡亲们从繁忙的体力劳动中解放出来"。这样的主题定位显然没有把个体经济摆上应有的地位。

　　在后来的一些关于个体经济、民营企业的报道中,基本上还是沿袭了从政治上加以肯定的叙事视角。如《省长为何对评劳模的请示报告有意见》(1999)、《民营企业家陈玉玲入党》(2001)均是。从前者报道浙江省省长柴松岳亲自过问个体私营企业家评劳模的事。领导的重视使得个体经营者获得了政治上的认同。报道中也透露出,即使在浙江省这个个体私营企业实现产值4800亿元的省份,在党的十五大和宪法中对非公有制经济地位已有定论的前提下,个体经济、民营企业者们依然难以进入社会主流之列。

获奖经济报道在经济体制上表现得不平衡,记录了我国经济改革的探索和发展过程。随着我国经济体制改革的深入,这种不平衡现象定将发生变化。党的十六届三中全会的《决定》提出要通过清除"体制性障碍",来推动社会主义市场经济体制的进一步完善。我国正在大力发展混合所有制经济,据权威性的报道,我国目前混合所有制经济已占总体经济的40％左右,再过5—10年,这个比例将达到80％左右。据2003年12月3日的《北京现代商报》报道,全国工商联日前公布了我国第一份民营经济报告。报告指出,截至目前,我国私营企业数超过20万户的已有江苏、广东、浙江、上海、北京、山东6个省市,其私营企业数占到全国总数量的近6成。以浙江省为例,其非公有制企业入库税收超过了6成,成为当地财政收入的主要来源。同时,党中央提出要转变对非公有制经济"左"的思想束缚,推进非公有制经济发展,把个体、私营等非公有制经济作为促进我国社会生产力发展的重要力量。据全国工商联2002年对全国私营企业的调查,25.7％的私营企业是由原国有企业和集体企业改造而来的,分别有8％和13.9％的私营企业已经和准备兼并收购国有企业。我们可以预测,随着我国所有制发生的变化,经济报道中有关民营企业、个体经济的比重将会进一步增多。这一主题的报道跻身获奖作品行列也会越来越多,成为经济类报道中一个重要的获奖因子。

我们有理由相信,随着我国西部大开发战略的深入,随着国家经济体制改革政策的调整,上述两种不平衡现象,会在今后的中国新闻奖评奖中获得良性的调整。

三、于静悄悄处抓新闻

范敬宜在新闻领域的建树是多方面的。他在发现新闻、捕捉新闻方面的能力,更是值得我们认真研究。他说:"我一直主张,写经济建设、经济生活的变化,一定要着眼于那种静悄悄发生的、不为人们注意的,但一经点破之后会使人恍然大悟的事情。"①

从理论上来说,新闻是到处存在的,只是需要一双慧眼去发现之。正如罗丹一句名言:生活中并不缺少美,缺少的是一双发现美的眼睛。按复旦大学王中教授的定义,新闻是新近变动的事实的传布。事实上,世界上万事万物都无时无刻不在变动之中。按事物的变化形态,可将其分为"突变型"、"速变型"和"渐变型"几种。一般来说,突变型、速变型的事物,因其变化幅度之烈之大,比较容易被发现,但对于渐变型的事物的新闻价值的发现,却不是那么容易做到。现任《人民日报》副总编的梁衡先生说,"新东西常常是在不知不觉中出现的。它好比春风吹过田野时,这里那里悄悄拱出的几点草芽……假如朋友们在早春的黄土地上散步,谁要先发现一棵破土的草芽,那必定能给大家带来一阵由衷的喜悦。"②由此可见,新闻的发现力,更多地表现在对那些"悄悄拱出的几点草芽"的发现上。这与范敬宜所说的"静悄悄发生的变化"是不谋而合的。

可以说,对于生活中那种"静悄悄发生的变化"的发现,范敬宜先生不仅独具慧眼,而且特有招数。首先,他能从大处着眼,于细微处发现变化。范敬宜不久前在清华大学与学生座谈时说,搞新闻报道,重要的一条就是要了解大局,不了解大局,只是一个文字匠。我们倡导"政治家办报",政治家的特点就是能审时度势,权衡利弊,从而作出正确判断。他举其得奖作品《田野静悄悄,地静苗情好》为例。1982 年农村实行家庭联产承包责任制后,范敬宜去农村了解"夏锄"情况,采访中发现,上午 10 点钟的时

---

① 范敬宜:《总编辑手记》,人民日报出版社 1998 年版,第 101 页。
② 梁衡:《在春风中寻找破土的草芽》,《传媒》2001 年第 1 期。

候,田野里静悄悄的一个人也没有。为什么现在地里没有人了呢? 原来,在承包以前,人们都是八九点才出工,而现在包产到户,人们早上四点就出工,等天大亮时已经收工回家了。家庭联产承包责任制把农民的主观能动性和生产积极性释放出来了。所以,范敬宜说,如果不了解大局,不了解以前的状况,就抓不住这个有时代特点的好新闻。可见,能从细微处发现新闻,得益于对大局的了解。同样,《夜无电话声,早无堵门人　两家子公社干部睡上了安稳觉》,也是通过将一个公社办公室发生的事,与整个改革开放的大局联系起来才发现的。人家说他这篇新闻是睡出来的,范敬宜说,"为什么能'睡'出来,就因为脑子里有农村的大局。"①

　　当细微处与整个大局联系起来后,它就具有某种标志性意义和象征性意味,就能产生以一当十,以少胜多的效果。这样,"静悄悄的变化"就巧妙地体现出了时代的巨变。例如关于上海的变化,一些报道的着眼点无非是楼高了,地绿了,天蓝了,车快了等等。但《新民晚报》一位记者向范敬宜讲了三件没有上过报纸和荧屏的事:第一,公共汽车在马路上转弯时不再"敲帮"了;第二,公共汽车司乘人员不再推乘客的腰背了;第三,商店里不再喊话,提醒顾客"注意钱包"了。范敬宜说,这三件事虽小,且不易为外地人觉察,其实反映的却是大问题,即上海市的党政领导,确是从大处着眼,从小处着手,扎扎实实地为人民群众排忧解难。这样的新闻完全可以作为报纸和荧屏的头条,很有可能被评为中国好新闻一等奖。当年新闻佳作《上海把最后两辆人力车送进博物馆》即是如此,"最后两辆人力车进博物馆"对于时代而言就极具象征意义。如果说这些身边的小事对于时代的巨变具有某种象征意义的话,那么找出象征物与象征义之间的联系,就是新闻的发现力所在。有学者谈到象征有"传统象征"与"个人象征"两种情况。所谓传统象征,就是在长期的使用中,某一象征物与象征义之间已经构成了稳固的联系,如前面所说的,谈到城市变化就是楼高了、路宽了之类。个人象征则不然,象征物与象征义之间的联系,是个人

----

① 刘鉴强:《如果有来世,还是做记者》,《新闻记者》2002 年第 6 期。

发现的,是全新的。借用这一说法,那么,范敬宜从"静悄悄处"所发现的新闻,其视角完全是独特的;其事实与意义的联系,是个人的用心发现。

其次,他善于纵向联系,从比较中发现变化。如果说联系大局,是将新闻事实放到现实的横向坐标上来考察其价值的话,那么,与过去作比较则是从历史的纵向坐标上来确定事物的变动量。渐变型的事实,人们之所以难以发现,就在于没有找到一个参照物。这一点特别表现在对非事件性新闻的把握上。非事件性的内容,通常是一种大面积的变动,不以突变和速变的形态出现。并且,它涉及的时间跨度大,不是一个短时间内形成的变化。对这样的内容,范敬宜一般是以事物的过去态为参照系。还是以《夜无电话声,早无堵门人 两家子公社干部睡上了安稳觉》为例。据范敬宜回忆,那一年他去辽宁康平县两家子公社采访。在公社办公室住了两天未发现什么新闻线索,到了第三天睡觉起来,他灵感一来,对陪同的宣传干事说:"我可发现大新闻了。这三天,我们接过一个电话没有?有一个来上访的没有?一个也没有。这就是大新闻。"显然,这又是一典型的从"静悄悄处"发现的新闻。其发现力,除来自前面的具有"大局"意识外,还有就是来自他对农村过去情况的了解。范敬宜说:"我知道,像这样的贫困乡,在过去晚上电话很忙,不是搞形式主义,催进度、要报表,就是上访、吵架。越穷的地方越出问题,邻里之间为了一个鸡蛋也会打起来。"他找到公社老秘书进一步证实:以前在办公室根本睡不了觉,电话不断,老百姓一大早就来"堵被窝",哪能像现在这样睡得安安稳稳。承包以后,老百姓日子好过了,事情就少了。①

通过与过去情况的比较来确定事物变动的量,这成了范敬宜发现新闻的重要方法。如《夜半钟声送穷神》。这条新闻是这样发现的:范敬宜到这个村子采访②,夜晚在村头散步,突然前后农家传来了清脆悦耳的挂钟打点声,钟声此起彼伏,打破了山村的寂静。他联想到这个村长期贫困,温饱都没有解决,哪有钱买挂钟?实行包产到户后,家家响起了钟声,

---

① 范敬宜:《人到晚年学说话》,《中华新闻报》2002 年 6 月 22 日。
② 范敬宜:《人到晚年学说话》,《中华新闻报》2002 年 6 月 22 日。

这是多大的变化！他马上以此为题材,传达出农村在新形势下"送穷神"的新信息。又如《过去统计"有",现在统计"无"》。这是他在1995年国庆前夕写的一篇体现祖国巨变的报道。他与来自辽宁贫困山区的建昌县委宣传部长相遇,问全县农村拥有多少台电视机,不料对方回答说这种提法过时了,过去是统计多少人家有电视机,现在生活富裕了购买电视机的人家多了,未买电视机的只是少数了,统计没有电视机的户反而容易了。这项指标统计方法的变化,就让范敬宜感到了农村的巨变。

最后,范敬宜很善于选择一个好的比较点。如果说横向的把握与纵向的比较,是确立了事物变动的质和量的话,那么选择到一个好的比较点,就是找到了对这种变动的解读方式。犹如找到了一个能撬动地球的阿基米德支点,能从身边小事体现出社会的巨变。清人刘熙载说过:"山之精神写不出,以烟霞写之;春之精神写不出,以草树写之。"社会的变化,只要用心,可以在很多细小之处感受得到,正如梁衡所比喻的,就像刚刚破土的草芽之于春风。从新与旧、今与昔的对比中见出变化,固然是新闻发现力的体现,但找到好的比较点,更能见出新闻发现的功力。如关于农村的变化,"睡了个安稳觉"、"夜半钟声"、"统计方法的变化"等等,又如关于上海的变化,"不再敲帮"、"不再推背"、"不再喊话"等等,都是很好的比较点。这都是我们身边普遍存在的变化,往往因为太为人们所熟悉而令人熟视无睹,难以察觉。一些人谈起变化,很习惯地陷入思维定式。如谈上海的变化,无非就是楼高了,路宽了,地绿了,天蓝了,车快了等等。这种习惯性思维方式很容易禁锢人们思想,局限人们的视野,影响人们的新闻发现力。

范敬宜的新闻发现力,得力于他对基层生活的深切了解。他说过,作为记者,要抓重大主题,牵动千万人的心,必须和实际保持最密切的联系。如果不深入基层,就只会说些套话。王国维在《人间词话》中说:"诗人对于宇宙人生,须入乎其内,又须出乎其外。入乎其内,故能写之。出乎其外,故能观之。入乎其内,故有生气;出乎其外,故有高致。"此言也可用来概括范敬宜的新闻发现力:入乎其内,他对事物的变化了解细致入微;出乎其外,他又能放眼全局,联系时代,从宏观的角度来把握事物变化的本质。这样,即使是静悄悄的变化,同样也关联着时代的巨变。

四、编辑艺术中合力效应

近年来,在我国舆论引导实践中,一种舆论合力现象越来越引起人们的关注和重视。重视舆论引导的合力作用,是我们党三代领导人多次强调的话题。毛泽东在 1958 年 9 月对当时担任《人民日报》总编辑、新华社社长的吴冷西说:"报纸宣传、报纸编辑工作,最近一两个月比较杂,看不出方向,究竟搞什么?""报纸一个时期要有一定的方向,把大家的注意力集中过来。"这里虽然没有明确提出"合力"的概念,但指出了报纸在力气使用上的无序状态,没有形成集中的力量。报纸要把读者的注意力集中起来,首先就必须把自身的力量集中起来。邓小平曾多次提出"合力"问题。他说,报道"有没有力量,不仅是质,也有量的问题。质是要准确性,量也要加大,各方面围绕于此,才有力量","在突出的方面要集中力量,有的时候用整版来登,用一个月时间发表一连串的评论、社论来宣传和贯彻。这样人民就注意了。"1996 年 9 月,江泽民在视察人民日报社时,更是明确地提出"合力"这一概念。他指出:"各新闻单位要加强协调,形成强大的合力,在两个文明建设中发挥更大的作用。"他希望就这方面的经验"加以总结提高,以便做得更好"。三代领导人所提出的合力论思想,充分说明了舆论引导合力的重要性。

舆论引导合力寻求的是力量的有序化,追求的是系统内部的整体性效应。系统的形成不仅在于元素,更重要的是元素之间的结构方式。一些学者常用石墨与金刚石为例来说明系统内部结构重于元素,二者的元素成分都是碳分子,但石墨的结构方式呈无序状态,而金刚石的结构方式则呈高度的有序状态,所以,前者是脆弱的,后者是坚硬的,二者性能完全不同。有序化的整体使得事物的性能达到最优化。实践证明,新闻舆论形成合力,可以使舆论引导效果大大提高。

　　合力的形成不仅表现为不同媒体之间的合作,也表现为媒体内部的有序化状态。一张报纸,或者电视台、电台每天的节目,在舆论引导中也有个合力问题。媒体内部形成合力,存在于版面与版面之间,栏目与栏目之间,此文章与彼文章之间。靠编辑部和编辑们的共同努力,故更多地表现为编辑艺术。

　　范敬宜在担任人民日报总编辑时,对合力艺术的追求,达到了一种高度自觉的境界。在他的《总编辑手记》(以下简称《手记》)中就对合力艺术作了精辟的阐述。概括起来,主要有以下数种方法:

　　——形散神聚,彼此呼应。范敬宜在《手记》中,对1994年1月4日的《人民日报》有这样一段评价:"今天报上可看的比较多。一版头条评论《多学习少应酬》问题提得好,写得也比较好。围绕这个问题,一版有《浦东盛行工作快餐》,四版有《改革开放不是请客吃饭》配合,相互呼应,看出了编辑的用心,有全局观念,不是单纯的组装,而是努力体现当前突出的精神。"又如对1995年2月6日的《人民日报》的批语:"今天几个版面上注意了前后左右的呼应,使原来单篇的报道形成了一定的气候。如一版头条《请注意开发大众住宅》,下面配了四条关于住房问题的消息,四版又有一条《豪华娱乐渐失宠》,前后呼应,突出了提倡'大众化'。五版余心言文章《手拉手——新时期青少年成长的基础性工程》,配上张家口少先队员手拉手追寻左权足迹的摄影专栏。这些反映了编辑的匠心。每个版都应使读者感觉到,编辑在想什么,提倡什么,反对什么。"

　　范敬宜这两则批语都着重谈到了几个版面前后左右呼应所产生的合力效应。特别是在后一则批语中,将第一版、四版、五版上的文章和图片彼此之间的关联言简意赅地揭示出来。形散神聚,彼此呼应的手法,是貌似不经意间的匠心独运,所产生的合力,有如看不见的磁场在吸引读者的注意力,左右读者的舆论视野。

　　——巧串散珠,形成气候。这一手法是范敬宜在评1996年2月8日《人民日报》时概括出来的:"昨天下午经济部发了一篇《保护耕地》的评论员文章,但是到了夜班手里,配上富锦市的耕地五年增一倍的消息,就形成了宣传的气候。这种巧串散珠的编辑方法,很值得各版编辑同志注意。我们常说,这个版上缺少有分量的东西,其实,分量是可以通过编辑的智慧和责任心增加的。一篇不起眼的稿件,经过搭配、点评、配评论等,可以一下子身价十倍。"独木难成林,要成林,要形成气候,就需要一种聚合。新闻媒体在稿件编排上有意识地将一些相关内容的文章有机地安排在一个版面、一个栏目中,这样的优化组合可以使内容集中,战斗力强。

——软硬搭配,相辅相成。软与硬,是舆论宣传中经常涉及的问题。所谓"硬",通常是指那些较为严肃的内容和形式;所谓"软",则与此相对,指较为活泼的形式,较为轻松的话题。从舆论导向来看,当然是"硬"一点的东西能代表主流,体现导向。但从舆论引导的效果来看,"软"一点的东西更贴近生活、贴近百姓。软硬搭配,是可以相辅相成的,能获得好的引导效果。以1996年1月16日的《人民日报》为例。范敬宜是这样评价的:"今天前五版缺少好稿,可读性差。第二版上'硬件'太集中,主要稿件都硬邦邦专业性很强,读起来枯燥。每块版都应讲究软硬搭配,长短结合,这也是一门宣传艺术。"软硬搭配得好,能产生很好的合力效应;反之,会形成"内耗",难以起到引导作用。

五、新闻的力量在哪里

消息《3.5万救命钱留给病友》获第十六届中国新闻奖一等奖。本届报纸新闻获一等奖的消息仅3条,又因为获奖者只是《长沙晚报》一位年轻记者,所以这一奖项更是令人刮目相看。消息报道的事实很简单:湖南长沙市湘雅医院有两位白血病患者,二者都为高额的治疗费患难。其中在隆回县山区当中学教师的欧阳志成,决定放弃治疗。离开医院时将自己所筹的3.5万元治疗费悄悄地留给了病友。一些专家学者盛赞这篇报道唱出了社会主义和谐社会的强音。称赞之余,它让我想起了一个问题:新闻的力量在哪里?

这是一个并不难回答的问题,却又似乎是一个用得着老生常谈的问题。我们来看《3.5万救命钱留给病友》给我们的答案。

第一,新闻的力量在事实!一个身患绝症而又最有希望获治的年轻人,自己正急于筹集钱款治疗,却将其"救命钱"留给了只是在医院里才认识不久的同病患者。我们可以毫不夸张地说,他留下的不只是钱,他留下的更是生的希望。这是一种舍己救人的义举。从这个意义上来说,这位名叫欧阳志成的山区中学教师,他这一举动,与破冰救朝鲜少年的罗盛教,与用胸膛堵住敌人枪口的黄继光,与董存瑞,与王杰……与我们所熟知的许多英雄比较,不都是一样的品德、一样的胸怀吗?区别在于他们所处的时代背景不同。而在这倡导构建和谐社会的今天,其现实意义更为明显。《3.5万救命钱留给病友》报道的就是这么一件事,这么一个人。它能从众多的推荐作品中脱颖而出,我想,它一定是首先感动了评委;并且,它同样是可以感动中国的。

这些年,随着新闻媒体的剧增,新闻队伍的扩大,新闻资源的竞争也日趋激烈。并且,市场化竞争又使得这种竞争出现非规范化的趋势。新闻炒作即是竞争中出现的怪胎——市面上居然出现诲人炒作的"教材",有报道说某大学还欲将"炒作学"搬上新闻系之讲坛。在这些人眼里,新闻的力量在于炒作,在于"策划"。《3.5万救命钱留给病友》粗看上去有点像"策划"之作;而欧阳志成捐"救命钱"之举,也有类似炒作之嫌。作者陈国忠对事实的真实度非常警惕,他通过认真扎实的多方采访,确认了它的可靠性。他将事实原原本本托出,并且他还将捐钱者欧阳志成随钱一块留下的信一并附上,用第一手材料说话。这是新闻工作之正道,是新闻从业者须知之ABC。它所具备的力量,即使你有再多的"炒作高招"也是无法企及的。

《人民日报》副总编梁衡先生曾将记者与报道题材之间的关系喻之为月亮与太阳的关系。他在《托起太阳,你才会有月亮的光芒》一文中说:"记者能发光,但不是太阳的光,而是月亮的光,就是说他必须借助他人才能发出反射光。一个记者只有他写出好稿,宣传出一批成名的人物或事情之后,他才可能随之成名,他的成就,就是先承认别人的成就,然后才可

能得到一点回报。这是职业特色。"①也就是说,记者只有将心思放在对
题材的捕捉上,你才能得到回报。任何胡编乱造的炒作,只能是欺世盗名
于一时。陈国忠之所以能写出这样的好新闻,首先在于他的路子正。早
在十来年前,他就写过一些很有影响的报道,如1995年他在《长沙晚报》
发表的一篇反映天津一位列车长常年为长沙一位病人送药的报道,此文
被《读者》等媒体转载了。1996年在《中国青年报》头版头条发表的《罗小
红帮了省长一个忙》,赢得专家的高度评价,并作为大学新闻写作教学范
例。这些年来,别人吹嘘"炒作制胜",他不为所动;别人琢磨"策划新闻",
他沉得住气。他坚信新闻的力量在于事实本身,他长期坚守在报社机动
部,时时刻刻处于伺机而动的状态,为的是能第一时间抓回好的题材。

　　第二,新闻的力量在于它朴实无华的表达方式。新闻的精髓在于:用
最朴素的形式,最短的文字,用最快的速度,将最重要的事实告诉读者。
《3.5万救命钱留给病友》的作者是深谙此道的。据作者说,他原先是打
算将此事写成一篇通讯的。是啊,在这个厚报时代,一些记者一拿到什么
题材,首先想到的是如何从篇幅上把文章写"大",生怕"浪费"题材。报纸
上那些擀面皮式的报道并不鲜见。但陈国忠认为,作品的力量靠的是用
事实说话,刻意追求大篇幅反而有炒作之嫌。他说《3.5万救命钱留给病
友》一文写成消息是非常正确的选择。这是实践出来的真知灼见。的确,
在一般人眼里,消息与通讯有轻武器重武器之说,但新闻体裁中的"十八
般武器"各有其用场的。运用之妙,存乎一心。消息不事渲染,朴素的形
式来得更真实可信。毛泽东是最善于运用消息文体报道重大题材的高
手。他写作的消息,信息密度大,质量高,内容与形式结合得非常完美。
这同样说明消息同样是可以当"重武器"使的。

　　这条消息朴实无华的文风也给人留下深刻印象。报道完全用客观叙
事手法,不著议论,不靠浮词。作者用不到1000字的篇幅,为我们叙述了
一个荡气回肠、感人至深的故事。平静客观的文字背后,涌动着人世间的

---

　　①　梁衡:《没有新闻的角落》,新华出版社1993年版,第98页。

大爱大情、大悲大欢。大智若愚,大巧若拙,鲁迅先生曾告诫我们写作之道:"有真意,去粉饰,少做作,勿卖弄……"《3.5万救命钱留给病友》给人的感觉就是有实事求是之心,拒哗众取宠之意。作者事后对作品中所用的"泪雨滂沱"①一词颇感后悔,直说新闻真是一门遗憾的艺术。作者遗憾什么? 就在于"泪雨滂沱"一词与整个报道朴实的文风不谐和。梁衡在评价一篇获奖之作时说,文学允许夸张,但新闻不能。"这种写法不合乎新闻真实、公正、朴素、自然的风格要求。稿子向文学靠得太近,反离新闻太远,并不合算。"②总的来说,这条消息朴素的文风也为之增添了感人的力量。

最后,这篇获奖之作还告诉我们,新闻的力量还在于,它在报道事实的基础上要与时代的宣传语境巧妙结合。新闻报道有宣传的作用。获奖新闻,都是新闻价值与宣传价值兼得的佳作。铁肩担道义,妙手著文章。新闻必须承担应有的社会责任。这也是新闻的力量所在。

美国学者赫伯特·甘斯在《确立新闻的决定因素》一书中特别提出"新闻背后的信息"这一观点,他说:"新闻报道不只要公断现实的事件,还要有价值标准。它的陈述均有倾向性。这样,就使人们有可能从新闻背后,看出一幅它所要显示的国家和社会的图画。""我发现新闻背后还有表达的信息。"对此,中国人民大学喻国明教授说,他这里所说的"新闻背后的信息",显然是指稿件没有直接说出的、但又是或明或暗地显示出来的那些蕴涵于新闻事实之中的情感、道理或意境。③ 值得指出的是,宣传不能代替新闻。新闻中的任何宣传行为都必须遵循新闻规律。新闻作品中,新闻价值是第一位的,其宣传价值只能附着在新闻价值基础之上。它们之间是皮与毛的关系:皮之不存,毛将焉附?《3.5万救命钱留给病友》的宣传价值是什么? 正如一些专家所言,它是和谐社会的强音。但这一

---

①　作品中有这样一段文字:"白血病患者彭敦辉送走病友欧阳志成回到病房后,看到了欧阳志成留给他的3.5万元现金和两封信。读罢信件,捧着救命钱,彭敦辉顿时泪雨滂沱。"

②　梁衡:《关于新闻的定义》,《新闻传播》1997年第1期。

③　喻国明:《嬗变的轨迹——社会变革中的中国新闻传播与新闻理论》,中央编译出版社1996年版,第25页。

信息作者并没有直接写出。这是一种"不写之写"的艺术,也可以说是新闻宣传艺术中最高的艺术。胡乔木在《人人要学会写新闻》一文中称此为"无形的意见":"我们经常都会发表有形的意见,新闻却是一种无形的意见。从文字上看去,说话的人,只要客观地、忠实地、朴素地叙述他所见所闻的事实。但是因为每个叙述总是根据一定的观点,接受事实的读者就会接受叙述中的观点。"陈国忠是很注意这一点的。1996 年在《中国青年报》发表的《罗小红帮了省长一个忙》,表面上写的是学生罗小红做了一件好人好事,深层次表现的是党风廉政建设的大主题。正如该报发表此文时所加的编者按:"罗小红无意帮了省长杨正午一个忙。对于罗小红来讲,这只是她做过的许多好人好事中的一件,然而透过这位 15 岁少女的眼睛,我们似乎可以看到一些更有意味的东西。"显然,《3.5 万救命钱留给病友》同样也在追求一些"更有意味的东西"。它之所以备受评委青睐获得如此高的荣誉,这其中蕴涵的那些"更有意味的东西"同样是一个重要的力量。

附 录

3.5 万救命钱留给病友

本报讯 前日19时许,在长沙湘雅医院,当白血病患者彭敦辉送走病友欧阳志成回到病房后,看到了欧阳志成留给他的3.5万元现金和两封信。读罢信件,捧着救命钱,彭敦辉顿时泪雨滂沱。

家住浏阳市文家市镇伍神岭村的彭敦辉,1999年高中毕业后苦学食品加工技术,2000年在老家开办了食品加工厂,直到今年1月生产才稍有起色。去年底,他感觉到身体有些不舒服,经医生仔细检查,被确诊为白血病。今年3月,他来到湘雅医院住院治疗。不到半年时间,家里便负债20多万元。而接下来的干细胞移植手术,还需要数十万元费用。

现年29岁,在隆回县山区当中学教师的欧阳志成,前年下半年也不幸患了白血病。今年8月9日,他再次来到湘雅医院治疗,恰好住在彭敦辉邻床。欧阳志成和彭敦辉的身材、脸型非常相像,而且两人都戴着帽子和眼镜。医护人员和病友都说他俩酷似亲兄弟。由于相同的命运和际遇,他俩成了一对无所不谈的好朋友,经常来到楼下散步,相约共同战胜病魔。

前不久,欧阳志成和彭敦辉的骨髓都配上了型,只待完成干细胞移植手术,便有望完全康复。为了筹集这笔手术费用,欧阳志成和年仅23岁的妻子四处奔走,尽管有关部门向他伸出了援助之手,但仍有10多万元不能到位。在这种情况下,欧阳志成决定放弃治疗。而彭敦辉的手术费用也差一大截,由于一时借不到这么多钱,他和家人同样心急如焚。

前日傍晚,欧阳志成不顾医护人员和彭敦辉的强烈反对,执意办理了出院手续。彭敦辉将欧阳志成送到楼梯口后,欧阳志成马上催他回去,说给他留下一件礼物放在病床旁的抽屉里面。彭敦辉找开抽屉一看,里面是码放得整整齐齐的 3.5 万元现金。以及分别写给他和医院院长的两封信。在写给院长的信中,欧阳志成表示,他已留下遗嘱,让家人在其去世后将遗体捐赠给医院作解剖研究之用,为攻克白血病尽自己最后的微薄之力。

彭敦辉立即跑下楼,但早已不见了欧阳志成的身影。他马上拨通了欧阳志成的手机。欧阳志成说完"我走了,兄弟保重"几个字后,便匆匆挂断了电话。(陈国忠)

欧阳志成给彭敦辉留下的信

亲爱的敦辉老弟:

当你看到这封信的时候,我已经回家了。带着遗憾,我离开了这家挽留了我近两年生命的医院。也许这就是我们最后的诀别吧!……

几次的交往中,你的坚强与执著,你对生命的向往与热爱,让我感动不已。你在生意场上严重受挫又罹患绝症,然后还得自己独当一面。你的人格与魅力让我钦佩。

我们虽同样有着新婚的妻子与年迈的父母,虽同样配上了型且在同胞中找到了可供移植的供者,虽同样都为昂贵的移植手术费用而绞尽脑汁,但你还有一个才出生几个月的活泼可爱的小孩,还有一大笔债务等着你去偿还……

你必须坚强地活着,为了自己,更为了别人:父母、兄弟、朋友、爱人、孩子……

这次我俩因准备做移植手术而同住一室。当我万事俱备时,却因 10 多万元的费用不能到位而不得不放弃。你还记得我为了经费而辗转反侧夜不能寐吗？你还记得我因功败垂成而抑郁彷徨吗？……

我现在已经彻底放弃了，尽管我是最有希望康复的！尽管我也同样的坚强！既然做不了移植手术，我就是一个垂死之人。我害怕死亡，因为我还有深爱我的年轻的妻子、白发的双亲，还有那么多帮助过我的众多的好心人。

每当我看到你为那笔数十万元的巨额移植费用而唉声叹气的样子时，我想到了身处同种处境的自己。于是，我决定在自己生命走到最后的时候帮帮你！在临走之前，我决定将自己还债后所剩的 3.5 万元无偿地捐赠给你用于手术。

或许这点钱可以作为我父母的一笔养老金，给他们颐养天年；或许这点钱可以给我兄弟改造那破旧低矮的木房；或许这点钱可以让我在生命的尽头得到尽情的享受……但我思索了很久之后都放弃了。

我宁愿把遗憾与痛苦留给自己，把希望与机会留给你。我这样做的唯一目的，就是希望你能用铁的事实去证明：白血病并不等于死亡！白血病并非不治之症！

敦辉老弟，在我走后，希望你能一如既往地坚强走下去，力争为白血病人作出自己的一点点努力。祝好运！

兄：欧阳志成

（原载《长沙晚报》2005 年 8 月 22 日，
并获该年度"中国新闻奖一等奖"）